라틴아메리카 고전 04

투쟁의 시간

저자

마누엘 곤살레스 프라다(Manuel González Prada, 1844~1918)
페루의 무정부주의 사상가이다. 저서로는 『산문집』(1894), 『투쟁의 시간』(1908) 등이 있다.

옮긴이

정수현
덕성여자대학교와 서울대학교에서 수학하고 텍사스 오스틴 주립대학(The University of Texas at Austin)에서 문학 박사학위를 받았으며 현재 강사로 활동 중이다.

라틴아메리카 고전 04
투쟁의 시간

초판 인쇄 2018년 1월 25일
초판 발행 2018년 1월 30일
지은이 마누엘 곤살레스 프라다
옮긴이 정수현
펴낸이 최국주
펴낸곳 동명사
출판등록 1950년 11월 1일(제1-76호)
주소 (우 10881) 경기도 파주시 회동길 50(문발동)
전화 031-955-7200(대표)~2, 7203(편집부), 7204(물류)
팩스 031-955-7205
전자우편 webmaster@dmsbook.com
홈페이지 www.dmsbook.com

ISBN 978-89-411-8185-9 93300
값 18,000원

이 저서는 2008년 정부(교육부)의 재원으로 한국연구재단의 지원을 받아 수행된 연구임(NRF-2008-362-B00015)

역자 서문

1879년 페루는 남아메리카 태평양 전쟁에서 패배한 후 칠레에게 타라파카와 아리카 지역과 함께 제해권을 상실한다. 태평양 전쟁은 국제적으로 패전국이라는 불명예를 안겨주기도 했지만, 페루 내부의 오랜 정치적 부패와 국민의 무지를 고발하는 사건이었다. 마누엘 곤살레스 프라다는 페루 전체가 전근대적인 후진성으로부터 벗어나기 위해, 사회구조적인 개혁과 국민 의식의 변혁이 필요하다는 것을 주장한다. 대표적인 저서로 알려진 『산문집Páginas libres』(1894), 『무정부주의La anarquía』(1901), 『투쟁의 시간Horas de lucha』(1908)은 국가적 위기에서 벗어나기 위한 새로운 근대적인 방향의 길을 제시하고 있다.

첫 번째 에세이 『산문집』(1894)은 태평양 전쟁의 패배에 대한 분석을 다루면서, 페루 정치의 보수주의-자유주의 양대 세력의 부패, 종교적 권위주의, 전통문학의 보수성 등을 비판한다. 전반적인 분야에서 과감한 개혁을 시도하고자 했던 작가는 출판 이후 가톨릭에서 제명되는 사건을 겪기도 하였다. 이후 『무정부주의』(1901)에서는 개인은 국가적 제도와 종교적 교리에 구속받지 않고, 최대한의 자유와 권리를 누릴 수 있는 존재임을 주장한다.

『투쟁의 시간』(1908)은 절대 권력 구조 안에서 부패한 종교, 정치 체제를 더욱 철저하게 분석하며, 근대화에 필요한 지식인 운동을 전개한다. 구체적으로 인디오 해방, 노동자 해방운동, 남성 중심적인 결혼제도로부터의 해방, 여성의 자유주의 운동, 언론의 자유, 교육의 세속화, 대중과 지식인 운동의 연대, 의식의 자유와 혁명 정신의 필요성을 강조하며, 인본주의적 시각에 입각한 자유주의 사상을 사회 전반에 정립시키고자 하였다. 19세기 말 20세기 초 페루 사회에 사상과 의식의 자율성을 역설한 점에서, 마누엘 곤살레스 프라다는 아메리카 모더니즘 운동의 선구자라는 평가를 받기도 한다.

목차

HORAS

DE

LUCHA

제1부

1. 페루의 정당과 국민연맹[1]

(1898년 8월 21일 강연)

신사 여러분

저는 국민연맹의 부탁으로 여기 계신 여러분에게 감히 몇 마디 소견을 말하고자 이 자리에 섰습니다. 여러분은 수많은 유혹과 시련을 이겨내고, 한 가지 원칙에 충실하기에 이 자리에 있는 소중한 사람들입니다. 이 자리에서 제가 얘기할 주제는, 첫째 페루의 다양한 정당과 카우디요[2]에 관한 것, 둘째 최근에 발생한 내전과[3] 그 영향에 관한 이야기, 마지막으로 국민연맹과 현 상황

---

1 국민연맹(Unión Nacional)은 1891년 5월 곤살레스 프라다가 창당한 정당이다. 원래는 급진당(Partido Racidal)으로 하려고 하였으나 구성원의 반대로 무산되었다. 1891년 곤살레스 프라다는 유럽으로 떠나 7년 동안 거주하다가 돌아왔다. 귀국 직후인 1898년 8월 21일 리마의 마타 빌렐라 거리에 위치한 국민연맹 지부에서 이 강연을 했다. 이 강연은 심각한 정치적 논쟁을 야기했고, 정부는 일간지에 소개하는 것을 금지하였다. 동시에 곤살레스 프라다와 당의 핵심 구성원 간에도 갈등이 발생하였다. 그 당시 대통령은 민주당의 니콜라스 데 피에롤라(Nicolás de Piérola, 1839~1913)였다. 곤살레스 프라다는 1902년에는 이 당에서 탈퇴했다.

2 카우디요는 군사력을 보유한 지방의 군벌을 가리킨다. 페루에서는 1821년 독립한 이후 1872년 시민당의 마누엘 파르도(Manuel Pardo)가 집권할 때까지 카우디요가 교대로 집권했다. 역사에서는 이 시기를 가리켜 제1차 군사정권(militarismo)이라고 부르며, 페루 역사상 최초로 시민당이라는 문민세력이 집권한 1872년부터 1881년까지를 제1차 시민당 정권(civilsimo)라고 부른다.

3 1882년 미겔 이글레시아(Miguel Iglesias)가 쿠데타를 일으켜 시민당 정권을 무너뜨림으로써 제2차 군사정권이 시작되었다. 뒤이어 권력을 장악한 안드레스 카세레스(Andrés Cáceres)는 1882

에서 당원이 해야 할 책임에 관한 것입니다.

저는 과묵한 사람이지만, 이 자리에서 제가 하는 말이 평범하고 타협적일 것이라고는 기대하지 않는 편이 좋을 것입니다. 저는 더럽고 비겁한 언쟁을 하지 않을 것입니다. 단지 명확하고 꾸밈없는 사실만을 여러분께 전달할 것입니다. 가면 뒤에 숨어서 이야기하거나 칼을 사용하지 않을 것이며, 이 자리에서 반듯하게 서서 페루 정치인의 사악한 면모를 정면으로 비판할 것입니다. 저는 윗사람에게 아첨할 목적으로 연설하지 않을 것입니다. 권력을 남용하는 권력자의 대변인으로 행동하지도 않을 것입니다. 오히려 그런 사람들의 이익에 반하고 분노를 자극하는 한이 있더라도, 이 자리에서는 꼭 필요하고 정당한 얘기를 여러분에게 들려드리려고 합니다.

I

최근 몇 년간, 페루 정당의 일반적인 모습은 어떠했습니까? 페루 정당은 부패한 야망으로 결속된 신디케이트, 선거단체, 상인단체라고 정의할 수 있습니다. 카우디요는 어떠했습니까? 거대한 금융단체의 대리인, 정치로 돈벌이를 하려는 교활한 사람, 군인 경력을 통해서 궁극적으로 페루공화국 대통령이 되려는 야심 찬 군인입니다.

이제까지 견고하고 통일된 정당을 세우려고 노력하는 사람들은 많았습니다. 그러나 대부분은 협력자나 지지자도 없이 대중에게 소외된 채 살아갑니

년 입헌당을 창당하여 다시 집권했다. 명목상으로는 문민정부였지만 실질적으로는 군사정권이었다. 반카세레스 파와 시민당은 1892년 시민연맹(Unión Cívica)을 결성하여 카세레스 정권에 반대했다. 1894년 민주당을 창당한 니콜라스 데 피에롤라는 1895년 시민당과 연합하여 국민연합(Coalición Nacional)을 만들고, 카세레스 정권에 대항하여 혁명을 일으켰는데, 이를 가리켜 페루 내전(Guerra Civil Peruana) 또는 피에롤라 혁명(Revolucion Pierolista)이라고 부른다. 이 혁명으로 1895년 3월 입헌당의 카세레스 정권은 막을 내리고, 피에롤라는 단일 후보자로 대통령에 당선되었다.

다. 영원히 침묵해야 할 위협을 느끼면서, 고독한 사도로서 소극적인 인생을 살게 됩니다. 최근까지 활동하던 자유당 당원은 지금 어디에 있습니까? 마치 페루인의 두뇌는 일시적으로 빛을 발하며 사라지는 발광성 물질로 구성된 것 같습니다. 어제까지 지키던 신념을 오늘은 온몸으로 부인합니다. 젊은 시절에 우리의 자부심과 긍지를 대표한 사상이, 노년기에는 멸시의 대상으로 바뀝니다. 저는 부디 노년층만 부패했기를 바랄 뿐입니다!

페루인은 어떤 사람을 공화파와 왕당파, 급진주의자와 보수주의자, 무정부주의자와 권위주의자라는 이분법에 근거해서 판단하지 않습니다. 오직 어느 대통령 후보자를 지지하는가로 그 사람을 평가합니다. 또한 정당은 설립과 동시에 선거 단체로 전락합니다. 아예, 당의 이름을 임시로 빌린 선거단체를 설립했다는 표현이 나을 것입니다. 이상적인 사회에서는 사상이 인간을 통해 구현됩니다. 그런데 오래전부터 페루 정치가는 어떤 사상도 대표하지 않습니다. 심지어 왜곡된 사상도 표명하지 않습니다. 오늘날 정치 현상을 관찰해 보십시오. 정당이라는 이름을 자랑스럽게 내세울 만한 집단이 우리 사회에 있습니까? 현재 페루 공화국에 지도자의 자부심을 내걸고 창당한 정당이 있기는 한 상황입니까?

1872년에 파르도[4]가 창당한 시민당의 예를 들어 봅시다. 초기의 시민당파는 드레퓌스 계약[5]을 반대할 목적으로 연합하고 서약했습니다. 그러나 알

---

4 마누엘 파르도(Manuel Pardo, 1834~1878)는 페루의 경제학자이자 정치가이다. 1871년에 시민당을 창당했으며, 대통령을 역임(재임: 1872년~1876년)했다.

5 드레퓌스 계약은 1869년 파리에서 페루 정부 대표단과 프랑스 오귀스트 드레퓌스 회사가 체결한 상업 계약이다. 당시 대통령이던 호세 발타(José Balta)는 경제 파탄의 위기에 직면하자 해외 채권단과 해외 위탁판매인의 힘을 빌려 위기를 극복하고자 하였다. 재무부장관에 임명된 니콜라스 데 피에롤라는 프랑스 드레퓌스 회사와 페루의 구아노 거래 계약을 맺었다. 여러 논쟁과 법적 투쟁에도 불구하고 1870년 페루 정부는 드레퓌스 계약을 승인하였다. 그러나 드레퓌스 회사는 계약을 위반했다는 혐의를 받게 되면서, 1876년 마침내 드레퓌스 계약은 파기되었다.

고 보니 이들은 전형적인 '거간꾼'일 뿐이었습니다. 시민당의 발기인[6]은 정치라는 가면을 쓰자마자 장사꾼으로 변했습니다. 은행가는 부정행위를 통해 국가의 금을 경멸스러운 지폐로 바꾸었고, 사탕수수 농장 농장주는 불행한 원주민 노동자의 피를 당도 높은 주스로 바꾸었습니다. 시민파의 진성성은 파르도를 추종하는 젊은이들이 자유주의 개혁을 갈망하던 초창기 시절에나 유일하게 찾아볼 수 있었습니다. 이후 그들 중 일부가 부정한 손과 결탁하고 내부적 분열을 초래하면서 시민당은 정치와 상관없는 길을 걷기 시작했습니다.

파르도가 저지른 심각한 경제적 오류는 구아노[7] 비료에 관련된 차관금액과 대출금에 대한 제도를 갱신한 것이었습니다. 이것은 파르도 자신이 반대했던 제도이기도 했습니다. 처음에는 선조가 남긴 문제를 해결하기 위해 노력했지만, 결국 자신도 감당할 수 없는 싸움이 휘말렸습니다. 결국 자신도 동일한 수레바퀴 안에 갇혀버렸습니다. 파르도는 모든 잘못이 이전 대통령이 남긴 재정 파탄에서 기인한다고 생각했습니다. 모든 문제를 애초에 국가를 파산의 위기에 빠뜨린 카스티야 대통령[8], 이를 방관한 에체니케 대통령[9], 그리고 드레퓌스 계약의 체결로 더욱 결정적인 타격을 준 피에롤라 장관에게 돌렸습니다.

파르도가 국가의 경제적 파산보다 더 중요하게 생각한 것은 바로 자신의 사회적 지위였습니다. 사회적 위치에 위기를 느낀 탓에, 결국 국방예산을 축소하는 어리석은 방법을 취했습니다. 보이지 않는 대지의 하부구조를 화강

---

6 시민당은 상인, 위탁판매인, 변호사 등 칠레의 유력자들이 주축이 되어 창당한 정당이다. 1899년 다시 집권한 시민당은 1919년까지 내리 집권하는데, 이 시기를 가리켜 제2차 시민당 정권 또는 '귀족공화국'이라고 부른다. 과두정치의 시기였던 것이다.

7 구아노(guano)는 페루 연안 바닷새들의 배설물이 쌓여 형성된 퇴적층으로 농작물에 필요한 천연비료로 쓰였다. 페루는 세계에서 가장 많은 구아노를 생산하며, 당시 유럽의 농작물 재배를 위한 대표적인 수출품이었다.

8 라몬 카스티야(Ramón Castilla, 1797~1867)는 군인으로, 두 차례(1845~1851, 1855~1862) 집권했다.

9 호세 루피노 에체니케(José Rufino Echenique, 1808~1887)는 군인으로, 라몬 카스티야를 이어 1851년 대통령에 취임했다.

암층이 지탱해 주고 있듯이, 새로운 사회는 철의 군대가 뒷받침되어야 한다는 사실을 잊고 말았습니다. 최근에 목격한 바와 같이, 이와 같은 무지는 외부 세력의 침략을 유도했으며, 결국 국가를 재앙에 빠트렸습니다. 태평양 전쟁[10]으로 인해 칠레는 막대한 이득을 챙겼습니다. 칠레인은 해상에서 페루의 낡은 군선과 취약한 대포를 상대로 싸웠고, 육지에서는 상인, 의사, 농장주 혹은 기껏해야 신참내기로 구성된 병력을 상대로 싸웠습니다. 카스티야 대통령은 교육과 학식이 없는 군인 출신이었지만, 비교적 총명하고 신중했기에 해상 군사력을 강화하고자 했습니다. 카스티야는 전쟁에 대비하기 위해 "칠레인이 군함 한 척을 마련한다면, 우리는 군함 두 척을 마련해야 한다"고 말한 바 있습니다. 반면, 파르도는 자국의 실질적인 군사력을 강화하기보다 불확실하고 신뢰하기도 힘든 연합을 꾀했습니다. 파르도는 "나에게는 볼리비아와 아르헨티나라는 두 개의 부대가 있다"라고 말하며, 미세한 경각심마저 잠재워버렸습니다. 파르도가 페루의 해상력을 강화하지 못한 이유는 한 가지 더 있습니다. 피에롤라의 세력과 싸우는 탓에 국고를 탕진했기 때문입니다.

시민당의 머리이자 생명이던 파르도가 암살되자 당 조직은 시체처럼 분해되었습니다. 당원은 분열하기 시작했고, 자체적으로 지속할 수 있는 응집력을 잃었습니다. 결국 그들은 새로운 당의 부속품으로 편입되고 말았습니다. 페루에서 이러한 현상은 다분히 연속적이며, 동시적으로 일어났습니다. 프라도파[11], 칼데론파, 이글레시아파, 카세레스파, 베르무디스파, 시민연맹파, 국민연

---

10 태평양 전쟁(Guerra del Pacífico)은 1879년 4월 칠레, 페루, 볼리비아 세 나라가 태평양 연안의 초석 지대와 구아노 지대를 둘러싸고 벌인 전쟁을 가리킨다. 이 때문에 '초석 전쟁' 또는 '구아노 전쟁' 이라고 부르기도 한다. 칠레는 1880년 타크나 전투에서 페루·볼리비아 동맹군에게 승리를 거둔 이후 전쟁에서 우위를 점했다. 1883년 안콘(Ancón) 강화조약으로 전쟁은 끝났으나, 페루는 남쪽의 타라파카와 아리카를 상실했고, 볼리비아는 태평양 연안 지방을 빼앗겨 내륙국이 되었다.

11 마리아노 이그나시오 프라도(Mariano Ignacio Prado)는 군부정권의 대통령(재임: 1865~1868년)을 지냈고, 이후에는 정치가로 변신하여 시민당 대통령(재임: 1876~1879년)을 지냈다. 프란시스

합파, 민주당파 등은 끊임없는 연합과 분쟁을 반복했습니다. 각 계파는 서로 상이한 전략을 추구했기에 모두가 단결하여 한 방향으로 나아가지 못했습니다. 가령, 카우디요가 대통령 자리를 탐내거나 혹은 혁명을 일으켰다고 합시다. 조급한 사람은 바로 혁명에 가담하겠지만, 좀 더 신중한 악인은 현상유지를 고집할 것입니다. 승패의 결과를 확인한 후, 확실한 승자의 편에 서기 위해서입니다. 가족 안에서도 동일한 현상이 일어납니다. 형은 새로 등장한 민주당과 입헌당에 입당하는 반면, 아우는 본래의 시민당을 고수합니다. 오늘날의 시민당에 대한 이미지는 어떻습니까? 식탁의 음식을 가리지 않고 먹으며, 닥치는 대로 주머니에 손을 넣는 법을 터득한 당으로 인식되고 있는 실정입니다.

결국 시민당파는 심각한 재앙을 초래했습니다. 따라서 시민당파와 연합한 정치는 상상하고 싶지도 않습니다. 시민당파는 바이러스를 전파하는 족속이기 때문입니다. 하지만 역설적이게도 시민당파 없는 정치도 현 상황에서는 불가능합니다. 금화의 간교함이 부재한 정치는 가능하지 않은 것이 현실이기 때문입니다.

다음으로, 시민연맹 역시 제거해야 할 당파입니다. 이들은 마치 만병통치약인 체하지만, 사실은 새로운 질병을 퍼트리기 위해 등장했습니다. 국가 전체를 통제하려는 의회 집단입니다. 시민연맹은 여러 개의 머리와 무수한 괴물의 속성을 갖고 태어난 뒤, 매우 짧고 비참한 삶을 살다가 사라졌습니다. 그럼에도 불구하고 시민파와 피에롤라의 민주파를 잇는 부수적인 다리 역할을 하기에는 충분한 기간을 살았습니다. 사실 대다수 사람은 시민당에서 민주당으로 급격하게 변신할 정도로 뻔뻔스럽지는 않습니다. 대부분의 경우, 시민당파에서 시민연맹파로, 시민연맹파에서 국민연합파로, 국민연합파에서 민주당파

코 가르시아 칼데론(Francisco García Calderón)은 1881년 임시 대통령을 지냈다. 미겔 이글레시아스(Miguel Iglesias)는 1882년 쿠데타로 집권해서 1885년까지 정권을 장악했다. 레미히오 모랄레스 베르무데스(Remigio Morales Bermúdez)는 입헌당 소속 대통령(재임: 1890~1894년)이다.

로 매우 부드럽게 미끄러지듯 변신합니다.

시민연맹이 창당된 이래, 페루 사회는 진보하였습니까? 페루 의회의 역사를 상기해 봅시다. 우선, 1823년 시몬 볼리바르 앞에서 무릎을 꿇고 독재정치를 받아들인 정부가 있었습니다. 태평양 전쟁 이후 비밀리에 칠레와 평화조약을 체결하고, 위선적인 정복자에게 푸짐한 상금과 풍요로운 처녀지를 양도한 정권도 있었습니다.[12] 슬픈 현실이지만, 우리의 입법부는 무능력하고 무분별한 사람들의 집합소입니다. 그들은 언제나 개인의 이득을 챙기는 일에 분주하며, 반면 국가의 이익이나 사상을 위한 투쟁에는 거의 관심이 없습니다. 또한 페루의 의회는 강압적인 규율과 통제에 의해 운영되어 왔습니다. 간혹 소수 집단이 독자적인 의견을 제시하면, 권력자는 강압적으로 탄압했습니다. 독창적인 목소리는 무분별하고 천박한 대다수의 모욕과 반발 가운데 사라졌습니다. 페루에서 가장 부패한 의회를 꼽자면, 바로 그레이스 계약[13]을 비준한 의회일 것입니다. 돈에 매수당한 의회였습니다. 그리고 여기서 분파된 당이 시민연맹입니다.

시민연맹이 분리된 뒤, 몇몇의 구성원은 일치단결하여 피에롤라의 민주당 앞에 굴복했습니다(민주당은 처음에는 거절하는 태도를 보였으나, 곧 모두를 수용했습니다). 한편, 카세레스를 추종하던 사람들은 애통해하며 입헌당으로 돌아갔습니다. 시민연맹을 결속시킨 유일한 계기는 바로 범죄행위였습니다. 그들은 사이비 당을 형성하기 전에, 산타 카탈리나 대학살을 자행한 바 있습니

12 태평양 전쟁으로 칠레에게 타라파카와 아리카를 빼앗긴 일을 지적하고 있다.

13 그레이스 계약은 1889년 10월 카사레스 대통령 집권기에 페루와 영국 채권회사 간에 체결된 계약이다. 페루 정부가 누적된 채무를 갚기 위해 선택한 유일한 방책이었다. 영국 채권단의 대표자이던 마이클 그레이스(Michael Grace)의 이름을 딴 이 계약은, 66년 동안 페루의 철도사업을 영국 채권회사에 맡긴다는 조건으로 페루의 외채를 면제해준다는 내용이었다. 1869년의 드레퓌스 계약과 마찬가지로 경제 파탄의 위기에 처하자 외채 문제를 해결하기 위해 해외 자본가의 힘을 빌리게 된 경우이다.

다.[14] 이 무분별하고 비겁한 범행은 모랄레스 베르무데스에게 불명예를 안겨주었습니다. 테베스 사건이 카세레스에게 불명예를 안겨준 것과 마찬가지였습니다.

이제 입헌당과 민주당에 대해 이야기하겠습니다. 카세레스의 입헌당과 피에롤라의 민주당은 동질적인 당이 아닙니다. 우리에게 동일한 혐오감과 불쾌감을 조장하는 두 인물이 이끄는 상이한 단체라고 표현하는 것이 옳습니다. 카세레스는 그레이스 계약으로 이득을 본 인물이고, 피에롤라는 드레퓌스 계약을 추진한 인물입니다. 흔히 피에롤라파와 카세레스파의 갈등을 보고, 두 명의 지도자가 각각 반대되는 정치사상을 반영한다고 생각할 것입니다. 한 명은 절대주의를 옹호하는 보수주의자, 다른 한 명은 무정부주의적 성향을 띨 만큼 진보주의자라고 생각할 것입니다. 하지만 실상은 그렇지 않습니다. 세상에서 가장 분별력 있는 사람을 뽑아서, 그에게 피에롤라파와 카세레스파를 구분할 명확한 선을 그리도록 합시다. 그리고 카세레스가 거절할 개혁과 피에롤라가 거절할 개혁을 명시하도록 합시다. 재정적인 방안을 제외하면, 구체적으로 그레이스 계약과 드레퓌스 계약을 제외하면, 카세레스는 피에롤라의 정책에 찬성했을 것이며, 피에롤라 역시 카세레스의 성명서에 동의했을 것입니다. 카세레스는 약탈적이며 불법적인 입헌주의를, 피에롤라는 교권적이고 전제주의적인 민주주의를 대표합니다. 공통적으로 두 인물은 페루의 살아있는 이율배반의 논리를 대표합니다.

두 경쟁자는 많은 유사점을 공유합니다. 차이점이 있다면, 1879년 군대 최고 군사령관으로 임명된 피에롤라는 위선적인 독재자의 면모를 자랑했다는 데 있습니다. 왼손은 교수형을 위해 사용했고, 오른손은 성호를 긋는 데 사용

14 1890년 레미히오 모랄레스 베르무데스가 취임한 지 4개월도 채 되지 않아서 피에롤라의 지지 세력이 산타 카탈리나(Santa Catalina)라는 군사지역에서 반란을 일으킨 사건이 있었다.

했습니다. 한편, 브레냐 전투[15]의 총사령관이 된 카세레스는 원주민의 원시적 동물성을 비난하며 토지와 재산을 빼앗았습니다. 탈취한 토지는 개인 소유로 만들어 깊은 원시 밀림에 감추어 두었습니다. 두 사람의 공통점을 지적하자면, 오만함, 독단적인 영혼, 통제에 대한 욕구, 권력에 대한 집착입니다. 한 사람은 명목뿐인 독재자의 자리를 선망했습니다. 다른 사람은 대통령을 법적으로 도달할 수 있는 최고의 목적지라고 생각했습니다. 카세레스의 인생에서 그나마도 영광스러운 시간이 있었다면, 바로 대지의 신으로 둔갑해 칠레와 싸울 때였습니다. 반면 피에롤라는 오직 공모자로서의 모호한 인상, 불명예스러운 드레퓌스 계약을 체결한 사악한 서명자로만 남았습니다. 혹시 카세레스 주변에 몇몇 정의로운 조력자가 있었더라면, 그 역시 좋은 지도자가 되었을 것입니다. 또한 피에롤라의 주변에 카토[16]를 닮은 정치인이 있었다면, 선한 지도자가 되었을 것입니다. 그러나 현재 한 사람은 무지 혹은 텅 빈 관을 상징하고, 다른 사람은 부패한 교육, 혹은 폐물이 가득 담긴 썩은 지갑을 상징합니다. 근소한 차이점이 있다면, 카세레스의 단점은 군사적 기사 정신과 남성적 자부심으로 보완할 수 있었습니다. 적은 카세레스를 경멸하는 동시에 존경했습니다. 반면, 피에롤라의 모든 행동에는 거짓된 마술사나 비천한 광대 같은 기질이 배어 있습니다. 적은 피에롤라를 볼 때마다 우스꽝스러운 광대를 연상했습니다. 사람들은 카세레스를 통해 총소리를 상상했고, 피에롤라를 통해 조롱 섞인 휘파람을 떠올렸습니다.

이 두 인물을 독재자 혹은 대통령이라고 칭할 수 있습니다. 피에롤라 정권

---

15 브레냐(Breña)는 태평양 전쟁 당시 카세레스의 부대가 브레냐 산맥의 토지를 지키기 위해 칠레군과 전투를 벌인 곳이다. 1881년에 시작된 브레냐 전투 당시, 카세레스는 원주민과 유격대원을 총동원하여 싸웠다. 그러나 1883년 오랜 전투 끝에 카세레스는 칠레군에게 굴복한다. 카세레스의 패배로 칠레는 안콘조약을 맺고 타라파카와 아리카를 칠레에게 양도했다.

16 마르쿠스 포르키우스 카토(Marcus Porcius Cato, 기원전 95~46)는 로마 공화정 말기의 정치인이다. 소(小) 카토라고 부르기도 한다. 카토는 카이사르에 대항하여 로마 공화정을 수호한 것으로 유명하며, 부패가 만연한 로마의 정치계에서 강직하고 청렴결백한 인물로 명성이 자자했다.

때, 페루는 재정적 탕진, 정치적 지옥, 군사적 대혼란, 군 사제의 성유聖油와 수도원장의 향수로 도배된 독재정부를 경험했습니다. 카세레스 정권 때는 가정이 약탈당하고, 병영과 감옥은 채찍질로 난무하고, 인적이 없는 곳마다 총살이 난무했습니다. 페루 역사상 가장 포악한 독재자였으며, 법의 가면을 쓴 잔인한 독재자였습니다. 요약하겠습니다. 피에롤라는 누구인가요? 광대나 다름없던 가르시아 모레노[17]에 비유할 수 있습니다. 카세레스는 누구입니까? 길 한복판에서 국민의 버림을 받은 멜가레호[18]입니다. 우리는 피에롤라와 카세레스를 통해 한 가지 사실을 배웠습니다. 바로 페루 전체의 지적 부패와 도덕적 부패입니다. 두 인물은 페루에서 부패의 상징이 되었습니다.

II

대다수의 건강한 시민은 병든 소수에게 착취당합니다. 착취당하는 군중은 착취하는 소수를 근절하도록 노력해야 합니다. 이를 위한 영웅적인 투쟁이 없다면, 페루의 불행은 영원히 지속될 것입니다.

최근 발생한 내전이 국가재건을 위한 준비단계였다고 생각하지 마십시오. 리마 거리에서 불쌍한 원주민이 수많은 피를 흘렸습니다. 내전을 주도한 사람들은 정의와 사회복지에 대한 개념을 가지고 있지 않았습니다. 단지 무분별한 사람들이 무리를 지어 평지에 모인 후, 상대편에게 총검을 겨누고 사격하는 것이 전부였습니다. 마치 짐승끼리 공격하며, 기관차끼리 서로 들이박듯 말

---

17 가브리엘 가르시아 모레노(Gabriel García Moreno, 1821~1875)는 에콰도르 정치가, 변호사, 정치인, 작가이다. 두 차례(1861~1865년, 1869~1875년) 대통령을 지내고, 1875년 세 번째로 대통령에 당선된 해에 암살당했다. 가톨릭교회와 성직자의 특권을 강화함으로써 자유주의자의 반발을 샀기 때문이다.

18 마누엘 마리아노 멜가레호(Manuel Mariano Melgarejo, 1820~1871)는 볼리비아 태생의 군인이자 정치가이며, 1864년 쿠데타를 일으켜 볼리비아의 대통령이 되었다. 멜가레호는 원주민을 착취한 독재자이다.

입니다. 에체니케 정권에 대항한 카스티야 혁명[19]과 페세트 정권에 대항한 프라도 혁명[20] 때는 페루 전역에서 전대미문의 봉기가 자발적으로 일어났습니다. 비록 잔인해도 훈련된 병력이 인간적인 전투를 이끌었습니다. 그러나 1894년 내전 때는 국민 전체가 무관심한 태도로 일관했습니다. 내전을 주도한 사람들은 불량배에게 훈련받은 유격대원, 마을에서 군인을 강제로 동원하는 자, 대농장에서 벌채하는 사람, 군대 지원병을 채찍으로 고문하는 자, 여성을 강간하는 자, 감옥에서 죄수를 총살하는 자 등이었습니다. 야만적인 사람들이 정부의 우스꽝스러운 법을 옹호하겠다고 나섰습니다. 반대편에도 이와 유사하게 야만적인 사람들이 모였습니다. 그들은 국민연합이라는 추악한 기형아의 탄생을 정당화하려고 노력했습니다. 본래 도덕적으로 훌륭한 인간은 관용과 신중함을 소유합니다. 그런데 이성을 잃은 잔인한 분노, 살육에 대한 갈증, 살해를 위한 살해, 파괴를 위한 파괴, 이러한 모습은 원시적 야만성으로 회귀하려는 본능에 기인합니다. 문명국에서는 두 남자가 결투를 하더라도 승자가 패자에게 악수를 청합니다. 반면 야만국에서는 두 식인종이 같은 먹이를 두고 결투를 벌입니다. 그리고 승자는 먹이와 패자를 동시에 삼켜버립니다.

세계 각지에서 일어난 혁명을 살펴봅시다. 모든 혁명은 국민의 고통과 희망이 낳은 결실입니다. 피로 치른 희생 끝에 빛이 탄생합니다. 개인은 소멸되어도, 사상은 더욱 구체화됩니다. 그러나 페루의 혁명은 이와 반대입니다. 페루의 대지에 한 그루 나무를 심은 사람이 있었습니까? 인간의 위대한 심장과 높은 지성을 증명해 준 인물이 있었습니까? 모두가 피로 물든 시궁창에 빠져 허우적대고 있는 사이에 진주와 같은 고상한 사상과 관대한 마음을 지닌 영

---

19 1854년 라몬 카스티야 전임 대통령의 주도로 일어난 혁명(정확하게 말하면, '정변')이다. '자유주의 혁명'이라고도 부른다. 이 혁명으로 호세 에체니케는 대통령에서 해임되고, 카스티야는 두 번째로 페루 대통령이 된다.

20 후안 안토니오 페세트(Juan Antonio Pezet, 1809~1879)는 페루의 군인, 정치가, 장관, 부통령이다. 1863년에 대통령으로 즉위하지만 1865년 프라도가 이끄는 혁명으로 해임된다.

웅이 등장한 때가 있었습니까? 사회 어느 부문에서도 탁월한 인물을 찾을 수 없습니다. 페루인에게 남은 것은 오직 비열함뿐인 듯합니다. 혁명이 끝난 뒤의 상황은 어떻습니까? 피의 시궁창이 마르기 전에, 부패한 시체의 장기가 소멸되기도 전에, 승리자의 모습을 관찰해보십시오. 승리한 영웅은 빈궁에 처한 국가를 삼켜버립니다. 절벽 위에서 죽어가는 짐승의 고깃덩어리를 향해 돌진하는 독수리의 모습을 상상해보면 될 것입니다. 동시에 그들이 하는 일은, 투우 경기를 열고, 연극을 상연하며, 푸짐한 음식을 대접하는 것입니다. 시민당파, 시민연맹파, 민주당파 구별 없이 모두가 뻔뻔스럽고 혐오스러운 혼탕을 이루어, 자축하고, 먹고 마시며 어울립니다. 이들의 뇌는 일종의 소화기관으로 변해버린 듯합니다. 마치 서로 다른 우리에서 탈출한 돼지 같습니다. 동일한 광주리와 동일한 물그릇에 모여서 서로 친하게 지내기 시작합니다. 단 한 사람도 저항의 목소리를 내지 않습니다! 위장이 있는 사람 중에서 그 누구도 욕지기를 느끼지 못하다니! 과식에 체하는 법도 없이 마시는 포도주에서 희생자 피의 냄새를 맡을 겨를도 없이 모두가 먹고 마시고 즐깁니다. 죽음의 연회를 주최한 피에롤라는 적에게 축하의 인사말까지 전합니다. 시민당 정권에 대항하던 그의 25년은 덧없는 세월이 되었습니다. 타협하지 않을 것 같은 적대심을 키우고, 피로 물든 혁명을 지휘하고, 라이플총을 어깨에 메고 시민당 정권에 대항하던 시간을 까맣게 잊어버렸습니다. 그 모든 투쟁은 서로 용서하며 형제애를 나누는 포옹으로 종결되었습니다.

혁명이 좀 더 바람직한 결과를 낳을 수 있었을까요? 가난이 극심해진 탓에, 페루에서 굶주림은 국민적 관습이 되었습니다. 먹이를 위해 싸우는 일과 게걸스럽게 먹어치우는 것이 페루 사람의 유일한 삶의 방식이 되어버렸습니다. 혁명에서 승리한 자의 운명이란, 오직 국고를 습격하고 약탈하여 잘 먹고 잘 사는 것입니다. 패자에게 남겨진 것은 굶주림과 저항뿐입니다. 따라서 승자는 패자의 입을 막고, 침묵하도록 통제합니다. 필요하다면, 영원한 침묵을 요구할 수도 있습니다. 페루 정치인은 밀림의 한복판에서 고깃덩어리를 위해 싸우는 야만적인 짐승과 같습니다. '너'와 자비심 없는 이기적인 '나' 사이의 싸움입니다. 지금까지의 혁명, 어쩌면 미래에도 계속될 페루의 혁명은 밀매매와 같은 불법 산업일 뿐입니다. 전투의 소음 가운데에는 서로 죽이는 총성 소리뿐 아니라 손톱으로 금고 자루의 바닥을 할퀴는 소음이 섞여 있습니다.

혁명이 승리하고 새로운 대통령이 출마해도 페루의 운명은 호전되지 않습니다. 피에롤라 정권의 도래와 카세레스 정권의 퇴진 사이에도 아무런 변화가 없었습니다. 얼마 전에 피에롤라 정권이 군사를 풀어 입헌당 지도자인 카세레스를 위협했습니다. 혁명에 승리한 시점에 이르자, 유격대원으로 변모한 피에롤라의 군대는 민주당 지도자에게 충성을 바치라면서 국민 전체를 억압했습니다. 여러분은 혁명 전의 군사와 혁명 후의 유격대원의 차이가 보이십니까? 차이점이 있다고 대답한다면, 여러분은 분명히 두 눈을 붕대로 가렸거나, 아니면 호화스러운 연회에 취한 상태일 것입니다. 동일한 희비극의 역사가 지속될 뿐입니다. 언제나 동일한 가장행렬, 동일한 등장인물입니다. 민주당원은 자신의 열등감을 인식하고 있었습니다. 따라서 임시정부를 수립하기 위해 시민당의 협조가 필요했던 것입니다. 25년 동안 훈련으로 준비했지만, 당을 대표할 사상을 세우지 못하였고, 각료로 임명할만한 인물도 양성하지 못했습니다.

피에롤라는 황제의 위엄을 과시하며, 최고 권력을 독차지했습니다. 청렴결백한 인물이라고 자처한 피에롤라는 부정과 약탈을 대표하는 사람들과 손잡고 국가를 몰락시켰습니다. 악명 높은 사람들에게 호의와 국가의 중요한 직책을 맡기며 돈독한 친분을 쌓았습니다. 모슨 시대와 모든 정부를 통틀어, 이렇게 부패한 정권은 찾아보기 힘들 것입니다. 피에롤라는 너무나 이율배반적인 모습을 보여주었습니다.

첫째, 피에롤라는 국가를 재건하겠다고 국민에게 약속했습니다. 그러나 이 자칭 '재건자'는 국회의원을 감옥에 가두고, 신문을 폐간했습니다. 인쇄물을 몰수하고, 독창적이고 대담한 사람들의 입을 봉해버렸습니다. 페루의 수도 리마를 수녀와 사제를 위한 나병원으로 만들어버렸습니다. 페루를 종교 세력의 지배하에 가두었습니다. 쿠스코 지방에 학교를 세운 영국 성직자를 추방시켰습니다. 지식인의 검은 의식은 교회 첨탑에 바르는 하얀 석고로 깨끗이 지울 수 있다고 믿었습니다.

둘째, 피에롤라는 자칭 연방주의자입니다. 그런데 이키토스 지방에서 반란이 일어나자 초기부터 비난과 대포로 대응했습니다. 또 지방의회를 폐지하겠다고 위협했습니다. 가장 억압적인 중앙집권화를 완성하기 위해 철저한 계획을 세웠습니다.

셋째, 피에롤라는 민주주의자임을 자처했습니다. 하지만 파업에 참가한 노동자들을 대하는 태도는 어떠했나요? 민주주의 신념을 가진 자의 온유함이나 부드러움은 찾아볼 수 없었습니다. 봉건제 지주의 엄격한 표정으로 노동자를 거부했고, 오만한 지배자의 태도로 성급하게 하급관리를 호출했습니다. 필요하다면, 빵을 구걸하는 자에게 탄환으로 응답하기 일쑤였습니다. 마지막으로, '원주민의 보호자' 피에롤라는 피치스Pichis 지역에 원시적인 잉카제국의 미타제도[21]를 복구시켰습니다. 일라베Ilave와 완타Huanta 지역의 헐벗은 원주민에게 가한 폭행과 대학살을 기억해 보십시오. 마치 쿠바의 발레니아노 웨일러 장군[22]과 터키 황제의 아르메니아 대학살[23]의 역사가 재현된 것 같았습니다.

요약하면, 최근의 내전은 부정적인 사건이었습니다. 혁명의 방식도 부패했습니다. 결과적으로 새로운 억압 통치를 초래했습니다. 이번 페루 내전은 지진에 비유할 수 있습니다. 수많은 도시를 파괴하고, 땅을 사등분으로 쪼개며, 시민에게 검은 화산재를 뿜어대고, 대기 중에 유황 가스를 분출시켰습니다.

그럼에도 불구하고 페루는 세상에서 가장 급진적이고 강력한 혁명이 필요합니다. 페루에는 사악하고 부패한 제도가 판을 치고 있습니다. 악당은 필

---

21 미타(mita)는 잉카제국 시대에 존재했던 강제노동제도이다. 중앙집권화를 강화하고자, 왕은 태양신과 동일시하였고, 신전, 행정기관, 수도시설 등을 건축할 때 주민의 노동력을 강제로 동원한 제도이다.

22 발레리아노 웨일러(Valeriano Weyler, 1838~1930)는 에스파냐 정치가이자 군인이다. 1896년 쿠바 총독으로 부임한 웨일러는 독립운동을 진압하기 위하여 농민격리작전을 펼쳤다.

23 1896년 오스만제국의 술탄 압둘 하미드 2세가 수만 명의 아르메니아인을 학살한 사건을 가리킨다.

요에 따라 일시적인 연합을 이루어 단결합니다. 나아가 하나의 정치적 왕조를 형성해 오랫동안 계파를 유지합니다. 이와 같은 원시 밀림에 도끼를 던질 수 있는 과격한 혁명이 필요합니다. 단순히 지도자가 물러나고, 의회가 개혁안을 내놓고, 소수의 재판관이 파면되고, 하급관료를 전면적으로 개혁한다는 정도로 만족할 수 없습니다. 의식 있는 평범한 시민에게 페루에 대한 의견을 물어봅시다. 즉, 농부, 생산업자, 정부와 관련이 없는 시민, 국고에서 이득을 취하지 않은 일반 국민에게 물어봅시다. 시민의 반응은 한결같을 것입니다. 가슴이 답답하고, 구역질이 난다고 호소할 것입니다. 페루의 대기는 각종 병균으로 가득하며, 숨이 막히는 현기증을 유발한다고 말할 것입니다. 사람들은 불순물이 제거된 청결한 공기를 갈망하고 있습니다. 이것이 우리에게 시사하는 바는 무엇입니까? 페루의 모든 제도는 비난받고 있고, 또 현실적으로 붕괴된 상태입니다. 그럼에도 불구하고, 기형적인 제도를 고수하고 있습니다. 이제 그 사람들의 실체는 낱낱이 드러났습니다. 우리는 그 사람들이 어떤 사람들인지 잘 알고 있습니다.

페루의 부패는 도시 수공업자 가운데 확산되고 있습니다. 다른 한편으로, 사회 각 분야에는 노동자 계층이 존재합니다. 노동자 계층은 밀림에 비유할 수 있습니다. 밀림이 건축에 필요한 목재와 파종에 필요한 경작지를 제공하듯, 우리 사회에 노동력을 제공합니다. 그러나 한 국가에서 가장 문명화된 도시가 부패하고 활력을 상실하면, 그 나라 국민은 걷잡을 수 없는 불안에 사로잡히게 됩니다. 그 불안이 온 나라를 지배하고 장악합니다. 리마의 수공업자는 천대받는 날품팔이 노동자(수공업자가 경멸하는)와 상류계층(수공업자가 아첨하는) 사이에 있습니다. 이들 수공업자는 하층민의 무지와 상류층의 타락을 겸비한 사이비 귀족의식에 사로잡혀 있습니다. 이들이 연합하면 종교단체나 선거단체가 세워집니다. 이들에게는 최소한의 신념, 사회적 사명감, 정의감 따위는 찾을 수 없습니다. 소위 베르톨도[24]의 교활한 책략과 산초의 불량한 행동이 융합되면, 인간은 최상의 지혜에 도달한다고 합니다. 이것이 리마 수공업자들의 논리입니다. 이들은 군주국의 왕을 섬기는 하인으로, 혹은 공화국의 지배자를 따르는 부하로 살아갑니다. 정의와 불의는 문제 삼지 않고, 권력만을 추종합니다. 어제는 프라도가 건네는 술과 소시지에 만족하고, 오늘은 피에롤라가 선사하는 성주와 묵주를 받아서 행복합니다.

다행히, 부패하고 타락한 계층이 페루의 전체를 대표하지는 않습니다. 페루의 표면은 정치가, 고리대금업자, 악하고 부정한 자들로 구성되어 있지만, 여기서 멀리 떨어진 곳에는 건강하고 생명력있는 군중이 잠자고 있습니다. 마치 훌륭한 노동력과 양질의 씨앗을 간직한 처녀지와도 같습니다. 무기력한 사회학자들은 이들을 가리켜 쇠퇴했다거나 열등한 인종이라고 불렀습니다. 우리는 이런 이론가들을 비웃어야 합니다. 그런 이론은 힘들고 복잡한 문제를 쉽게 해결하려는 무책임한 태도의 산물입니다. 또한, 유럽인이 아시아와 아프리카에서 저지른 사악한 역사를 합리화하기 위한 이론입니다. 쇠퇴라니요! 현재 우리가 낙후된 상태라면, 과거에는 성장했거나 정상의 자리에 올랐다는 말인가요? 오르지 않고 어떻게 내려올 수 있습니까? 모요밤바Moyobamba와 키스피칸치스Quispicanchis 지역에 사는 페루 주민의 삶을 관찰해 보십시오. 그곳 주민이 루키우스 장군[25]의 저녁 식탁을 즐기고, 사르다나팔루스 왕[26]의 예복을 입고, 사드 후작과 같은 사랑을 하며, 전기 라파엘파의 미술작품을 소장하고, 보들레르와 베를린의 시를 암송할 수 있습니까?

실제는 무지하고 원시적인 원주민이 페루의 근본 토대를 형성하고 있습니다. 아직까지도 원주민을 표현하는 문화적 용어는 혁명, 알코올, 광신 등입니다. 원주민을 '쇠퇴'라는 용어로 소개하는 것은 유년기와 노년기를 혼동하는

---

24 베르톨로(Bertoldo di Giovanni)는 이탈리아 르네상스 시대의 조각가이다. 르네상스 양식의 창시자로 알려진 도나토(Donato di Niccol di Betto Bardi)의 제자로, 모나토가 미완성으로 남긴 다수의 작품을 베르톨로가 완성했다. 후에 미켈란젤로를 포함한 뛰어난 예술가들을 양성하는 학교를 운영한다.

25 루키우스(Lucius Licinius Lucullus, 기원전 118년경~기원전 56년)는 로마 공화정의 군인이자 정치가이다.

26 사르다나팔루스(Sardanapalus)는 고대 아시리아의 마지막 왕이다.

것과 같습니다. 아직 신체의 구조와 용도를 터득하지 못한 어린이를 가리켜 중풍 든 노인이라는 그릇된 명칭을 사용하는 격입니다. 원주민이 열등한 인종일까요? 기억해 보십시오. 페루의 지식인은 원주민, 촐로[27], 삼보[28] 혈통입니다. 극소수의 에스파냐 귀족 후손은 구루병을 앓거나 동성애자입니다. 사실 고릴라의 얼굴과 예전 리마에 살던 후작의 얼굴 사이에는 큰 차이가 없다는 것도 잘 아실 것입니다. 이처럼 인종의 열등성을 반박할 수 있는 증거는 일일이 나열할 수 없을 정도로 많습니다. 기억할 것은, 정복 시기부터 현재까지 백인은 원주민을 사회학적 인종 혹은 치욕스러운 혈통으로 간주했습니다. 이런 인위적인 분류에 근거해서, 원주민의 존재는 농장에서는 일하는 소, 광산에서는 두더지, 병영에서는 썩은 고기를 먹은 하급 인간으로 평가절하되었습니다.

부정적인 요소가 긍정적인 요소보다 많았더라면 페루라는 나라는 이미 오래전에 사라졌을 것입니다. 파괴적인 힘이 생산적인 힘을 능가했을 때, 어떤 조직도 생존할 수 없기 때문입니다. 여기서 진정한 죄인은 지식인입니다. 지식인은 진실한 교육으로 민중에게 모범을 보여야 했습니다. 그런데도, 부도덕한 지식만을 함부로 퍼트렸습니다. 페루 전체를 큰 산에 비유한다면, 정상을 차지한 지배층의 도덕성은 거의 죽음의 단계에 이르렀습니다. 반면 민중은 거대한 바다에서 융기한 지면에 비유할 수 있습니다. 그리고 우리 지식인의 역할은 해저에 숨어 있는 생명체를 지표면으로 다시 끌어 옮기는 것입니다. 페루가 산이라면, 그 정상은 현재 공동묘지로 둘러싸여 있습니다.

III

페루가 불행과 치욕에 시달리고 있던 때 국민연맹이 탄생했습니다. 페루

---

27 촐로(cholo)는 유럽인과 원주민의 혼혈을 가리킨다.

28 삼보(zambo)는 아프리카인과 원주민의 혼혈을 가리킨다.

의 부정부패를 척결하고자 창당한 정당입니다. 선한 의도를 효율적이고 단호한 행동으로 발전시키고자 결단한 사람들의 모임입니다. 이제는 특수 집단의 명령에 따라 통제되는 사회구조를 바꾸어야 합니다. 때로는 개인주의라는 부작용을 감수할지라도, 명령과 통제가 없는 노동환경을 창출해야 합니다. 이를 위해서 국민연맹은 당원을 단결시키고, 투사로 만들 것입니다.

국민연맹은 신규 당원을 모집하려고 애쓰지 않습니다. 모호한 연대는 하지 않겠습니다. 페루의 정치 전통을 타파할 것입니다. 나쁜 사상과 관습에 저항하는 힘을 기를 것입니다. 민중의 마음을 얻고 공감을 이끌어내는 방법은 한 가지뿐입니다. 불의와 타협하지 않고, 협력하지 않는 것입니다. 페루의 정당이 실패한 이유는 무엇입니까? 명확한 선을 긋지 못했기 때문입니다. 다른 정당과 상호 침투적인 관계를 허용했기 때문입니다. 정치계는 동물계와 비슷합니다. 다른 종끼리의 연합은 기형적 잡종 혹은 멸종을 의미합니다. 물론, 역사상 합리적인 연합도 있었습니다. 에스파냐의 경우, 군주제를 무너뜨리고 카를로스파 전제주의[29]를 저지하기 위해 여러 공화세력이 일시적으로 연합했습니다. 프랑스 혁명 당시 성직자와 오를레앙 공작을 따르는 귀족에 대항하기 위해 공화세력이 연합했습니다. 그러나 페루 사람들은 정당 연합이 무엇인지 이해하지 못하고 있습니다. 페루 정치인이 연합할 때는 특정인을 대통령으로 옹립하거나 몰아낼 때뿐입니다. 좋은 예로서, 1894년의 국민연합은 어떤 결과를 초래했습니까? 한 인물을 몰아내고 다른 인물을 세웠지만 동일한 제도를 고수했습니다. 오늘날은 어떠한가요? 시민당은 마누엘 칸다모[30]를 대통령으로

29 카를로스파(Carlista)는 19세기 초반에 등장한 에스파냐의 보수파를 가리킨다. 카를로스 마리아 이시드로(Carlos María Isidro, 1788~1855) 왕자를 지지한다고 해서 이런 명칭이 붙었다.

30 마누엘 칸다모(Manuel Candamo, 1841~1904)는 페루의 정치인으로, 1872년 시민당에 가담하였다. 1895년에 피에롤라의 민주당과 시민당의 연합당이 카세레스 정권을 무너뜨리자, 대통령 취임을 목적으로 임시정부조직의 위원장이 되었다. 1895년 피에롤라에게 정권을 빼앗기고, 1903년 시민당 출신의 대통령으로 당선되었으나 8개월 이후 병으로 사망하였다.

세우고자 했고, 지지 세력을 확보할 목적으로 민주당과 연합하려 했습니다. 민주당은 그런 제안을 거절했는데, 어떤 인물을 내세우려고 했는지는 모르겠습니다.

더 이상 사상이 없는 인물, 무정형, 무채색의 정당은 필요하지 않습니다. 이제 우리는 한 가지 결단을 해야 합니다. 해체하거나, 아니면 진정한 전투적 당원으로 거듭나는 것입니다. 재차 밝혀두지만, 오늘부터는 과거의 잘못을 되풀이하지 않을 것입니다. 그리고 천명합니다. 국민연맹은 상업적이고 이기적인 집단과는 교류하지 않을 것입니다. 만일 우리가 다른 단체에 접근한다면, 그것은 협력이 아닌 대항을 의미할 것입니다. 상대방에게 악수를 청하는 것이 아니라 결투를 신청하려는 것입니다.

이런 제안을 공표하면, 신참 당원은 우둔한 낙관주의에 빠지곤 합니다. 국민연맹 당원이 되었다는 사실을 마치 유쾌한 여행길에 오른 것쯤으로 생각합니다. 하지만 막강한 적과의 싸움이 시작되면, 그런 당원은 떨어져 나갈 것입니다. 우리의 막강한 적은 국가 전체를 합법적으로 물려받은 자신의 유산으로 착각합니다. 때론 금과 교활함으로, 때론 무력과 범법행위를 동원해서, 수중에 들어온 유산을 유지할 것입니다. 우리의 적은 강철로 무장한 지지 세력, 즉 군대를 확보하고 있습니다. 신문사도 소유합니다. 기자는 날카로운 비방의 언어로 반대편 사람을 죽일 수 있습니다. 우리의 적은 근위병에게는 후한 급료를 지급하고, 언론인에게는 보상금을 주어 자신을 방어합니다.

깃발과 절규에만 의지할 수는 없습니다. 아직은 국민연맹의 신규 당원을 도시로 진격시킬 수 없습니다. 먼저 정부로부터 수백 번의 기만과 모욕을 당한 마을을 찾아갈 것입니다. 물론, 우리의 진심이 행동으로 증명되기까지 마을 주민은 우리를 경계할 것입니다. 먼저 글과 말로 설득할 것입니다. 팸플릿과 강연으로 설득할 것입니다. 때론 친근한 편지와 개인적인 대화를 통해 접근할 것입니다. 동시에 구체적인 예로 설득할 것입니다. 우리의 선전은 더디고 고요하지만, 아무도 저지할 수 없을 것입니다. 이를 위해 말과 글을 즉각적인 행동으로 옮기는 사람보다는 진지하게 생각하는 두뇌를 가진 젊은이가 필요합니다. 걸어 다니는 기계가 아닌 살아있는 인간이 필요합니다. 제물과 나쁜 본보기에 물든 변절자가 아니라 진정한 신념으로 무장한 신규 당원이 필요합니다. 한마디로 젊은이다운 젊은이를 원합니다. 구태의연한 정신의 25세 청년을 원하지는 않습니다.

정당을 결성하는 일이 얼마나 어려운지는 이미 경험을 통해서 알고 있습니다. 국가가 평온한 가운데 잠자고 있을 때, 국민연맹은 매우 천천히 발전해 왔습니다. 모든 정당이 초기에 겪은 갈등을 제외한다면, 심각한 방해나 걸림돌 없이 성장해 왔습니다. 일반적인 창당 과정은 먼저 지도자를 옹립하고, 정당 정책을 공표하고, 신규 당원이 가입함으로써 마침내 완료됩니다. 때로는 소수의 당원은 불안으로 동요할 수 있습니다. 이런 동요는 1894년 3월, 내전이 발발했을 때 극에 달했습니다. 국민연맹 내부, 심지어 극소수의 중앙위원회 내부에서도 당원 간의 알력, 탈퇴, 변절, 배반 등의 현상이 있었습니다.

이런 경험을 하고 나면, 간혹 회의감이 들기도 합니다. 개인적 이익을 초월한 고귀한 이상을 추구하는 과정에서 오히려 역효과를 초래할 수 있다는 생각에 도달할 수도 있습니다. 어쩌면 진정한 정당은 시기상조일지도 모릅니다. 아직도 외로운 사도만 존재할지도 모릅니다. 어쩌면 아무도 신뢰할 수 없으면서도 전장에 뛰어드는 것인지도 모릅니다. 적은 정면에서 공격할 것이며, 동지는 등 뒤에서 배반할 수 있습니다. 오늘의 적군은 결코 친구로 바뀌지 않는데 말입니다. 페루에서 올곧은 길을 추구하는 사람은 끝내 외롭고, 조롱당하며, 버림받을 수 있습니다. 그런데 간혹 훈련된 선원처럼 지치지도 않고 열심히 일하는 사람들이 있습니다. 이 사람들은 자신의 재산, 아니 생명조차도 희생할 준비가 되어있습니다. 뱃전으로 물이 넘어오고, 배가 침몰해도 말입니다. 일시적이고 표면적인 현상에는 개의치 않는 사람들입니다. 소수의 충성스러운 혁명가의 목소리는 언젠가 울려 퍼질 것입니다. 죽어가는 영혼과 부패한 정신을 향해 외치며, 불굴의 항쟁을 벌일 것입니다.

다행히 국민연맹의 당원은 일심으로 단결하고 있습니다. 내부 갈등과 외부 공격에도 대항할 수 있는 힘이 있습니다. 어떤 이들은 나약해지고, 오류를 범하기도 했습니다. 어떤 이들은 타인의 직분을 침해하고 타인의 권리를 횡령하기도 했습니다. 그러나 리마에 위치한 국민연맹 중앙위원회는 다른 단체의 도움을 청하지 않았고, 부끄러운 타협을 요청한 적도 없습니다. 오직 내부적인 차원으로 오류와 반목의 문제를 해결했습니다. 현재는 불분명하고 부정적인 요소가 제거되었고 분열의 위험도 사라졌습니다. 이제 국민연맹의 대다수는 때 묻지 않은 순수한 깃발을 세우고 있습니다. 시민의 권리가 어느 정도 보장된 수도 리마에서는 용감하게 우리의 깃발을 들 수 있습니다. 리마뿐 아니라 다른 많은 지역에도 우리의 사상을 소개하려고 노력합니다. 리마를 제외한 다른 지역은 여전히 로마의 총독 체제와 같은 제도를 유지하고 있습니다. 주지사, 부주지사, 부총독, 시장, 군사집단 우두머리의 무분별한 명령이 법을 대신하고 있습니다. 따라서 다른 지역에서는 더욱 저돌적인 태도로 싸울 필요가 있습니다. 실제로 국민연맹의 가장 단결된 힘은 지방에서 발휘되고 있습니다. 수도의 강압적인 요구에 의해 움직이는 다른 정당과는 반대되는 모습입니다. 언젠가 리마의 중앙위원회가 국가정책을 위반하거나 은밀한 반란을 도모한다면, 이것이야말로 진정한 국민연맹의 핵심부서임을 증명하는 일입니다. 실제로 특정 정당과 지도자의 명령에 맹목적으로 복종하는 사람은 국민연맹에 가입하지 않습니다. 우리 역시 그런 사람을 원하지 않습니다.

국민연맹의 성장은 더디지만 지속적입니다. 우리의 성장은 개인의 선동에 기인하지 않습니다. 공동체 전체의 행동에서 비롯됩니다. 따라서 특정 인물의 정신과 자부심을 강조할 필요가 없습니다. 예컨대, 시민당은 파르도, 입헌당은 카세레스, 민주당은 피에롤라를 상징합니다. 그러나 국민연맹은 어떤 인물로도 대표될 수 없습니다. 우리는 특정 인물을 내세우기보다 이상적인 규정과 법규를 세우는 일에 더 많은 노력을 기울입니다. 이런 이유로, 복잡하고 힘겨운 절차를 거친 후에 지도자 위원단을 구성했습니다. 그러나 우리는 언제나 당원을 철저히 훈련시킵니다. 가장 필요한 순간에 가장 겸손한 인물이 사상의 대변인이자 민중을 이끄는 리더로 준비되어 등장할 것입니다. 한마디로, 우리의 당원을 진열대 위의 전시물처럼 노출시키지 않을 것입니다. 과거 시민당이 실패의 선례를 남겼습니다.

그럼에도 불구하고, 지도자가 부재한 상황은 바람직하지 않습니다. 처음에는 국민연맹의 강인함을 보여주는 장점이 될 수 있지만, 당의 성장을 저지할 것이며, 결국 자멸할 수 있습니다. 대중이란 불안하고 설득당하기 쉬운 존재입니다. 따라서 대중의 머리에 신념을 줄 수 없는 지도자는 가장 무능하고 불행한 사람입니다. 또한, 사상은 구체적 실체로 발전해야 합니다. 실체가 없는 사상은 공중누각일 뿐입니다. 나아가 사상은 살아있는 인격체로 발전해야 합니다. 사도使徒 없는 이상은 단순한 추상일 뿐입니다. 결국, 인류는 위인들을 존경하고 본받으며 발전했습니다. 심지어 종교에서도, 구체적 모델이 부재한 교리는 중심을 잃고 흔들리기 마련입니다.

가장 적절한 시기에, 가장 필요한 인물이 등장하기를 기다릴 것입니다. 당원 가운데 진실하고 열정적이면서도, 가장 조용하고 가장 예상치 못했던 사람이 등장해 국민연맹의 높은 이상을 실현시킬 날이 도래할 것입니다. 가장 유능한 인물이 등장할 때, 우리는 비로소 새날을 열 것입니다. 국민연맹의 길을 평탄한 대로로 만들 것입니다. 개인의 자존심과 야망은 희생시킬 것입니다. 높은 이상을 세상에 공표하는 것은 가치 있는 일입니다. 그러나 이상을 실현시킬 영웅을 위해 개인의 자리를 양보하는 것은 더욱 가치 있는 일입니다.

그날이 올 때까지, 우리는 많은 것을 준비해야 합니다. 지금까지 우리 당원은 실천적인 특성을 강조해 왔습니다. 그러나 사악한 정치인들은 우리를 가리켜 망상주의자, 이상주의자, 몽상주의자라고 비난합니다. 정치에서 행위가 중요시된다면, 다음과 같은 질문을 할 수 있습니다. 환각에 취하지도, 이상을 품지도, 꿈을 꾸지도 않는 '그토록 탁월하게 실용적인 사람들이' 이룩한 실질적인 업적이란 무엇입니까? 그들은 헌법을 제정하고 공표하지만, 시민에게 필요한 교육은 제공하지 않습니다. 따라서 시민은 법을 이해하거나, 준수할 수도 없습니다. 마치 금속을 녹이지만, 이를 수용할 틀의 크기는 측정하지 않는 것입니다. 빵을 얻기 위한 생산수단을 가르치지 않고, 소화기관에 대한 지식을 주입하는 것입니다. 헐벗은 원주민들은 이렇게 비판합니다. 학교가 없는데,

무료교육제도가 무슨 소용입니까? 문맹인인 원주민에게 활자법이 필요합니까? 의식 없는 원주민에게 선거권이 어떤 쓸모가 있습니까? 자본, 신용, 심지어 경작할 한 뼘의 땅도 없는데, 산업의 자유가 왜 필요합니까? 자칭 탁월하게 실용적이라는 정치인들의 삶은 모순으로 가득합니다. 마치 훌륭한 의사가 모든 환자를 죽이는데 탁월하고, 유능한 변호사가 소송마다 실패하며, 좋은 선장이 선박을 난파시킨다는 역설과 비슷합니다. 오늘날도 같은 현상을 목격할 수 있습니다. 남쪽에서는 1897년 태평양 전쟁보다 더욱 심각한 음모로 페루를 또다시 위협하고 있습니다. 이처럼 위급한 상황에서 정치인들은 국가적 책임에서 벗어나 외교적 책략만을 앞세우고, 무력으로 확보한 소유물을 지키려고 애씁니다. 페루의 '탁월하게 실용적인 정치인들'은 총검으로 위협하는 외세를 방관하고 있습니다.

사람들은 국민연맹의 사상을 구체적이고 명확한 정책으로 요약해 달라고 요구합니다. 인류 역사상 어떤 민족도 풀지 못한 문제에 대한 해법을 제시하라는 요청과 같습니다. 인류가 종교, 정치, 사회적 문제를 해결했다면, 이 지상은 이미 에덴동산일 것입니다. 삶은 축제일 것입니다. 정당은 특정 정책을 엄격하고 획일적으로 지킬 수 없습니다. 종교적 신념이 아니기 때문입니다. 단지, 몇 개의 장대를 세우고, 방향을 표시하는 것으로 충분합니다. 미리 목적지까지의 거리를 정할 필요는 없습니다. 국민연맹의 철학은 간단하게 집약할 수 있습니다. 국민연맹은 인간의 자유를 최대한 보장하는 진보를 추구합니다. 따라서 정치적 혁신보다는 사회적 개혁을 선호합니다. 이제, 연방제 설립과 종교의 자유 중 한 가지를 택해야 한다면, 어떤 선택을 할지 짐작하실 것입니다. 역설적으로 보이겠지만, 국민연맹 역시 정당입니다. 다른 점이 있다면, 우리는 풍토병처럼 유해한 타락한 정치에서 시민을 해방시키고자 합니다. 정치란 배반, 위선, 사악한 신념을 의미합니다. 흰 봉투 안에 든 부패한 쓰레기로 비유할 수 있습니다. 페루 정치는 선한 신념을 가진 사람을 오히려 나쁜 정치인이라고 비난합니다. 게다가 사람들은 이런 정치를 비판하기보다 오히려 충성을 바치며 헌신을 하고 있습니다. '위대하고 선하다'고 알려진 정치인들이 인류에게 위대하고 선한 일에 기여한 적은 없습니다. 인류는 이러한 모순으로 가득 합니다. 예컨대, 근대 정치인은 앙리 4세[31]라고 자칭하면서, 프랑스 생드니 대성당[32]의 정신을 모독했습니다. 나폴레옹은 앙갱 공작[33]을 총살했습니다. 탈레랑[34]은 정치 제도를 남용하며 사유재산을 축적했습니다. 비스마르크는 엠스 전보[35]를 조작했습니다. 빌헬름 2세는 그리스의 몰락에 갈채를 보냈습니다. 카노바스 델 카스티요[36]는 쿠바와 필리핀을 황폐화시켰고, 에스파냐의 몬주이크 Montjuich 성을 현대판 종교재판소로 사용했습니다.

정부 형태의 이름, 특정 인물, 혹은 특정 정치적 용어는 실질적인 힘이 없습니다. 군주제와 공화제를 구분하는 일은 무의미합니다. 러시아의 상트페테르부르크와 미국의 뉴욕은 동일한 빈곤의 문제를 공유합니다. 오히려 벨기에

---

31 앙리 4세(Henri IV, 1553~1610)는 프랑스 부르봉 왕가의 첫 번째 왕이다.

32 생드니 대성당(Baslica de Saint-Denis)은 초기 고딕 건축 양식을 대표한다. 수호성인으로 알려진 생드니와 함께 프랑스 왕들의 유해가 안치된 것이다. 프랑스 애국심과 자부심을 상징하는 장소이기도 하다.

33 앙갱 공작(Duc d'Enghien, 1772~1804)은 프랑스 왕족이다. 나폴레옹은 반역 음모를 꾸몄다는 이유로 공작을 납치해서 하룻밤 사이에 재판을 끝내고 이튿날 총살했다.

34 탈레랑(Talleyrand, 1754~1838)은 프랑스 정치가, 외교관, 로마 가톨릭교 성직자였다. 외무장관으로서 나폴레옹을 정계에 등장시켰으며, 영국 주재 대사로서 벨기에를 네덜란드로부터 독립시키는데 큰 역할을 한다.

35 엠스 전보 사건은 1870년 7월 13일 프러시아의 빌헬름 1세가 보낸 전보를 비스마르크가 조작하여, 프러시아 왕이 프랑스 장관을 모독한 것으로 오해하도록 만들었다. 이 사건이 지난 6일 이후, 7월 19일에 프랑스는 프러시아에 전쟁을 선포한다.

36 안토니오 카노바스 델 카스티요(Antonio Cánovas del Castillo, 1828~1897)는 에스파냐 역사가이자 정치가이다. 에스파냐가 1868년 공화혁명기를 거쳐 1875년 군주제로 부활하면서 겪었던 정치적 갈등 시기에, 카노바스는 반민주주의적 군주제의 편에서 부르봉 왕가의 재건을 위해 활약했다. 1874년 알폰소 12세의 왕정복고를 실현하고, 스스로 총리가 되어 새로운 헌법을 제정한다. 특별히 카노바스의 양당제는 에스파냐 왕권과 가톨릭 세력을 공고화하고, 부르봉 왕가를 부활하는데 크게 기여했다. 당시 카노바스는 1640년 군사적 목적으로 건축된 바르셀로나 몬주이크 성을 자유주의자들을 감금하고 고문하는 형무소로 사용하였다. 한편, 쿠바와 필리핀을 대상으로 흑인 노예제를 활성화하는 법을 공표했으며, 식민 국가의 독립운동가들을 억압하기도 했다.

시민이 프랑스 시민보다 더 많은 개인의 자유를 보장받고 있습니다. 또한, 영국의 왕실은 페루 공화당보다 권위적이지 않습니다. 영국 왕실은 권력을 이용해 불쌍한 노동자를 감금하지 않습니다. 반면 페루의 모랄레스 베르무데스와 카세레스 대통령은 시민을 수감하고, 추방하며, 채찍으로 고문하고, 사막 한 복판과 은폐된 병영에서 총살합니다. 더 이상 세상은 공화주의자와 군주주의자, 자유주의자와 보수주의자로 구분되지 않습니다. 단지 소유한 자와 소유하지 않은 자, 약탈하는 자와 약탈당하는 자로 분류되고 있습니다.

우리 '망상가들'은 노동자와 하인으로 구성된 거대한 공화국을 꿈꾸지 않습니다. 자유롭고 여유로운 농부들로 구성된 작은 제국을 선호합니다. 우리 '이상주의자들'은 완벽하고 절대적인 제도가 존재할 수 없다는 것을 알고 있습니다. 모든 개혁은 새로운 개혁을 위한 준비 단계로 인식합니다. 우리 '몽상가들'은 종교적인 가치관에서 벗어나, 인류애적인 정의를 추구할 것입니다. 각 개인은 인간의 존엄성을 가지고 태어났습니다. 인간이라는 이유만으로 존중받을 권리가 있다는 뜻입니다. 소수 특권층이 사회 전체의 재산을 독점할 권리는 없습니다. 우리는 '탁월하게 실용적인 정치가'에게 부패한 정치는 물러가고, 사회개혁을 보여 달라!'고 지속적으로 외칠 것입니다. 그리고 그들에게 새로운 비전을 일깨워 줄 것입니다. 미래에 국민연맹이 실질적인 강력한 힘을 확보한 당으로 거듭날 때, 사람들은 우리 당원이 무능한 이상주의자가 아니라는 것을 깨달을 것입니다. 비로소 국민연맹이 페루 사회에 정의를 구현하며, 완벽한 사회 말살 작업을 완수할 유능한 당임을 깨닫게 될 것입니다.

IV

오늘날 페루의 관심은 1899년 선거, 새로운 혁명의 운동, 아리카·타크나 협정[37]에 집중되어 있습니다.

우리는 정치 분야에서 한 가지 요소가 결정적인 역할을 한다고 믿지 않습니다. 또한 국민연맹이 정의의 재판관이 되어 다음 선거를 무효화하기 위해 나서거나 간섭할 생각도 없습니다. 만일 우리 당원이 그런 생각을 하고 있다면, 망상주의자, 이상주의자, 몽상주의자라고 비난받아 마땅합니다. 지금 그러한 싸움에 뛰어든다면, 소모적인 힘을 부적절한 시기에 낭비하는 것입니다. 국민연맹은 앞으로 성장하고 더욱 견고해지기 위해 현재의 힘을 비축해 두어야 합니다. 현재 우리에게 거대한 불법과 부패의 급류를 막아낼 선박이 준비되어 있습니까? 우리 단독의 힘을 의지하면, 급류에 휘말려 난파할 것입니다. 다른 당과 연합한다면, 그들에게 흡수되고, 조롱거리가 될 것입니다. 우리는 아직 대중을 움직이고, 대중을 실질적이고 생산적인 행동으로 유도해낼 수 있는 충분한 힘과 명성을 소유하지 못합니다. 현재는 인내하며 미래를 위한 힘을 보유해야 합니다. 절제는 포기를 의미하지 않습니다. 단지 권리행사를 지연하는 것입니다.

어쩌면 국민연맹이 국회의원 혹은 상원의원에 관련된 개혁은 성공적으로 추진할 수 있을 것입니다(이것은 중앙위원회가 영향력을 확장한 후에 결정할 문제입니다). 그러나 대통령 혹은 부통령에 관한 개혁은 아무것도 시도하지 않는 편이 좋습니다. 왜 우리의 당원을 준비되지 않은 싸움터로 보내야 합니까? 상처와 부상뿐인 전쟁을 치를 것이며, 모욕과 치욕뿐인 결과를 초래할 것입니다. 우리의 개입 여부와 상관없이 미래의 선거는 과거의 선거와 동일할 것입니다. 언제나 그랬듯이, 부정선거는 결국 국회에 의해 승인될 것입니다.

선거의 싸움판에 뛰어드는 것보다 더 실용적인 일을 해야 합니다. 페루의 선거장은 세균으로 가득한 화장실을 연상케 합니다. 그런 일은 시민연맹

---

37 1883년 10월 3일, 페루와 칠레는 리마에서 안콘조약을 맺고 태평양 전쟁을 끝냈다. 이 조약에 따르면, 칠레는 10년 동안 페루의 일부 영토, 타크나(Tacna), 아리카(Arica), 타라파카(Tarapaca) 지역을 합법적으로 지배하고, 10년 후인 1894년에 위 지역의 소유권을 국민투표로 결정하도록 되어 있었다. 그러나 국민투표는 1929년에 이르러서야 실시되었다. 리마조약(Tratado de Lima)을 맺은 1929년에 타크나 지역은 페루의 영토가 되었지만, 아리카 지역은 여전히 칠레의 영토로 남아있다.

파, 민주당파, 시민당파, 입헌당파에게 맡기면 됩니다. 그들은 계속해서 피범벅이 된 폐허 가운데 행진할 것입니다. 음험한 카니발에서 볼 수 있는 괴기스러운 가장행렬을 보는 것 같습니다. 사악하고 이기적인 요설이 난무하는 한복판에서 국민연맹은 주야로 외치는 정의의 목소리가 되어야 합니다. 우리가 요구할 사항은, 페루의 육군과 해군의 재편성입니다. 타국을 공격할 목적이 아니라 자국을 방어할 목적입니다. 정복이 아닌, 정복당하는 것을 막기 위해서입니다. 타국의 영토를 약탈하기 위해서가 아니라 우리가 예기치 못한 순간에 불공정하게 빼앗긴 영토를 회복하기 위해서입니다.

얼마 전 국민연맹은 칠레와의 평화협정이 페루 내전을 초래할 것이라고 보고했습니다. 모든 언론은 우리를 비난했습니다. 성직자와 정부의 종노릇하는 어용 신문사는 국민연맹이 내전을 바라고 혁명을 선동한다는 거짓된 정보를 퍼트렸습니다. 하늘 아래서 새의 깃털을 놀리는 기자들은 국민연맹이 가진 역설적인 힘을 미리 감지한 것입니다. 우리의 연약한 육체에 숨겨진 전투적인 추진력을 보았던 것입니다. 그래서 전염병을 보고한 의사에게 전염병을 염원한 죄인이라고 비판하는 것입니다. 태풍을 예언한 선장에게 악한 징조를 기원했다고 비난하는 것입니다.

미겔 이글레시아 정권에 대항한 카세레스 혁명을 잊었습니까? 카세레스 정권에 대항한 피에롤라 혁명을 잊었습니까? 그 당시 낭비하던 금화가 현재 페루 국고에 보관되어 있다면, 그 당시 희생당한 청년들이 현재 어깨에 총을 메고 대기하고 있다면, 적어도 칠레가 페루를 대하는 태도는 달랐을 것입니다. 위의 두 혁명은 어떤 긍정적인 결과도 낳지 못했습니다. 현재 북쪽에서 우리를 위협하는 혁명도 마찬가지일 것입니다. 카세레스가 안콘조약을 폐기할 수 있었습니까? 피에롤라가 카세레스보다 더욱 안정적이고 합법적인 정부를 설립했습니까? 만일, 언젠가 혁명의 승리를 이룬다고 해도, 칠레와의 안콘조약을 무효화하며, 칠레군과 정면으로 맞설 수 있을까요? 혁명의 승리를 예측하는 순간, 칠레 정부는 '신뢰할 수 있는 위원장'을 혁명군 측에 보낼 것입니다. 결국 칠레군과 혁명군 간의 평화협정이 체결될 것입니다. 아타우라 사건[38]이 우리에게 가르쳐준 교훈입니다.

국민은 페레스 대령이 승리했는지, 가르시아 박사[39]가 패배했는지 알려고 애쓸 필요가 없습니다. 그보다 싸움이 끝난 후 국민세금이 감소되었는지, 농장주의 통제권이 폐지되었는지, 날품팔이나 노예의 신분을 벗고 재산 소유권을 누리는 자유인이 될 수 있는지를 알아야 합니다. 혁명이 제도적인 개혁을 달성하지 못하고 지도자만 바꾼다면 무슨 의미가 있겠습니까? 이제까지의 시민혁명의 결과를 보십시오. 무지한 자들은 진리의 빛으로 한 걸음도 나아가지 못했습니다. 불행한 자들은 짓누르는 억압의 무게를 조금도 줄이지 못했습니다. 무지한 자들과 불행한 자들은 주인을 교체하듯, 지도자를 교체하는 것이 혁명이라고 생각합니다. 순진한 양들은 자신의 털을 깎고 목을 베는 주인을 교체하는 것이 혁명이라고 생각합니다. 반면에, 국민연맹은 새로운 혁명이 시작될 때, '새로운 야망의 집단, 새로운 범죄 집단은 물러가라!'고 한 목소리로 외칩니다. 피 묻는 손을 감추지 않는 국민연맹의 당원은 그렇게 외칠 것입니다. 민주당의 당원은 위의 함성에 동참할 수 없습니다. 또한 25년 동안 반란과 폭동을 결성하고 주도해 온 민주당의 지도자, 피에롤라도 우리의 함성에 동참할 수 없습니다. 피에롤라는 자신의 제자이자, 민주당 출신인 오늘날의 무능한 혁명가를 조롱하고 비난할 권리가 없습니다.

---

38 아타우라(Ataura)는 페루 중부에 위치한 후닌주(州)에 속한 지역이다. 1885년 아타우라 지역에서 카세레스는 농민과 유격대원을 선동하여 칠레와 안콘조약을 체결한 미겔 이글레스아스 정권에 대항하는 혁명을 일으켰다. 그러나 무력충돌을 눈앞에 둔 카세레스는 자신의 군대를 설득하여 혁명군의 항쟁을 저지하고, 보수주의 세력의 편에 선 사건이다.

39 프란시스코 가르시아 칼데론(Francisco García Calderón, 1834~1905)는 페루의 군인이자 정치인이다. 태평양 전쟁 당시 1881년 1월 13일 칠레군이 페루의 수도 리마를 점령하자 임시 대통령 피에롤라는 피난을 떠났고, 일부 인사들이 모여서 가르시아 칼데론을 새 대통령으로 선출했다. 가르시아 칼데론은 1881년 11월에 칠레의 포로가 되었고, 1883년 안콘조약으로 태평양 전쟁이 끝났을 때 석방되었다.

오늘날 페루는 새로운 국제 문제에 직면했습니다. 아르헨티나와 볼리비아가 맺은 친선협정 또는 전략적 협정관계가 야기한 새로운 국제 문제입니다. 만일, 페루가 가담하여 삼국동맹이 체결된다면, 이에 따른 다양한 이득을 생각해 볼 수 있습니다. 즉, 칠레군을 격파하고, 안콘조약을 파기하며, 페루의 잃어버린 영토를 회복할 가능성이 있습니다. 반대로, 삼국동맹에 가담하지 않는다면, 페루는 위험에 처하게 됩니다. 페루의 중립적인 태도가 두 나라에 대한 적대적 시위로 보일 수 있습니다. 아르헨티나·볼리비아 연합군은 칠레뿐 아니라 우리 페루에게도 커다란 해를 끼칠 수 있습니다. 다른 한편, 페루와 칠레가 연합하여 볼리비아·아르헨티나 연합군에 맞서 싸우는 것은 생각할 수도 없습니다. 페루·칠레 연맹을 체결할 만큼 실성한 정부는 없을 것입니다. 두 나라 간의 연맹을 인정할 만큼 비열한 민족은 없을 것입니다. 따라서 만일 칠레와 아르헨티나·볼리비아 연합군 간에 전쟁이 발발한다면, 페루가 취할 수 있는 최선의 선택은 무엇일까요? 칠레를 고려해야 하는 페루의 입장에서는 단호한 중립성일 것입니다. 그러나 이 경우에 페루가 얻는 결과는 무엇일까요? 우선 불명예입니다. 만일 칠레가 승리한다면, 페루는 오늘과 같은 굴욕적인 상태에서 벗어날 수 없을 것입니다. 1897년 태평양 전쟁의 승자인 무정한 칠레는 페루에게 최소한의 자비도 베풀지 않을 것입니다. 페루의 용감한 중립에 대해 최소한의 보상도 베풀지 않을 것입니다. 반대로, 볼리비아와 아르헨티나가 승리를 거둔다면, 두 나라는 평화적 합의에 필요한 조건을 칠레 당국에 요구할 것입니다. 아르헨티나·볼리비아 연합군은 정의를 뒤로 한 채, 양국의 이익에 맞는 정책을 세울 것입니다. 페루가 동맹국에 가담하지 않은 범죄 행위에 대한 비싼 대가를 치르도록 강요할 것입니다. 볼리비아와 아르헨티나가 페루에 대한 도덕적 책임을 느낄 가능성은 전혀 없습니다. 자국의 피와 금화로 페루를 구제할 까닭은 없습니다. 도덕적 의무감 때문에 자신의 이익을 희생하는 낭만적이고 관대한 국가들이 아닙니다.

볼리비아는 어떤 국가입니까? 오늘날 페루가 볼리비아와 연합관계를 유지하고 있는 유일한 이유는 바로 공포심 때문입니다. 볼리비아가 페루와 연합관계가 아니라면, 칠레와 연합하여 우리를 침략하고 약탈했을 것이기 때문입니다. 페루와 볼리비아는 1879년에 동맹을 맺었습니다. 두 나라의 연합은 산초와 돈키호테의 우정을 연상시킵니다. 전쟁이라는 불행한 모험 길에서 볼리비아군은 건강하게 육체를 보존하였고, 우리 페루는 칠레군의 몰매를 맞았습니다. 페루군이 피로 물든 바다에서 질식하고 있을 때, 볼리비아군은 장밋빛 욕조에서 휴식을 즐겼습니다. 산 프란시스코 전투[40]가 끝난 후, 볼리비아의 다사 대통령이 통솔하던 정예부대는 연기처럼 사라졌습니다. 또한, 볼리비아 캄페로 장군은 칼라마 지역[41]을 스무 차례 정복한 영웅으로 알려져 있습니다. 그러나 실제로 캄페로 장군은 볼리비아의 수도 라파스 또는 코차밤바 지역에 숨어 한 발자국도 움직이지 않았습니다. 유명한 카마로네스 후퇴 사건[42] 이후, 볼리비아 정치인들은 기이한 상상을 하기 시작했습니다. 태평양 전쟁 때, 볼리비아 정부의 페루에 대한 태만하고 무관심한 태도는 오히려 자국의 이익에 유리할 것이라고 착각했습니다. 칠레가 페루의 타크나와 아리카 영토를 자신들에게 양도할 것이라고 꿈꾸었기 때문입니다. 또한 우리 페루가 볼리비아에게 대가를 지불할 것이라고 기대했습니다. 태평양 전쟁 때, 페루 편에서 칠레군

---

40 산 프란시스코(San Francisco) 전투는 칠레와 페루·볼리비아 연합군이 1879년에 벌인 전투를 일컫는다. 이 전투에서 대승을 거둔 칠레는 페루의 산 프란시스코와 이키케(Iquique) 지방을 포함한 타라파카(Tarapac) 지역의 지배권을 강화한다. 반면, 볼리비아의 다사 대통령은 이 전투의 패배로 대통령 즉위에서 해임되었다.

41 칼라마(Calama)는 칠레 북부에 위치한 안토파가스타(Antofagasta) 지역에 속한 도시이다. 1879년 칠레의 에밀리오 소토마요르 대령이 이끄는 군사는 칼라마를 점령하였고, 당시 볼리비아 다사 대통령은 캄페로 장군의 군대를 파견해 칼라마 도시를 포함한 안토파가스타 지역을 회복하려고 시도했다. 볼리비아군이 전투를 승리로 이끌어 칼라마의 재정복을 가까이 둔 시점에, 다사 대통령은 군대를 해산하고 후퇴를 명령한다. 역사가들은 이와 같은 비이성적인 판단에 대해, 다사 대통령이 대중의 관심이 캄페로 장군으로 쏠리는 것을 견제하기 위한 행동이었다고 평가하기도 한다. 다른 역사가들의 견해에 따르면, 캄페로 장군은 처음부터 칼라마 전투에 참가하지 않았으며, 대신 칠레의 광산업자들과 상업적인 공모에 참가했다고 이야기한다.

42 카마로네스 후퇴(retirada de Camarones)는 태평양 전쟁 초기에 발생한 유명한 사건이다. 볼리비아 다사 대통령은 페루의 프라도 대통령에게 카마로네스 열악한 지형을 핑계로 후퇴를 알리는 전보를 보냈다. 이 후퇴로 인해 태평양 전쟁의 전세는 칠레 쪽으로 기울었다.

을 방어한 것에 대한 보상을 기대하는 것입니다. 혹시 우리 페루가 아메리카 동족애나 종교적 자비심에서 볼리비아에 후하게 보상해 줄 것이라고 기대합니다. 추키사카 혁명[43] 당시, 카보우로[44]나 메테르니히[45]를 닮은 영웅들은 우리에게 성 빈첸시오 드 폴[46]이나 산 마르틴[47]과 같은 자비심을 베풀었습니다. 그러나 오늘날 칠레가 포획물을 양보하지 않듯, 페루도 절대로 양보하지 않을 것입니다(만일 페루가 빼앗긴 타크나와 아리카 영토를 되찾는다면 말입니다). 결국, 볼리비아는 좀 더 관대하고 자비로운 친구를 찾고자, 아르헨티나에게 관심을 돌렸습니다.

그러면 아르헨티나는 어떤 민족인가요? 아르헨티나는 20년 동안 로사스[48]의 잔인한 독재정치로 인해 고통 받고 있는 민족입니다. 또한 브라질·우루과이와 연합하여 파라과이를 참혹하게 희생시켰던 민족입니다. 1866년 에스파냐와의 전쟁[49] 때, 페루·칠레 동맹국은 아르헨티나의 도움을 요청했습니다. 그러자 거만하고 불쾌한 태도로 자신들은 태평양에 관심이 없다고 대답했습니

---

43 1809년 페루의 추키사카에서 대학 지식인과 독립운동가들이 연합하여 에스파냐의 페르난도 7세에 대항하여 일으킨 혁명이다. 혁명은 실패로 끝났으나, 이 사건을 계기로 볼리비아의 수도 라파스와 아르헨티나의 부에노스아이레스까지 독립운동의 불씨가 확장되었다.

44 카보우르 백작(Conte Di Cavour, 1810~1861)은 가리발리와 마치니와 함께 이탈리아 통일의 3걸이라고 부른다.

45 메테르니히(Metternich, 1773~1859)는 오스트리아 외교관이자 정치가이다.

46 성 빈첸시오 드 폴(San Vicente de Paul, 1581~1660)은 프랑스의 사제로, 농민과 평민을 위한 구제 단체와 프롱드 난의 희생자들을 위한 구호소를 설립했다. 1885년 교황 레오 13세가 자선단체 수호성인으로 선포했다.

47 호세 데 산 마르틴(José de San Martín, 1778~1850)은 아르헨티나 출신으로, 라틴아메리카 독립운동을 이끈 대표적인 인물이다. 1882년 과야킬에서 시몬 볼리바르와 회담을 한 뒤, 모든 자리를 내놓고 아르헨티나로 돌아왔다.

48 후안 마누엘 데 로사스(Juan Manuel de Rosas, 1793~1877)는 아르헨티나의 군인이자 정치가이다. 1829년부터 1852년까지 아르헨티나를 통치한 독재자이다.

49 에스파냐와의 전쟁(Guerra contra España)은 1865년부터 이듬해인 1866년까지 칠레와 페루 해안에서 일어난 에스파냐와의 전쟁을 가리킨다.

다. 아르헨티나는 신뢰할 수 있는 민족이 아닙니다. 그들에게는 예의, 관용, 아메리카 공동체 의식을 찾아볼 수 없습니다. 후아레스 셀만[50] 정권이 아르헨티나 역사에 영광스러운 업적을 남겼나요? 멀리서 바라본 아르헨티나는 낭만적으로 보일 수 있습니다. 가축을 살육하는 도살장이나 현란한 이탈리아 축제의 땅으로 보일 것입니다. 그들의 조상 이탈리아인은 에스파냐어를 구사하지도 못했으며, 심지어 에스파냐 사람이 카탈루냐어와 바스크어도 한다는 사실을 몰랐습니다. 아르헨티나를 대표하는 유일한 것은 수출품입니다. 세련되게 정제되진 않았지만, 비교적 고급 목재로 만들어진 칙칙한 빛깔의 가구가 아르헨티나의 수출품입니다. 아르헨티나는 예측하지 못한 때에 비양심적인 평화조약을 체결할 수 있는 민족입니다. 강제로 전쟁터에 끌려가, 비참한 결과를 거두는 민족입니다(1879년 페루가 겪었던 참혹한 결과에 견줄만하게 말입니다). 10년 전부터 그 땅에는 선한 가우초들이 등장하기 시작했습니다. 그 사람들은 희곡 『노루발장도리』에 등장하는 주인공 심플리시오 보바디야[51] 신사를 연상시키는 사람들입니다. 선한 가우초는 칼을 지니고 다니지만, 실제로 칼을 꺼내는 법은 없습니다. 문서를 받는 순간, 행복에 취해 토지 면적을 계산하기에 여념이 없기 때문입니다.

그러나 모든 국제적인 상황을 고려해서, 현재 페루는 칠레보다 아르헨티아를 호의적으로 바라보는 경향이 두드러집니다. 언젠가 아르헨티나가 칠레에 전쟁을 선포한다면, 페루가 어떤 반응을 보일지는 예측할 수 없습니다. 아마 페루군의 엽총은 예전과 같이 칠레의 이키케 도시와 타라파카[52] 영토 쪽으

---

50 미겔 후아레스 셀만(Miguel uárez Celman, 1844~1909)은 아르헨티나의 대통령으로 1886년부터 1890년까지 집권했다.

51 돈 심플리시오 보바디야(Don Simplicio Bobadilla)는 에스파냐 극작가 후안 데 그리말디(Juan de Grimaldi, 1796~1872)가 1829년에 쓴 희곡 『노루발장도리 *Pata de cabra*』의 주인공이다.

52 타라파카(Tarapaca)주는 칠레 북부에 위치한 주의 명칭이고, 주도가 이키케(Iquique)이다. 페루의 영토였으나, 1883년 태평양 전쟁으로 칠레에 병합되었다.

로 향할 것입니다. 이런 상황에서 페루 국민은 여론에 역으로 반대하는 지도자를 원하지 않을 것입니다. 결국, 그런 지도자를 쓰러뜨리고 격파하는 혁명이 필요합니다. 그러한 혁명만이 유일하게 선하고, 성스럽고, 국민을 위한 해결책이 될 것입니다. 정부가 내부적으로 국민을 속이고, 조롱하고, 사지를 묶고, 언론을 통제하며, 굶주리게 하고, 목숨을 희생시키는 것은 참았습니다. 그러나 결코 참을 수 없는 것이 있습니다. 우리로 하여금 칠레와 이익관계를 맺도록 강요하는 것입니다. 우리를 칠레의 비굴한 동맹자로 만들어, 볼리비아·아르헨티나와의 전쟁터에 끌어들이는 것은 결코 용납할 수 없습니다. 우리는 볼리비아와의 신의를 무시하고 공격할 수 없습니다. 또한 아르헨티나와의 관계를 깨뜨릴 수 없습니다. 우리는 칠레의 배신을 묵인할 수 있습니다. 마찬가지로 볼리비아와 아르헨티나의 배신을 묵인할 수 있습니다. 그러나 페루의 배신과 우둔함은 용인할 수 없습니다.

전쟁을 일으키거나 혁명을 도모하거나 외부세력과 연합하거나 중립을 유지하거나 상관없이 페루는 한 가지 목표를 추구해야 합니다. 우리는 강인해져야 합니다. 페루가 약하고 비굴해질수록, 칠레는 더욱 오만한 약탈자가 될 것입니다. 가장 확실하고 합리적인 대응책은 강력한 부대를 형성하고 전쟁에 능숙한 많은 군대를 모집하는 것입니다. 칠레는 동쪽 나라들의 위협을 느낄 때마다 페루의 아르헨티나·볼리비아와의 동맹 관계를 견제할 것입니다. 그러면 감미로운 찬가로 페루와의 우정을 약속하며, 우리를 우대할 것입니다. 그러나 주변 나라로부터 안전하고 자유롭게 되면 또다시 페루를 무자비한 약탈과 병합정책으로 통제할 것입니다. 당장 오늘날의 현실을 보십시오!

페루는 외세의 침략에 위협받고 있습니다. 아니면, 무서운 시민전쟁의 전야를 보내고 있는지도 모릅니다. 국가의 신용은 붕괴되었습니다. 거대한 외채로 인해 국가재정은 파산의 위기에 처했습니다. 이런 상황에서 칠레는 선하고 정의로운 도움을 베푸는 대신, 새로운 조약으로 우리를 더 깊은 함정에 빠뜨렸습니다. 그 결과 페루는 타크나와 아리카 지역을 지킬 희망으로부터 더욱 멀어졌고, 국민은 길을 잃고 끝없는 미궁 속에 빠졌습니다.

결론을 말씀드리겠습니다. 칠레는 페루와의 전쟁에서 취한 이득으로 자국의 산업을 융성시켰습니다. 또다시 페루의 영토를 침략하려 한다면, 우리 국민도 머리부터 발끝까지 무장할 것입니다. 빈틈없는 무장으로 평화를 지켜야 합니다. 잠재된 전쟁에 대비하기 위해 무장해야 합니다. 과거는 우리에게 명확한 교훈을 주었습니다. 인간이 위대한 이유가 무엇입니까? 바로 과거의 고통을 통해, 미래의 고통에 대비하는 법을 배우기 때문입니다. 페루 정부는 낙관주의에 빠져있습니다. 정부의 무조건적인 확신은 사회 전체를 최면상태에 빠뜨리고, 외부 세력의 위협을 감지하지 못하게 만들었습니다. 이러한 나태한 긍정주의는 칠레 정부를 무력하다고 믿게 했고, 군대를 해체시켰으며, 심지어 지난 전쟁에서 페루가 승자였다고 착각하도록 했습니다. 이러한 착각에서 벗어나기 위해 다음의 사건을 기억해 봅시다. 산 후안 전투[53]에서 피에롤라 정부는 칠레군을 이기지 못했습니다. 우아마추코 지역[54]에서 카세레스 정부는 칠레를 격퇴하지 못했습니다. 과거의 실패에서 유익한 교훈을 얻지 못하고, 미래에 덮칠 새로운 혼란을 예방하지 못한다면, 언젠가 칠레, 아르헨티나, 볼리비아는 페루를 공격할 것입니다. 우리를 남아메리카의 폴란드[55]로 몰락시킬 것입니다.

현재 약하고 힘없는 페루 국민을 원칙도 없이 전쟁터에 보낼 수는 없습니다. 또한 단기간 동안 부대와 군사력을 강화시킬 수도 없습니다. 현재로서는 두더지와 개미와 같이 지하에서 세밀한 준비과정을 거쳐야 합니다. 구체적으로 한 푼 한 푼 돈을 모아야 합니다. 전쟁에 필요한 대포, 엽총, 총알 등 세밀한 군수 장비와 물품을 비축해야 합니다. 국가의 생명력은 끈질긴 법이라, 정

---

53 산 후안(San Juan) 전투는 1881년 1월에 있었던 칠레와 페루의 전쟁이다. 칠레는 하루 만에 승리를 거두었고, 이어서 수도 리마와 미라플로레스 지역을 점령하였다.

54 우아마추코(Huamachuco)는 페루의 북부 도시다. 1883년 7월 10일 페루의 카세레스 군대가 패배한 지역이다. 이 전투를 끝으로 태평양 전쟁은 칠레의 승리로 종결되었다.

55 1795년 국력이 약화된 폴란드는 프로이센, 제정러시아, 오스트리아 3국에 의해 분할되었고, 1795년부터 1918년까지 3국의 지배를 받게 된다. 1830년 독립을 위한 혁명 정부를 조직했지만, 제정러시아의 탄압과 사상적 내분으로 독립투쟁은 실패하였다.

의의 날이 도래할 때까지 지치지 않습니다. 그러나 정의는 이성적인 논쟁으로 얻어지지 않습니다. 피로 물든 무기로 상대방을 겨누어야 얻어지는 법입니다. 물론 전쟁은 인류의 치욕이며 불명예입니다. 이러한 치욕과 불명예는 불의한 침략자에게 어울리는 것이며, 인권과 생명을 존중하는 사람과는 무관해야 합니다. 단순한 섬모충류부터 복잡한 인간사회에 이르기까지, 야만적인 전쟁과 약자의 승리는 필연적인 생존 원리로 알려졌습니다. 하지만, 인간 사회를 구별하는 차이점이 있습니다. 모든 자연계는 잔혹한 법칙을 견디며 침묵하지만, 인간은 그것을 거부하고 변혁시킨다는 것입니다. 인간만이 유일하게 정의를 외치는 존재입니다. 약자는 정의를 위해 자신을 희생하며 정의를 위해 투쟁합니다. 따라서 그들의 함성을 들어야 합니다. 불의에 대항하여 혁명을 일으키고, 변혁을 추진하기 위해 더욱 강해져야 합니다. 발톱과 이빨이 뽑힌 사자가 여우의 먹이가 되듯, 무장하지 않은 국가는 적의 발 앞에 항복하게 됩니다.

2. 행동적 자유사상가

(이 글은 페루 자유사색가 연맹[1]이 1898년 8월 28일 개최할 예정이던 강연회 원고이다. 그러나 강연은 정부의 반대로 취소되었다.)

이처럼 발표의 자리를 제공해 주신 자유사색가 회원 여러분에게 진심으로 감사드립니다. 여러분은 우리 사회에 새로운 길을 제시하는 분입니다. 제가 본 연맹의 회원이 아님에도 불구하고 이렇게 저를 초대해 주셔서 감사하다는 말을 전하고 싶습니다.

저는 세 가지 종류의 자유 사고방식에 관해 토론하고자 합니다. 침묵적 자유 사고, 언어적 자유 사고, 그리고, 행동적 자유 사고입니다. 이 가운데 행동적 자유 사고는 가장 유용한 성과물을 수반하는 개념으로, 좀 더 구체적으로 설명하겠습니다.

I

침묵하는 사유의 자유는 그 자체로 허용되므로 논쟁할 필요가 없습니다. 아무도 우리의 두개골에 구멍을 내어 생각의 발상을 추적할 수 없습니다. 우리가 스스로에게 속삭일 때, 우리 내면의 목소리가 멀리 있는 타인의 고막에

---

1 자유사상가 연맹의 대다수 구성원은 프리메이슨 회원이었고, 의장은 페루의 초창기 무정부주의자이자 자유사상가 중 한 명이었던 크리스티안 담이라는 치과의사였다.

도달되지도 않고, 또 원형 축음기에 녹음되는 것도 아닙니다. 우리 안에 아무도 침범할 수 없는 피난처를 소유하는 것입니다. 그곳은 종교재판관과 독재자들이 도달할 수 없는 곳이며, 오직 각자가 원하는 신을 경배하며, 선한 사람에게는 왕좌를, 악한 사람에게는 교수대를 부여할 수 있는 자유로운 사색공간입니다.

그러나 자유 사색은 투쟁적인 삶에 전혀 유용하지 않습니다. 자유사색가는 이기적이고, 빈껍데기 철학자에 불과합니다. 한 마디로, 이도 저도 아닌 중립에서 벗어나지 못합니다. 우리의 현실은 불합리한 미신을 암묵적으로 허용합니다. 이때, 소리 없는 내적인 비판이 우리 사회에 무슨 유익을 기여할 수 있습니까? 실제로는 죄인에게 타협의 손을 건네면서, 상상으로만 교수형을 감행한다면, 어떤 변화를 기대할 수 있습니까? 만일 현자가 내면의 세계에 몰입되어 지식을 전달하지 않는다면, 인류에게 어떤 도움을 줄 수 있을까요? 내부로만 발산하는 빛은 닫힌 램프와 같습니다.

사람이 어떤 신념을 갖게 되면, 그것을 은폐하지 않습니다. 가문의 귀중품이나 희귀한 향수를 보관하듯 은밀히 숨겨두지 않습니다. 오히려 태양과 대기 밖으로 개방합니다. 자유로운 지식의 교류를 위해 거리 한복판에 둘 것입니다. 정신적인 자산을 비밀스레 소유하는 것은 비인간적입니다. 그 풍요로운 자산을 머리 밖으로 꺼내어 언어를 통해 날개를 달아주고 세상 밖으로 보내야 합니다. 세상 가운데 날아가 다른 사람의 머릿속에 그의 사상을 전달해 주어야 합니다. 만일 모든 철학자의 사유가 침묵 속에서 머물렀다면, 인류는 유년기를 벗어나지 못했을 것이며, 지금까지도 우리 사회는 미신의 테두리 안에서 헤매고 있을 것입니다.

개인이 취득한 진리란 없습니다. 진리는 인류의 자산에 속합니다. 근본적으로 개인이 창조할 수 있는 것은 없으며, 따라서 어떠한 것도 개인의 소유물이 되지 못합니다. 개인의 고유의 것처럼 확립된 사상도 사실은 그가 호흡하고 있는 지적 환경에서 비롯된 것입니다. 사상은 독서라는 인위적인 습득에 의해 재생산되는 것입니다. 우리는 다른 사람에게 받은 지식을 이웃에게 전달할 뿐입니다. 이때 우리는 지식을 자신의 소유물로 생각하여 타인에게 큰 호의를 베푼다고 착각합니다. 하지만 그렇지 않습니다. 지식은 법적인 상속자에게 마땅히 반환되어야 하는 유산입니다. 과연, 사유의 힘보다 더 값진 것이 있을까요? 이를테면, 우리가 사랑하는 이들에게 진심을 다하는 것은, 그들에게 진 빚을 갚는 행위입니다. 마찬가지로, 우리가 낯선 사람, 경쟁자, 혹은 원수에게 사상을 전달해 주는 것은, 마치 대자연의 무한한 관대함을 닮아 가는 것입니다. 대자연은 성인이든 죄인이든, 비둘기나 참새나, 양이나 늑대나 상관없이 자신의 소유물을 풍성하게 나누어 줍니다.

이천 년 전, 어느 중국 철학자는 "관대하게 주고, 인색하게 받는 것이 유익하다"고 말했습니다. 이 짧은 충고 안에는 무한한 박애와 관대함에 대한 인식이 들어있습니다. 그런데 침묵하는 자유 사색가는 '무한히 주라'는 최상의 교훈을 지키지 않습니다. 그들은 조용히 행복하게 사는 삶을 선호합니다. 자신의 사색과 냉정함 속에서 결코 흔들리는 법이 없습니다. 그들은 지하로만 흐르는 강과 닮았습니다. 사람들의 갈증을 해소해 주지 못합니다. 식물이 자라도록 물을 공급해 주지도 못합니다. 그저 조용히 바다를 향해 흘러갈 뿐입니다.

II

침묵의 자유사상은 철학자의 내면을 요동시키지 못합니다. 반면에, 언어로 표현된 자유사상은 이와 다릅니다. 퇴보한 사회에서 누군가 독자적인 생각을 언어로 표현하면, 바로 비난과 질책을 받습니다. 성직자는 저주의 말로, 사회 지배자는 학대로, 사나운 대중은 격한 분노로 반응할 것입니다.

아무도 감히 특권층을 위협하거나, 그들의 불합리한 사고방식을 비판하지 않습니다. 수천 명의 목소리가 비난하고, 수천 명의 팔이 협박하기 전까지 말입니다. 원래 인간이란 오류를 지적하고, 또 불의 앞에 맞서는 동물입니다. 동시에, 인간은 몹시 비겁하고 비열한 존재이기도 합니다. 투쟁의 굉음이 들리는 순간 갑자기 돌변하여, 반대편에 있는 자들과 연합하고, 동지들과 맞서 싸우곤 합니다. 또한, 사람들은 생각을 언어로 표현하고, 침묵을 깨고 외치는 자를 용서받지 못할 범죄자로 간주하기도 합니다. 게다가 불의와 거짓이 판을 치는 사회에서는, 침묵을 깬 범죄자를 온갖 비판의 언어로 몰아세웁니다. 그럼에도 불구하고, 우리의 언어가 위선에서 해방되어 순수한 정의를 외치기 시작할 때가 도래합니다. 그때는 진리에 갈급했던 사람들이 격양된 감정을 폭발할 것이고, 마침내 통쾌한 항변을 일으킬 것입니다.

불행하게도, 인간이 선량하고 지혜로운 시민이라는 모범적인 기준에 부합하려면, 시대가 요구하는 관습과 편견에 순응해야 합니다. 종교의 모순을 칭송하고, 사회의 불의와 타협해야 합니다. 따라서 사람들은 전통의 악습을 깨려고 시도하지 않습니다. 오래된 새장 밖을 벗어나 비상하려 노력하지 않습니다. 다양한 의견이나 비판적인 태도를 인정하지 않습니다. 따라서 '도덕'은 오히려 부도덕에 타협한다는 의미로 변질되었습니다. '선행'은 위선적이고 주관 없는 기회주의자라는 개념으로 전락했습니다. '법을 충실히 지키는 사람'은 비굴한 천성의 소유자를 뜻하고, '완벽한 도덕성을 가진 선량한 시민'은 비굴한 영혼의 소유자라고 비판받게 되었습니다.

따라서 진실을 있는 그대로 표현한다는 것은 매우 대담한 일이 되었습니다. 안타깝게도 페루의 연설가나 기자는 원래의 자유사상을 거짓되게 왜곡시킵니다. 때로는 위선적인 종교인보다 위선적인 비종교인이 더욱 허세를 부립니다. 아마 가짜 약제사 오메[2]가 가짜 성직자 타르튀르[3]보다 더 많은 사생아를 남겼을 것입니다. 지금 우리 사회는 자유사상가보다 부패한 성직자라는 호칭이 차라리 더 명예로운 것 같습니다.

자유사상에 대해 토론하면서, 어떻게 페루의 자유사상가들에 대해 언급

2 오메(Homais)는 귀스타브 플로베르의 『마담보바리』에 등장하는 사이비 약제사이다.

3 타르튀프(Tartuffe)는 프랑스 극작가 몰리에르(Molière, 1622~1673)가 1664년에 발표한 풍자적인 성격의 희극이다. 인물 타르튀프는 위선적인 독신자(篤信者)를 상징하며, 당시 악행을 일삼았던 성직자를 대표하기도 하였다.

하지 않을 수 있겠습니까? 기독교 밀레니엄의 역사를 정의해보면, 꾸준하게 다수의 이교도들을 배출해왔다고 요약할 수 있습니다. 다른 한편, 페루 자유사상에 대한 짧은 역사는 속임수와 중도이탈의 연속이었다고 요약할 수 있습니다.

비힐Vigil이나 마리아테기[4]와 같은 인물은 끝까지 견고한 태도를 간직했습니다. 반대로, 많은 사상가들이 죽음 앞에서 두려워하며 자신들의 신념을 포기했습니다. 현재 페루에 신념을 가진 견고한 자유사상가들이 존재하기는 합니까? 한때 당신과 함께 투쟁하며, 이성과 자유를 쫓았던 이들을 찾아보십시오. 저 멀리서 변절자와 배교자가 도망가는 모습이 보이지 않습니까?

열여덟에서 서른 살 사이의 젊은이들을 보십시오. 그들의 머리에는 격정적이고 전투적인 자유사상이 자라납니다. 그러나 서른 살 이후가 되면, 전투적이고 격정적 사상과는 영원한 작별을 고합니다. 인간에 대한 역설적인 법칙이 있습니다. 가장 악마처럼 보였던 이가 가장 선량한 천사로 바뀝니다. 또한, 도약했던 만큼 후퇴하게 됩니다. 오히려 유약한 사람은 변치 않는 확고함이 있습니다. 그러나 급진적인 사람은 언제든지 변절할 수 있습니다.

현재 우리나라에는 케팔루스주의라는 개념이 만연해 있습니다. 즉, 청년은 비판의식을, 노인은 미신을 의지한다는 뜻입니다. 플라톤에 의하면, 청년 케팔루스[5]는 대중적인 미신을 비판했습니다. 그러나 늙은 모습의 주름과 백발을 직시한 뒤, 모든 대중적인 미신을 진지하게 받아들였다고 합니다. 에스파냐의 속담은, "청년은 왕실로, 노인은 교회로 가라"고 전합니다. 신기하게도 세르반테스의 언어가 존재하기 훨씬 이전에 태어난 케팔루스는 이토록 훌륭하게 에

---

4 호세 카를로스 마리아테기(José Carlos Mariátegui, 1894~1930)는 페루의 작가, 사상가, 정치가이다. 페루의 사회 정치적 현실을 반영한 지식인으로, 20세기 페루의 가장 영향력 있는 사상가 중 한 명으로 꼽힌다. 마르크스주의 사회주의 당(El Partido Socialista Marxista)의 창시자이기도 하다.

5 케팔루스는 플라톤의 『국가』에 등장하는 인물이다.

스파냐 속담을 자신의 삶에 적용했습니다. 기독교보다 수 세기를 앞서 태어난 그리스 인물이 이후 19세기 수많은 페루 자유사상가의 원형적 모델이 된 것 같습니다. 노년기의 퇴보현상은 국가와 시대를 초월한 보편 현상이라는 것이 증명되었습니다. 현대 노인이 고대 노인을 당연한 듯 그대로 모방합니다. 목숨을 바쳐 진보를 추구했지만, 결국 죽음에 대한 공포 앞에 무릎을 꿇습니다. 천국을 희망하는 순간, 인류애는 잊어버리게 됩니다. 노인은 가엾은 어린아이와 같습니다. 노년기에 회상하는 청춘이란, 늦은 저녁에 회상하는 지나간 여명의 빛과 같습니다.

간혹 외형적으로 주름이나 백발이 없는 젊은 자유사상가가 할머니와 늙은 유모와 같은 정신적 퇴화 현상을 경험합니다. 아직 젊지만, 불운한 사건, 소중한 사람의 죽음, 예기치 않은 질병이 천국의 문을 여는 충분한 이유가 될 수 있습니다. 아, 얼마나 축복받은 사람입니까! 대기 중에 떠도는 병균이나 소시지의 기생충과 같은 하찮은 계기로 천국을 꿈꾸게 되다니요! 이보다 더 축복받는 자유사상가들이 존재합니다. 그들은 죽음, 질병, 불운에 대한 경험도 하지 않았습니다. 화려한 결혼식이 그를 변화시킵니다. 가장 큰 축복을 받은 부류입니다. 결혼 지참금이 가톨릭 신앙을 되찾게 하다니요! 부유한 노파의 가발 속에서 창조주의 진리를 발견하다니요!

누군가 어떤 하등 동물의 몸체를 뒤집는다고 합시다. 마치 우리가 장갑을 반대로 뒤집듯이 말입니다. 그들은 여전히 동일한 기능을 유지한 채, 아무 문제 없이 생명을 유지할 것입니다. 우리의 자유사상가에게도 동일한 일이 발생할 수 있습니다. 그들도 이전과 같은 삶을 유지할 것입니다. 단, 한 가지 차이점을 지적할 수 있습니다. 즉, 성직자로 변해있을 것입니다. 페루의 프리메이슨 회원님에게도 동일한 일이 발생할 수 있습니다. 예를 들어, 프리메이슨 교단의 우두머리 회장은 성서와 우주창조론을 연구합니다. 만일 예수회나 산토 도밍고 교단의 수사가 그의 자리를 대신 차지한다고 해도, 조직에는 조금도 문제 되지 않을 것입니다. 다시 말해, 페루의 자유사상가나 성서주의 프리메이슨이나 거꾸로 뒤집어 보면 성직자의 모습을 하고 있습니다.

요약하자면, 대부분의 페루 자유사상가는 이성의 위대함을 선전하다가도, 임종 전에는 가톨릭 미신을 붙들고 맙니다. 이들 가운데는 두 종류의 사람이 있습니다. 언어적인 사람과 행동적인 사람입니다. 이 두 종류에 속하지 않는 침묵하는 자유사상가는 진리의 빛을 소유했지만, 소리 없는 벙어리이고 귀머거리입니다. 선한 영향력도, 악한 영향력도 끼치지 않습니다. 반면, 글과 말을 남발하는 요란한 광대와 같은 언어적 자유사상가들은 사상의 가치를 무익하게 만들고, 우리 사회에 커다란 해를 끼칩니다. 그들의 말과 글은 공포심을 유발하여 선량한 시민으로 하여금 전통적 악습과 비굴한 타협을 하도록 조장합니다.

III

우리는 손을 펼쳐 미래의 길을 제시해야 합니다. 그러나 이보다 더 중요한 것이 있습니다. 지시된 방향을 두 발로 밟아가며 전진하는 것입니다. 훌륭한 길 안내자는 백 개의 푯말이나 백 가지의 지시사항보다 중요합니다. 개혁가나 정치 선거인들을 기억해 보십시오. 우리는 그들이 어떻게 글을 쓰고, 어떤 언어를 구사하는지를 궁금하지 않습니다. 단지 그들이 어떻게 살고 있는가를 알고자 합니다. 그들의 비논리적인 단어와 문장의 길이를 측정하지 않습니다. 그들의 행동과 실천을 보고 평가할 것입니다. 우리는 다음과 같이 요구할 것입니다. 비 가톨릭 시민을 위한 혼인법이 존재합니까? 그렇다면, 비록 결함이 있더라도 그 법을 활성화하십시오. 비종교인이 운영하는 학교가 존재합니까? 그러면, 당신의 자식을 종교 기관에서 빼내십시오. 세속 공동묘지가 존재하나요? 이제 고인에게 성수와 기도 없이 편히 쉬도록 하십시오. 18세기 프랑스 사상가와 교회 세력 간의 조화를 꾀하려 하지 마십시오. 성서 이야기와 자연의 법칙을 혼합하여 설명하지 마십시오. 종교가 활성화되는 이유는 불신자들이 게으르기 때문입니다. 마치 부패한 정부가 대중의 태만 위에 세워지는 것과 마찬가지입니다.

어떤 자유사상가들은 원칙에 충실하여, 언어와 행동을 일치시키려고 노력합니다. 그러나 그들의 단점은, 단지 표면적인 반종교주의와 반성직주의를 표명하는 데에 그친다는 점입니다. 다른 사회적인 논쟁을 회피합니다. 우리는 이러한 태도에 대해 엄중히 비판해야 합니다. 오늘날의 세속 재판관이 중세 에스파냐 종교재판의 화형과 형벌 집행을 모방하는 우스꽝스러운 광경을 보십시오. 마치 현대판 토르케마다[6]와 도밍고 데 구스만[7]을 보는 듯합니다. 성서가 "사람이 빵에만 의존할 것이 아니니라"고 지적했다면, 우리는 "자유사상가는 사제에만 의존할 것이 아니니다"라고 지적할 것입니다.

어떤 자유사상가는 자신을 반교권주의자라고 강조합니다. 그러나 실제로는, 성직자의 옷을 빌려 입고 수녀의 독방에 들어갑니다. 예비 성직자의 침실에 들어가 속옷을 들추기도 합니다. 성직자 옆에는 언제나 하인과 사생아가 딸려있다는 사실을 파악한 이후에 비로소 진정한 가톨릭 종교가 소멸했다고 생각합니다. 이후 새로운 부류의 불교 신자로 입문한 듯, 승려들의 깊은 명상을 동경합니다. 사회적 범죄나 정치적 혼란과 같은 현실 세계에 대해서는 무관심하면서 말입니다. 세상의 위험, 탄식, 고통을 곧바로 기쁨으로 승화시킵니다. 모든 문제의 해결사인 주인의 도움을 받기 때문입니다. 이런 자유사상가들은 종교적이고 도덕적인 억압을 거부한다고 자만하지만, 사회적 권력 앞에서는 비굴해집니다. 교회 바닥에서 무릎을 꿇지 않는다고 허세를 부리지만, 대신 왕실의 카펫 바닥을 핥으며 절하기에 바쁩니다. 사제 앞에서 허리를 똑바로 세우지만, 경찰관 앞에서는 온몸을 굽힙니다. 예수의 뺨을 때릴 수 있다

---

6 토르케마다(Tomás de Torquemada, 1420~1498)는 에스파냐 산토도밍고 소속의 성직자이자, 이사벨 여왕의 고해성사 신부였다. 1478년 페르난도 2세와 이사벨 여왕 1세가 종교재판소를 설립할 당시, 최초의 재판관으로 임명되었다. 1480년에 토르케마다는 타종교로 개종한 유대인들을 탄압하는 정책을 시작했다.

7 도밍고 데 구스만(Domingo Félix de Guzman, 1170~1221)은 에스파냐의 성직자이며, 도미니크회의 창설자이다. 청빈한 구도자의 삶을 대표하였고, 1234년 교황 그레고리오 9세에 의해 시성되었다.

고 자부하지만, 하급 관리인과는 싸울 용기조차 없습니다.

우리 사회에는 거부할 수 없는 몇 가지 사실이 있습니다. 즉, 사제는 어둡고 험준한 산이 되어 진리의 길을 가로막고 있습니다. 재판관은 정의를 팝니다. 거만한 의장이 사회 법규를 조작하는 곳이 페루의 의회입니다. 자본가는 노동자가 땀으로 만든 생산품을 약탈합니다. 군인은 무방비 상태의 노동자들을 향해 총을 겨눕니다. 모두가 성직자와 같은 악영향을 끼치고 있지 않습니까? 모두 같은 종류의 비난을 받아야 합당합니다. 여우의 뒤를 쫓더라도, 동시에 사자의 존재를 잊어서는 안 됩니다. 어리석은 미신을 붕괴시키고 하늘을 소독시킵시다. 동시에 이 땅의 범죄자들과 싸워 지구를 회복시켜야 합니다. 인류의 구원을 위해 무자비하고 이기적인 가톨릭의 신을 타도하는 것으로 충분하지 않습니다. 여전히 우주는 고통, 절망, 죽음으로 신음하고 있습니다.

자유사상가는 자신을 정치적 중립자라고 주장하며, 독재 정치의 부정부패를 무관심하게 바라봅니다. 또한 자신을 종교적 중립자라고 주장하며, 성직자의 권위주의와 극단적 보수주의를 평안한 마음으로 바라봅니다. 그러나 기억할 것이 있습니다. 자유사상가가 정치를 포기해서는 안 되는 중요한 이유가 있습니다. 정치인들은 자유사상가의 존재를 결코 잊지 않는다는 사실 때문입니다. 악법을 행하는 정치인들은 반교권주의 성향을 지닌 자유사상가의 반란을 예감합니다. 이것은 매우 논리적인 예감입니다. 왜냐하면, 현재 하늘의 권력에 대항하는 사람은 언젠가 땅의 주권을 가진 독재자에 대항해 반란을 일으킬 것이기 때문입니다. 게다가 강가에 거주하는 사람은 물의 존재를 잊을 수 있다고 해도, 물은 결코 사람의 존재를 잊지 않습니다. 강이 모체로부터 흘러나오는 순간부터 사람의 존재를 기억합니다. 도달할 수 없는 산이나 상아탑은 우리 사회에 무익합니다. 언젠가 사회적 격변이 일어날 것입니다. 그 날에 현실에 냉담했던 사람들의 평화로운 삶은 무참하게 진압될 것입니다. 마치 영화의 한 장면과 같이 전혀 예상하지 못한 채, 붕괴된 건물 안에 갇힌 희생자로 전락할 것입니다.

자유사상은 종교적 논쟁으로 제한된 좁은 영역에서 벗어나야 합니다. 포괄하는 시야의 범위를 넓혀야 합니다. 인류에 관한 모든 문제에 대해 토론하고, 모든 종류의 인권과 자유를 변호하는 넓은 울타리로 확대되어야 합니다. 만일 글쓰기와 말하기의 자유만을 주장한다면, 특정 계층의 이득만을 보호해 줄 수 있습니다. 대중은 펜의 자유에 관심이 없습니다. 글을 쓰지도 못하고 책과 함께 밤을 지새울 줄도 모릅니다. 더욱이 표현의 자유는 더욱 관심이 없습니다. 연설을 하거나 즐겨 듣지도 않기 때문입니다. 단지 대중은 행동의 자유를 요구합니다. 왜냐하면, 행동의 자유는 경제적으로 중대한 문제들을 해결하기 위해 반드시 필요하기 때문입니다. 프랑스의 1789년과 1848년을 기억해봅시다. 경찰은 붉은 깃발을 든 시위 대원에게 몽둥이를 휘두르고, 파업한 군중에게 총격을 가했습니다. 이 사건이 주는 교훈이 있습니다. 즉, 글과 언어의 자유만 허용하고 행동을 금지하는 것은 부차적인 것만 허용하고 본질적인 것은 금지하는 것입니다. 따라서 정상적인 자유사상가는 스스로를 혁명가로 인식하고 행동해야 합니다.

반복하여 말씀드립니다. 우리는 자유사상이라는 제한적인 시야에서 벗어나야 합니다. 현재까지 자유사상은 단지 비종교적 개념 혹은 반교권주의를 의미했습니다. 그러나 이제는 인간의 전면적 해방을 위해 싸우는 '자유 사상'으로 발전해야 합니다. 바로, 자유사상가 연맹이 이러한 방향성을 주도하고 있습니다. 자유사상가 연맹은 '문학 써클Círculo Literario' 혹은 '국민 연합Unión Nacional'과 같은 전투적인 협회에서 활동하는 사람들이 창설하였고 현재까지 존속되고 있습니다.

요약하겠습니다. 지금까지 우리가 강연회를 통해 연합했던 목적을 강조하겠습니다. 우리는 진리와 관용의 정신을 추구해야 합니다. 또한, 언어로 표현된 사상을 행동과 견고하게 접목시켜야 할 것입니다. 진지하고 대담하게 우리의 신념을 표명합시다. 결과를 미리 두려워할 필요는 없습니다. 표현할 것과 침묵할 것을 구분할 필요도 없습니다. 개인을 위한 진실과 대중을 위한 진실을 구별할 필요도 없습니다. 이제 우리 내면에 자리 잡은 전통적인 편견을 근절시킬 때입니다. 두려움을 조장하는 소리를 듣지 말고, 우리의 귀를 닫아 버립시다. 인간적, 신적 권위에서 비롯된 억압을 거부합시다. 간략하게 말해서, 종교적인 모호함이 없는 세속화된 환경을 조성합시다. 오직 이성과 과학의 위대함이 지배하는 세상을 만듭시다. 모두가 평화롭고, 자랑스럽고, 서로를 존중하며 살 수 있을 것입니다. 언젠가는 위대한 노년기를 알리는 종소리가 들리고, 죽음의 어두운 문지방 앞에 설 것입니다. 그러나, 우리는 재판관에게 다가가는 죄인의 소심함을 부인합니다. 우리는 로마 군병의 자부심을 가지고 승리의 개선문을 통과할 것입니다.

3. 지식인과 노동자

(1905년 5월 1일 페루 제빵노동자연맹에서 행한 강연)

I

여러분은 이런 시로 강연을 시작해도 웃지 않으리라고 생각합니다.

> 어느 더운 오후에, 대자연은 마치 다정한 애인의 손길에 지친 몸을 맡긴 여인과 같이, 석양이 질 무렵의 나른함에 한껏 취해 있습니다. 땀으로 범벅이 된 시골 농부는 가쁜 숨소리를 내며 밭갈이에 한창입니다. 그러자 어디선가 젊은 시인이 가락에 맞추어 노래를 하며 다가옵니다. 농부가 일손을 멈추고 말하기를, "복 많은 당신은 노래하며 인생을 보내건만, 나는 해가 뜨는 순간부터 해 질 녘까지 땅을 일구며, 밀알을 뿌리다가 지친답니다." "아, 농부님 스스로를 속이지 마세요! 우리 둘은 같은 일을 하고 있는 것이며, 심지에 서로를 형제라 불러도 되지요. 당신이 대지에 씨앗을 뿌린다면, 저는 사람들 가슴에 씨를 뿌린답니다. 당신 노동이 생산적인 것과 같이 제 노래도 그렇습니다. 예컨대, 밀의 알곡이 육신에 영양을 공급한다면, 시인의 노래는 영혼을 기쁘게 하고 풍요롭게 하지요."

이 시는 우리에게 시사해 주는 바가 있습니다. 들판에 밀을 심는 행위는 머릿속에 사상을 넣는 것과 동일하게 유익하다는 것입니다. 즉, 사고력을 이용해 생각을 구상하는 철학자와 두 손으로 일을 하는 노동자 사이에는 위계상의 차이가 없는 것입니다. 서재에서 일하는 지식인이나 공장에서 일하는 노동자나 서로 적대시하거나 다른 사람이라고 여겨서는 안 됩니다. 다 함께 손을 잡고 같은 길을 가야 할 것입니다.

그러나 과연, 온전히 지적인 노동이나 순수하게 육체적인 노동이라는 것이 존재할까요? 사람들은 누구나 생각하고 고민합니다. 자물쇠를 만드는 대장장이도, 담벼락을 쌓는 석공도, 글자를 새기는 인쇄공도, 사개짜임을 하는 목수도, 광물을 캐는 광부도, 심지어 진흙을 반죽하는 사람조차도 생각하며 고뇌합니다. 전적으로 비정신적인 노동이 있다면, 그것은 기계가 하는 일입니다. 기계는 인간의 팔과 같은 일을 하지만 뇌는 활동하지 않습니다. 다른 한편, 지적인 활동이라 분류되는 노동에서는 반대의 현상이 일어납니다. 이때는 상상하고 생각하는 뇌신경과 그에 유기적으로 반응하는 근육이 하나가 됩니다. 또한 지적인 노동으로도 육체적인 피로감이나 고통을 느낄 수 있습니다. 화가는 화필과, 조각가는 연장과, 음악가는 악기와, 작가는 펜과 하나가 되어 작업하며 또 고뇌하는 것입니다. 기도를 할 때도 말을 많이 하면 지치고 힘들어집니다. 이런 묵상만큼 비육체적인 경우도 없을 것이라고 생각합니다만, 신비주의자도 무릎을 꿇고 양팔을 쭉 펴는 등 육체를 사용합니다.

인류의 업적은 근육의 힘과 신경에너지의 활동으로 이루어진 결과물입니다. 철로를 보면, 침목 하나하나가 한 인간의 생명을 상징하고 있다는 생각이 듭니다. 그래서 이런 철로로 여행할 때는 우리가 타고 있는 열차가 시체 위에 설치된 레일 위를 달리고 있다고 상상하게 됩니다. 박물관이나 도서관에 들릴 때도 일종의 공동묘지 같은 곳을 지나간다는 상상을 하게 됩니다. 박물관 또는 도서관이라는 관념의 공동묘지 안에 소장된 그림, 조각, 서책은 예술가나 작가의 사상뿐 아니라 그들의 삶 자체를 담고 있기 때문입니다.

여러분은(여기서 여러분이란 제빵노동자만을 가리킵니다) 밀가루 반죽을 하고, 발효가 잘되었나 지켜보고, 또 오븐의 열을 맞추면서 밤을 지새웁니다. 그럴 때 빵을 만들지 않는 수많은 사람은 두뇌를 사용하여 글을 쓰고, 쏟아지는 졸음을 물리치려고 애를 쓰고 있습니다. 예컨대, 신문 기자들이 그렇습니다. 아침을 알리는 첫 시간에, 갓 구워낸 향긋한 빵이 완성되어 오븐에서 나오는 그 순간에, 인쇄소에서는 흥밋거리로 가득한 일간지가 잉크 냄새를 풍기며 쏟아져 나옵니다. 과연 어느 쪽이 지난밤을 유익하게 보낸 것일까요? 신문 기자인가요, 제빵사인가요?

명확하게 정의하자면, 신문이란 대중을 위한 백과사전이고, 일 회분에 맞춘 미량의 지식이며, 대중화를 위해 얄팍한 언어로 치장된 과학이고, 또 도서관을 출입하지 않는 사람들을 위한 책이며, 가까스로 읽고 쓸 줄 아는 이들의 읽을거리입니다. 그러면, 빵이란 어떻게 정의할 수 있을까요? 영양이나 생명의 상징입니다. 빵이 곧 행복이라고 할 수는 없지만, 빵 없는 행복은 존재하지 않습니다. 우리 가정에 빵이 부족할 때는 어두움과 불화가 들이닥치고, 빵이 넘치면 다시금 빛과 평안을 회복하게 됩니다. 아이들은 기뻐서 환호성을 지르고, 노인은 만족스러워 미소를 띠며 빵을 받아듭니다. 야비한 범죄라는 이유로 육식을 혐오하는 채식주의자도 빵을 일컬어서 우리의 기력을 회복시키는 건강한 음식이라고 칭송합니다. 백만장자도 깨끗하고 맑은 물은 식탁에서 치울 수 있었지만 빵을 멀리하거나 빵을 대신할 음식을 찾을 수는 없었습니다. 금융 재벌가인 로스차일드의 저택에서나 걸인의 작고 누추한 방에서나 빵은 언제나 위엄 있게 군림하는 것을 볼 수 있습니다. 동화 속 옛날이야기에서는 왕비들이 빵을 굽고, 굶주린 순례자에게 양식으로 나누어주었습니다. 오늘날 러시아에서는 황제 일행이 마을을 방문할 때, 백성들은 환영의 표시로 빵을 만들어 대접합니다. 그럼에도 불구하고 니콜라이 2세[1]와 같은 폭군들은 이러한 환대를 채찍과 검과 총으로 보답했습니다.

만일 신문 기자가 자신이 더욱 생산적인 일을 한다고 자부한다면, 우리

1 러시아제국의 마지막 황제. 1917년 러시아혁명으로 퇴위했으며, 이듬해인 1918년 총살당했다–옮긴이.

는 그에게 이렇게 말해줘야 할 것입니다. "사람의 위장 없이 뇌가 활동하지 못합니다. 글을 읽지 않아도 되는 눈은 있어도, 먹지 않아도 되는 위장은 없습니다."

II

지성과 노동의 결합을 주창할 때, 허위적인 위계질서를 구실로 삼아서 지식인이 노동자를 지도하거나 안내해야 한다고 얘기해서는 안 됩니다. 두뇌가 근육보다 더 고상한 기능을 수행한다는 생각은 계급사회에서 기인한 것입니다. 동양의 위대한 제국에서도 소수가 생각할 권리를 독점하고 있었고, 나머지 사람들은 무조건적 믿고 노동해야 할 의무만이 있었습니다.

지식인은 빛이 되어 사회에 헌신해야 합니다. 그러나 안내자 역할을 담당하려고 해서는 안 됩니다. 특히, 거대한 사회적 위기에서는 두 팔이 머리에서 생각한 바를 실천에 옮겨야 합니다. 사실, 오늘날 군중을 동요하게 만드는 반역의 바람은 고독한 사상가에게서 연유하고 있습니다. 언제나 그랬습니다. 정의는 앎에서 나옵니다. 무지한 자는 자신이나 타인의 권리를 인식하지 못하고, 세계의 모든 법칙은 완력으로 집약된다고 믿습니다. 이러한 잘못된 믿음 때문에 인류는 우매하게 체념했으며, 고통을 당하면서도 아무 말도 못하고 침묵했습니다. 그러나 돌연히 어디선가, 위대한 언어의 메아리가 들려오고, 희망을 잃은 사람들은, 마치 곤충이 숲의 어둠을 밝혀주는 태양 광선의 뒤를 밟듯이 구원의 말을 좇아가는 것입니다.

사상가의 최대 단점은 자기만이 올바른 판단을 한다고 상상하며, 세상은 자기가 원하는 방향으로 움직이고, 자기가 명령하는 지점까지만 도달해야 한다고 생각한다는 점입니다. 혁명이란 위에서부터 도래하고, 아래로부터 행해집니다. 표면에서 계몽의 빛이 밝혀지면, 내부의 억압된 자들은 비로소 정의를 보고, 이를 쟁취하기 위해 돌진하는데, 중도에서 멈추거나 결과를 생각하고 주춤하는 법이 없습니다. 온건파나 이론가는 기하학적인 진보를 상상하고,

형식적인 세부사항과 사소한 요소로 혁명을 복잡하게 만든다면, 군중은 문제를 단순화하고, 모호한 이론이라는 고지에서 끌어내려 실천적인 영역으로 옮겨옵니다. 군중들은 "매듭을 풀려고 하지 말고 단칼에 잘라버려라"고 하는 알렉산디의 교훈을 따르기 때문입니다.

혁명가는 무엇을 추구할까요? 군중에게 영향을 주어, 동요하게 만들고, 의식을 깨우고, 행동하게 만듭니다. 그러나 잠을 깬 민중은 초기 혁명에 만족하지 않고, 잠재력을 분출시켜 계속하여 전진하다가 혁명 주창자들이 생각하고 원하던 것을 넘어섭니다. 이때, 무기력한 군중을 동원하려던 이들은 활기 넘치고 추진력을 가진 유기적인 조직체와 직면하게 됩니다. 진리의 빛을 보급하고자 하는 새로운 두뇌와 자신의 법을 실현하고자 하는 새로운 의지와 대면하게 됩니다. 이것은 역사에서 매우 일반적인 현상입니다. 즉, 혁명 초기에는 대담하고 진보적이던 사람들이 격렬하게 투쟁할 때나 승리의 시간이 다가오면 소심해지거나 반동적으로 변합니다. 이처럼 루터는 자신의 교리가 독일 농민들의 반란을 초래하자 겁을 먹고 뒷걸음쳤고, 프랑스 혁명가들은 서로가 서로를 단두대에 앉혔습니다. 왜냐하면 한쪽에서는 더 진보하길 원했고, 다른 쪽에서는 혁명을 멈추고 과거로 회귀하기를 원했기 때문입니다. 대부분의 혁명가나 개혁가는 어린애를 닮은 데가 있습니다. 서로를 향해 식인귀신의 모습을 하고 괴성을 지르며, 결국 스스로가 유발한 공포심 때문에 겁을 먹고 떠는 것입니다. 인류는 전진할 때 지도자의 목부터 베어버린다고 합니다. 이렇게 희생으로 시작하지 않는다고 하더라도 처형을 막을 내리는 경우가 많습니다. 친구가 적이 되고, 선구자가 걸림돌로 변하기 때문입니다.

위로부터 시작된 모든 혁명은 강권 정치로 변하고, 모든 성공적인 혁명가는 보수주의자로 전락합니다. 어떤 사상이 실제적인 적용 앞에서 퇴색하지 않았습니까? 어떤 개혁자가 권력 앞에서 부패하지 않았습니까? 사람들은, 구체적으로 정치가들은 약속을 지키지 않고, 실제의 현실은 물려받을 것 없는 사람들의 기대에 부응하지 못합니다. 혁명에 대한 불신은 바로 혁명이 성공한 당일로부터 바로 시작됩니다. 혁명 주동자가 오히려 불명예스러운 자들로 남습니다.

진정한 혁명가란 한 번 추진력을 발휘하면 진행 과정에서 수미일관하게 그 힘을 유지해야 합니다. 그러나 자신이 미래의 전도사이자 절대 진리의 대변자라고 자만하는 사람은 상황에 맞게 변화하고 낡은 신념을 폐기하며 새로운 신념을 흡수하는 것을 싫어합니다. 우리가 느끼지 못한 사이에 늙어가는 것처럼 깨닫지 못한 사이에 뒤처지게 됩니다. 그런데도 우리는 항상 젊다고, 신식이라고 여기고, 우리 후대가 산 정상으로 한 걸음 더 올라가기 때문에 우리보다 더 넓은 시야를 확보하리라는 사실을 인정하지 않으려고 합니다. 우리들 대부분은 관 주변을 서성거리며 살아갑니다. 태어나서는 요람으로 사용하고, 죽어서는 구더기가 되어 사용합니다(그런데 이 구더기는 고치를 짓지도 못하고 나비가 되지도 못합니다). 그런 우리는, 대서양을 항해하던 콜럼버스에게 다음과 같이 말한 선원들과 비슷합니다. "더 이상 항해하지 못하겠습니다. 저쪽에는 아무것도 없습니다." 그러나 실제로 지구 저쪽에는 이 아메리카 대륙이 있었습니다.

아무튼 지식인과 노동자에 대해서 이야기를 하다 보니, 어느새 혁명 이야기로 넘어왔습니다. 이상할 것도 없습니다. 우리는 불길에 싸인 바리게이트에서 휘날리고 있는 깃발 아래서 사상을 논하고 있고, 지금 이 자리에는 권리를 찾기 위해 조만간 함성을 지를 사람들이 우리를 에워싸고 있습니다. 바로 혁명가들의 부활절이라고 부르는, 5월 1일에 대해서 말하고 있는 것입니다. 이런 부활절 행사는, 이곳뿐만 아니라 문명세계 전체에서 행하는데, 인류가 더 이상 부차적인 문제에 매달리지 말고 급진적인 변혁을 요구하고 있다는 징표입니다. 이제 그 누구도 의회가 불운한 사람들에게 행복을 가져다줄 것이라고 기대하지 않으며, 정부가 굶주린 자들의 허기를 채워줄 만나를 주리라고 기대하지 않습니다. 그와 반대로 의회는 특별법을 제정하여 덜 가진 사람들이 더 많이 부담하라고 하며, 정부는 국민의 이익보다는 지배 계급의 이익에 봉사하고 있습니다.

정치가 개인의 최대 행복을 실현하기에 역부족이라는 사실을 인식하자 정부 형태를 둘러싼 논쟁이나 투쟁은 부수적인 것으로 밀려났습니다. 사라졌다고 해도 과언이 아닙니다. 그렇지만 사회적으로 아주 중요한 문제는 남아 있는데, 프롤레타리아트만이 유일하게 효과적인 방법, 즉 혁명을 통해서 해결할 수 있는 문제입니다. 이런 혁명은 대통령이나 황제를 실각시켜 공화제를 군주제로 만들거나 전제정치를 대의정치로 전환하려는 국지적인 혁명이 아닙니다. 그보다는 국경선을 없애고, 민족주의를 소멸하며, 토지의 소유와 이득을 인류 전체의 몫으로 돌리는 세계혁명입니다.

III

결론에 앞서 우리 생각을 한 문장으로 집약해야 한다면, 굴곡 많은 인생을 올바르게 이끌 수 있는 단 하나의 명석한 가르침을 선택해야 한다면, 다음과 같이 얘기할 수 있습니다. "우리는 정의로워야 한다. 인류 앞에서 정의롭고, 민족 앞에서 정의롭고, 가족 앞에서 정의롭고, 우리 자신에게 정의로워야 한다. 그리하여 모든 인간이 행복을 누릴 수 있도록 기여하는 동시에 우리 자신의 행복 역시 끊임없이 추구하고 향유해야 할 것이다."

정의란 각자에게 합당한 바를 부여하는 것입니다. 그러므로 지상의 부에서 우리들에게 할당된 몫을 받아야 합니다. 우리는 태어났기 때문에 살아가야 할 의무가 있습니다. 이러한 의무로부터 필요한 것만 아니라 편하고 즐거운 것을 취할 수 있는 권리가 나옵니다. 흔히 사람의 인생을 항해에 비유합니다. 만일 이 땅이 선박이고, 우리가 승객이라면, 일등칸을 타기 위해 최선을 다해야 합니다. 강어귀에서 악취가 나는 공기를 들이마시고, 습기로 썩어버린 통나무 위에서 잠을 자거나, 부자들이 남긴 음식을 먹기보다는 쾌적한 공기에, 좋은 선실과 훌륭한 음식을 누려야 합니다. 식량이 풍족하다면 어떻게 할까요? 그때는 모두들 필요한 만큼 먹으면 됩니다. 식량이 부족하다면 선장부터 수습 선원까지 소량만을 섭취하면 됩니다.

우리는 도가 지나치게 체념하고 희생함으로써 오히려 불의하게 되었습니다. 분명히 인류는 훌륭한 사람들의 희생과 단념을 통해서 정의의 길로 들어섰습니다. 역사와 사람들의 마음속에는 왕이나 정복자보다는 타인의 행복을 위해서 자기의 행복을 뒤로 미룬 평범한 사람들이 살아 숨 쉬고 있습니다. 이들은 타인의 행복을 위해 자기 이익을 희생한 사람들입니다. 이기주의로 죽어가는 사막과 같은 이 땅에 사랑의 생수를 뿌린 사람들입니다. 만일 인간이 초인이 될 수 있다면, 그것은 희생으로만 가능할 것입니다. 그러나 희생은 반드시 자발적이어야 합니다. 소유한 자들이 소유하지 못한 자들에게 희생을 강요해서는 안 됩니다. 그네들 스스로 희생해서 하늘에서 상을 받으라고 하십시오. 그동안 우리는 지상의 권력을 누리겠습니다.

우리는 우리 몫을 취해야 합니다. 독점자들이 선의나 자발적으로 우리 몫을 양도하리라고 기대해서는 안 됩니다. 귀족들은 한 가지 특권을 포기하면, 곧바로 두 가지의 특권을 요구합니다. 성직자들은 오늘 십일조를 포기했다고 말해놓고, 내일이면 십일조뿐만 아니라 다른 봉헌물까지 요구합니다. 고대 로마인들은 소유의 상징으로 아주 특별한 의미를 지닌 물건을 선택했다고 합니다. 그것은 바로 창입니다. 창의 상징은 이렇게 해석할 수 있습니다. 물건의 소유는 정의에 근거한 것이 아니라 힘에 근거한 것이다. 소유주란 대화하지 않고, 타인에게 상처를 주는 사람이다. 지주의 가슴은 쇠의 두 가지 속성을 지니고 있는데, 바로 완고하고 차갑다는 것입니다. 히브리어에 정통한 사람들에 의하면, 카인은 최초의 지주를 의미한다고 합니다. 19세기의 어느 사회주의자가 카인에게서 인류 최초의 토지 횡령자이자 최초의 형제살해자라는 두 가지 모습을 보았다고 해서 이상하게 여길 일은 아닙니다. 이 두 가지로부터 다음과 같은 무서운 결론을 이끌어낼 수 있습니다. "소유란 살인이다."[2]

---

2 이 말은 프루동(Pierre-Joseph Proudhon, 1809~1865)의 책에서 영감을 얻은 것이다. 프랑스에서 최초로 무정부주의자라고 선언한 프루동은, "소유는 도둑질이다", "소유는 자살이다"라고 말한 바 있다.

아무튼 어떤 사람들이 상처를 주고 합리성을 잃어버렸다면, 다른 사람들은 어떻게 반응할까요? 불의한 정부를 전복시킬 수 있는 반란권이 국민에게 있다는 것을 부정하지 않는다면 이제는 가혹한 착취자를 몰아낼 수 있는 반란권도 인류에게 부여해야 합니다. 이러한 권리 부여는 오늘날 보편적 신조가 되었습니다. 이론적으로, 혁명은 이미 완수되었습니다. 왜냐하면 아무도 현 체제의 부패상을 부인하지 않기 때문입니다. 모두가 프롤레타리아트의 여건을 개선하기 위한 개혁의 필요성을 인정하고 있지 않습니까?(심지어는 기독교사회주의까지 등장하지 않았습니까?) 그러나 현실적으로는 투쟁과 피의 대가가 없이는 성취하기 어렵습니다. 사회적 권리 찾기의 정당성을 인식하고 있는 사람들까지도 기득권을 한 치도 양보하려고 들지 않기 때문입니다. 이들은 입으로는 정의를 들먹이고 있으나 속으로는 불의한 일을 획책하고 있습니다.

그럼에도 불구하고 많은 사람들은 현대사회의 근저에서 일어나고 있는 동요를 보지 못하거나 아니면 못 본 체하고 있습니다. 이들은 낡은 믿음이 사멸하고 애국심이 실추되었는데도 느끼는 바가 없습니다. 인종과 국민성의 차이를 초월한 프롤레타리아트의 연대에도 느끼는 바가 없습니다. 저 멀리서 절규를 듣고도, 그것이 빵을 차지하려고 덤벼드는 배고픈 자의 비명이라는 것을 깨닫지 못합니다. 땅이 흔들린다고 느끼면서도, 그것이 혁명의 일보 전진임을 이해하지 못합니다. 시체의 악취가 진동하는데도 그것이 자신과 이 세상의 모든 부르주아지가 발산하고 있는 죽음의 향기임을 인식하지 못하고 있습니다.

내일, 사회의 낡은 장벽을 무너뜨리려고 돌진하는 프롤레타리아트의 물결이 일렁일 때야 비로소 약탈자들과 억압자들은 허둥대며 결전의 시간이 다가왔음을 피부로 느낄 것입니다. 군대를 동원하려고 들 것이나, 군인들은 반란에 가담할 것입니다. 하늘을 향해 애원할 것이나, 그들의 신은 듣지도 대답하지도 않을 것입니다. 그때쯤에는 누군가 도와주리라고 믿고 성이나 왕궁으로 들어가 방어 태세를 갖출 것이지만, 도와주는 사람은 아무도 없을 것입니다. 사방에서 분노한 사람들이 노도와 같이 밀어닥치면 서로 얼굴을 쳐다보면서 자기 처지를 안타까워할 것입니다(한 번도 타인을 안타깝게 생각해 본 적이 없는 사람들이 말입니다). 그리고 경악해서 이렇게 중얼거릴 것입니다. “야만인들이 범람하고 있구나!” 그러면 무수한 목소리가 하나 되어 천둥과 같은 큰 소리로 대답할 것입니다. “이것은 야만의 범람이 아니라 정의의 대홍수다”라고 말입니다.

4. 교회의 노예[1]

(1904년 9월 25일, '스텔라 디탈리아' 프리메이슨 집회소 강연)

로마시 습격 사건과 교황령의 패배를 기념하기 위해 모이신 이탈리아 프리메이슨 회원님께 감사드립니다.[2] 이런 행사에 저를 초대해 주셔서 영광스럽게 생각하고 있습니다. 과거 프리메이슨은 종교적 제단과 권위에 대항했고, 인본주의적 정신을 강화하기 위해 헌신했습니다. 저는 프리메이슨의 회원이 아니지만, 이러한 자유주의 정신이 다시 부활하기를 기원합니다. 또한 이탈리아는 마키아벨리와 단테를 탄생시킨 고전의 땅입니다. 저는 이탈리아 태생이 아니지만, 여러분과 같은 정신을 공유하는 동지입니다. 함께 이성과 자유의 승리를 기념하고자 참석했습니다. 평범한 산과 강으로 형성된 나라 위에 참으로

---

1 이탈리아 프리메이슨 집회에서 발표한 이 글 「교회와 노예」는 특수한 배경에서 집필하였습니다. 이 글은 단순히 독서를 통해 얻은 결실이 아닙니다. 특별한 영감을 부여한 사건이 있었습니다. 즉, 제 아내가 신앙을 버리기로 결심한 사건이 있었습니다. 아내는 사제와 수녀가 운영하는 벨렌 대학교 졸업생입니다. 세례를 받은 후, 두 아이를 유산하는 절망적인 사건을 겪고난 후에 신앙을 포기했습니다. 1947년 리마에서 출판된 제 아내의 저서 『나의 마누엘 *Mi Manuel*』은 그 시절의 상황을 상세하게 묘사하고 있습니다.

2 '로마 해방일' 또는 '이태리공화국 건국기념일'이라고 지정된 1870년 9월 20일을 언급하고 있다. 원래 교황의 통치영역은 로마를 중심으로 이탈리아 중부지방이었고, 756~1870년까지 교황령이라는 이름으로 존속하였다. 민족국가가 크게 대두되었던, 1870년 9월 20일에 공화 군대가 로마를 습격하였고, 이어 로마와 함께 대부분의 이탈리아를 합병하였다. 1540년간 교황에 의한 로마 지배가 종식된 날이자, 로마 시민이 투표를 통해 교황청 대신 공화국을 선택한 역사적인 날이다.

위대한 열정과 사상이 세워졌습니다. 비록 출생지는 다르지만, 저는 여기 계신 여러분과 동일한 사상의 깃발 아래 태어났습니다. 따라서 우리는 동지이고, 친구이며, 형제입니다. 우리는 같은 방식으로 생각하고, 사랑하고, 증오합니다.

그러나 저는 1870년 9월 20일이라는 역사적인 날을 유럽의 정치, 이탈리아의 통합, 혹은 프리메이슨 비밀조직과 연관 짓지 않겠습니다. 오직 그 날짜가 의미하는 자유라는 단어에 관심이 있을 뿐입니다. 오늘은 자유와 관련하여, '가톨릭과 여성'이라는 주제로 토론해 보고자 합니다. 고대 로마시대는 제도적으로 여성을 노예화시켰습니다. 마찬가지로 오늘날의 여성들도 교회의 노예로 살고 있습니다.

I

많은 이들이 하나의 이론을 신봉하고 있습니다. 두 문장으로 요약되는, 매우 특이하고 편리하며 또 간결한 이론입니다. 즉, "남자는 전통적인 신념으로부터 해방될 수 있으며, 또 해방되어야 한다. 반면 여자는 종교가 필요하다"는 믿음입니다. 가톨릭 국가를 보면, 종교란 곧 가톨릭을 뜻합니다. 따라서 위의 이론이 의미하는 바는 다음과 같습니다. "인류의 절반은 정오의 밝은 빛, 맑게 정화된 음료수, 루클루스[3]의 진수성찬이 필요합니다. 나머지 절반은 자정의 어둠, 늪지대의 해로운 물, 소화불량을 야기하는 수도원의 쓰레기가 필요합니다." 이처럼 사람들은 우스꽝스러운 신념을 고집합니다. 가장 비겁한 것은, 자신은 진리가 주는 자유를 누리면서, 다른 사람은 잘못된 사상에 갇혀있도록 방치하는 것입니다.

---

3 루키우스 리키니우스 루쿨루스(Lucius Licinius Lucullus, 기원전 118년경~기원전 56년)는 로마 공화정의 군인이자 정치가이다.

여성에게 종교가 필요하다면, 과연 가톨릭이 가장 고상한 종교입니까? 가톨릭이 여성의 영혼을 구원할 유일한 종교입니까? 절대적인 평가가 어울릴 만큼 칭송받을 종교입니까? 사실주의 소설가 발자크에 의하면, 가톨릭을 믿기 이전 단계의 여성은 원래 순수하지도 정결하지도 않았다고 합니다. 그의 주장은 대다수의 여성에게 매우 모욕적입니다. 일부에서는 발자크의 신념을 비현실적이라고 비판했지만, 또 다른 지식인들은 지지했습니다. 서구 개신교의 도덕관념을 참고해 봅시다. 미국이나 진보된 유럽국가의 여성들은 인격적으로 매우 성숙합니다. 결론적으로, 여성의 영혼이 진화하기 위해서는 필연적으로 가톨릭은 몰락되어야 합니다.

우리는 특정 종교를 신봉하지 않지만, 개신교가 인류에 끼친 긍정적인 영향은 인정해야 합니다. 개신교의 정신은 개인을 존중하며 국가를 발전시킵니다. 개신교는 근대정신과 함께 진화했으며, 과학과 지식에 반대하지 않습니다. 반면, 가톨릭은 소극적인 신앙을 강요하고, 인간을 교리 안에 갇히게 만듭니다. 마치 시체를 납골당에 보관하는 것과 같습니다. 가장 진보적인 개신교는 정반대의 모습을 보입니다. 그들은 자유로운 성경 해석을 인정하며, 언제나 교실의 창문을 활짝 열어 놓습니다. 언제든지 합리주의로 귀환할 길을 열어놓기 위해서 말입니다. 반면, 에스파냐, 아일랜드, 폴란드, 그리고 중남미 국가들의 가톨릭은 가장 퇴보했습니다.

국가적인 차이를 분석하기 전에, 가족 간의 차이를 살펴봅시다. 개화된 마을에 사는 가정을 방문해 보십시오. 아내와 아이들은 자연법칙에 대한 폭 넓은 지식을 소유하며, 인간의 자유와 권리를 누리며 행복한 삶을 영위합니다. 개인이 자신의 진리를 만들어 가는 것입니다. 반면, 교회의 축도를 받은 가정은 어떠합니까? 아버지가 낯선 타인에게 도덕적 주권을 위임합니다. 개인은 성직자의 가르침과 억압에 종속되기를 자청합니다. 어머니는 광신주의의 톱니바퀴 아래서 조금씩 매몰되어 갑니다. 오랜 기간 괴기스러운 종교 제의에 빠진 결과, 우매한 인격을 소유하게 됩니다. 아이들은 본능적으로 불편한 신앙을 믿도록 강요당합니다. 아이들은 양자택일해야 합니다. 즉, 위선적인 종교를 억지로 받아들이거나, 끊임없이 가정의 불화를 야기하는 것입니다. 여자아이의 경우는 어떻습니까? 한 남자에게 사랑의 고백을 해보기도 전에, 고해성사라는 도덕적 위선에 갇혀 젊음의 빛을 잃어버리고 맙니다.

가톨릭에서 모범적인 신도 간의 결혼이란, 남자와 여자의 육체적인 결합만을 의미하지 않습니다. 성직자와 신부의 영적인 연합이 강조됩니다. 개신교 국가에서는 성직자가 가족의 친구라는 개념에 그칩니다. 그러나 가톨릭 국가, 특히 에스파냐에서 유래된 가톨릭 국가에서는, 성직자가 가정의 주인으로 군림합니다. 그들은 여성을 하녀나 노예, 또는 전적으로 소유할 수 있는 대상으로 생각합니다. 성직자는 남편에게 다음과 같이 주장합니다. "여성의 육체가 당신의 것이라면, 가톨릭 여성의 영혼은 신의 소유물입니다. 동시에, 신의 대리인인 성직자에게 속한 것입니다." 이처럼 견고한 이론에 근거해서, 신의 대리인은 여자의 영혼을 구속합니다. 육체까지 소유하지 않는다면 다행입니다. 이러한 불의에도 불구하고, 많은 자유주의자와 자유사상가는 '여성에게는 종교가 필요하다'는 이론을 옹호하고 성직자를 추켜세웁니다. 그들은 거짓 만병통치약을 제조하는 돌팔이 약사와 같습니다. 본인은 기피하는 약을 대중에게는 떳떳하게 판매하고 있습니다.

II

사람들은 가톨릭이 여성을 해방시켰다고 생각합니다. 이에 대해 루이스 메나르드[4]는 "기독교가 존재하기 훨씬 이전에 이미 해방의 분위기가 조성되었다"고 주장합니다. 예를 들어, 그리스 문화는 일부일처제를 일부다처제로 바꾸면서, 여성에게 '가정의 어머니'이자, 호머의 표현을 대로 '집 주인'이라는 상승된 지위를 부여했습니다. 여신과 남신은 동등하게 올림푸스 산을 통치했습

4 루이스 메나르드(Louis-Nicolas Ménard, 1822~1901)는 프랑스 작가이자 시인이다.

니다. 간혹 용감한 여인들은 도도나 신전과 델포이 신전[5]에서 설파했습니다. 그러나 기독교의 신은 남성의 육체를 입고 태어났습니다. 여성은 '삼위일체'에 포함되지 않습니다.

여성 해방과 노예 해방은 기독교가 아닌 철학의 도움을 받았습니다. 19세기 역사를 참고하면, 노예제도는 중남미, 미국, 러시아와 같은 기독교 국가에서 융성했습니다. 예수의 이름을 모르는 나라에서는 이미 사라진 지 오래된 제도였습니다. 가톨릭 국가에서 여성의 해방이 인정되고 있습니까? 오히려 여성들은 종교적이고 제도적인 노예화로 인해 고통을 받습니다. 그들은 결혼제도를 유지하는 것에만 관심이 있습니다. 남녀의 연합이 더 이상 불가능한 경우를 조금도 인정하지 않습니다. 합리적으로 개인의 의견을 경청하는 대신, 가혹한 처벌로 징계합니다. 어떤 경우에도 이혼법을 인정하지 않습니다. 인간이 견디기 힘든 극단적인 경우에도 마찬가지입니다. 가톨릭은 여성의 노예화를 합법화하고 있습니다.

남성의 억압에 도전할 수 있는 여성의 유일한 무기마저 빼앗았습니다. 여성은 영원히 감금된 채 살아갑니다. 여성에게 가정이란, 증오스럽고 혐오스러운 난폭한 동반자를 억지로 존경하고 사랑하며 순종해야 하는 강압적인 공간입니다. 바람직한 가정을 이루기 위해서 선한 믿음, 애정, 충성심이 필요합니다. 그러나 가톨릭 국가의 가정은 위선, 무관심, 간통으로 부패했습니다.

페루의 경우를 봅시다. 페루는 가톨릭 문화와 관습을 자랑하며, 로마 교황청의 지사 혹은 다음 세대를 위한 남아메리카 대표 수도원이라고 자칭하고 있습니다. 페루에는 여성의 능력과 권리를 제한하는 법률조항이 존재합니다. 시민법에 의하면, 여성은 남편의 범죄에 대한 책임을 공유하며 처벌도 함께 받아야 합니다. 결혼에 관한 시민법은 종교적인 권위와 보수주의를 강하게 반

---

5 도도나(Dodona) 신전은 고대 그리스의 제우스신을 숭배했고, 델포이 신전은 아폴로 신을 숭배하던 신탁소이다.

영합니다. 참고로, 가톨릭 교리의 영향을 받은 대표적인 법 조항을 소개하겠습니다.

> 법적으로 맺어진 결혼은 폐기될 수 없다. 오직 배우자의 사망이 결혼의 종식을 허락한다. 이에 위배되는 모든 결정은 효력을 발휘할 수 없으며 무효화될 것이다.(134조)

> 배우자 중 한 명에게 성적불구, 정신착란, 혹은 정신이상과 같은 질병이 발생할 때에도 법적인 결혼은 폐기될 수 없다.(168조)

> 아내는 남편과 함께 거주해야 한다. 남편의 편의에 따라 거주지를 옮길 때도 아내는 남편을 따라야 한다.(176조)

> 남편은 가정을 버린 아내에게 손해 보상금을 요구할 권리가 있다. 재판관은 손해 보상금을 지불할 장소를 지정해 주어야 한다.(204조)

반면에, 다음과 같은 조항도 있습니다.

> 아내는 남편의 허가 없이 재판관 앞에 모습을 나타낼 수 없다.(179조)

기혼 여성을 어린아이, 노예 혹은 장애인과 동일시하는 법도 있습니다. 페루 법은 더 이상 우리를 놀라게 하지 않습니다. 더 이상 많은 분석을 필요로 하지도 않습니다. 법이 유일하게 증명하는 바는, 암컷은 수컷의 소유물이라는 원시시대의 생각이 오늘날까지 효력을 발휘한다는 것입니다.

교회는 마리아를 숭배합니다. 심지어, 마리아를 삼위일체에 포함시켜 새로운 사위일체를 정립하려고 시도했습니다. 그러나 여성에 대한 혐오감은 감소하지 않았습니다. 신앙과 경험을 중요시하는 남자에게, 여성의 영혼은 두 가지 종류로 분류되어 인식됩니다. 첫째는 인류의 타락을 상징하는 이브입니다. 둘째는 남자보다 열두 배로 불순하고 사악한 마음을 소유한 드릴라입니다. 과거 종교회의 구성원은 여성이 영혼을 소유한 존재임을 인정하지 않았다고 합니다. 게다가 오늘날의 성스러운 신부님은 여성이 정직, 순결함, 이성적 상식을 소유한 존재라는 것을 인정하지 않았습니다. 성직자가 여자에게 가한 욕설과 비난은 마치 믿기 힘든 발명품과 같다는 생각이 듭니다. 과연 성직자의 여성혐오증은 어디에서 기인한 것일까요? 자신이 정신병자이거나, 어머니가 부재한 가정에서 유년기를 보냈거나, 악마같이 사악한 어머니 아래서 성장한 경우라고밖에 납득이 되지 않습니다. 유년기부터 금욕과 자선을 베풀었던 루이스 곤사가Luis Gonzaga 신부, 성인이 되어 개종한 예노리모 신부[6], 바람둥이로 살다가 주교로 삶을 마감한 성 아우구스티누스 역시 여성혐오증을 가지고 있었습니다. 속인에서 갑자기 성인의 반열에 오른 남자가 여성을 묘사할 때 사용하는 표현이 있습니다. 주로, "여자란 악덕의 길잡이, 지옥으로 가는 관문, 사탄의 화살, 악마의 딸, 뱀의 해로운 독, 교활한 암탕나귀, 타락의 길로 인도하는 위험한 전갈"이라고 묘사했습니다.

여성에 대한 과소평가와 남성 우월주의는 신도의 정신에 깊은 영향을 끼쳤습니다. 남자는 아내를 평등한 반려자로 보지 않습니다. 아내를 하녀와 같은 종속된 존재로 인식합니다. 혹은 쾌락의 기구이자 가정용품의 일부로 취급합니다. 우리 사회에는 여성에 대한 열등의식이 만연해 있습니다. 예를 들어, 개인의 도덕적 수준을 폄하할 때, 여성의 성적인 이미지를 빌어 표현합니다. 무지하고 미개한 남자를 가리켜 '암컷의 단계에서 벗어나지 못한 인간'이라고 말합니다. 반면, 교양 있고 지적인 사람을 '두뇌와 심장을 소유한 인간'이라

---

6 라틴어로는 에우세비우스 히에로니무스(Eusebius Hieronymus, 347~420)라고 부르고 에스파냐에서는 헤로니모(Jerónimo)라고 부른다. 가톨릭 4대 교부 중 한 사람으로, 불가타 성경의 역자로 유명하다.

고 표현합니다.

한 나라의 진보성은, 관습에 반영된 인간 존엄 정신과 법에 반영된 평등 정신에 따라 평가됩니다. 진보된 국가란, 이기주의의 악덕이 제거되고, 그 자리에 헌신의 정신이 싹트는 땅입니다. 약자가 더 많은 권리를 주장할 수 있는 나라이며, 더욱 진보된 문명을 꽃피울 수 있는 나라입니다. 여성의 사회적 위치와 법적 권리를 연구하지 않고, 한 민족을 파악했다고 말할 수 없습니다. 먼저, 여성에 대한 사회적 관용과 여성의 법적 권리를 측정해 보아야 합니다. 개신교 국가에서는 여성의 인권상승이 구체적으로 실현되고 있습니다. 가까운 미래에 완전한 해방을 이룰 것입니다. 그들은 남녀평등을 법적으로 승인해 주었습니다. 언젠가 여성은 완전한 인격적 독립을 성취할 것이며, 남성과 함께 세계 정치 방향을 주도할 것입니다.

사람들은 남녀평등은 실현되었고, 누구나 신과 소통할 할 권리를 가졌다고 생각합니다. 그러나 가톨릭 국가에서 여성은 성직자가 될 수 없습니다. 여성은 최고의 도덕적 가치에 접근할 수 없는 열등한 존재입니다. 여성은 거짓된 입술을 가졌기 때문에 신의 진리와 교리를 성도 앞에서 외쳐서는 안 됩니다. 불결한 그녀의 두 손은 하늘에 계신 아버지에게 바쳐질 순결한 양을 만질 자격이 없습니다. 가톨릭에서 여성에게 허용하는 것은 무엇입니까? 기도문을 중얼거리고 제사의식을 지키는 것입니다. 여자는 제단에 접근할 수 없으며, 옷자락으로 성궤 앞에 놓인 계단을 스치는 것도 금지되어 있습니다. 단지 고해성사실에서 무릎을 꿇고, 자신의 죄를 고백하고, 회개하며, 겸손하게 신부의 면죄를 구하는 것입니다. 암컷이란 존재는 책을 해석하거나 교리를 토론하지 못합니다. 오직 복종하고 침묵하는 존재일 뿐입니다.

간혹 예수를 사랑한 대가로 남자의 증오를 받는 여자들도 있습니다. 몇몇 여성들은 구원의 도를 닦고자, 고통의 자갈밭과 바위 길을 통과합니다. 그러나 용감하게 죄를 고백한 대가로, 성직자에게 배반을 당하거나 버림을 받습니다. 땀과 피를 흘리며 순례의 길을 감내한 그녀에게 종교재판관은 침을 내뱉고 뺨을 때리는 수모를 줍니다. 혹은, 제자를 양성하고자, 어린 신도들과 함께 고통의 길을 동반하고, 위로하며, 보살펴주기도 하지만, 결국 제자에게도 멸시와 버림을 받습니다. 심지어 교황에게조차 보호를 받지 못합니다. 가톨릭은 여성의 헌신을 모욕하며 저주합니다. 헌신적인 여성을 노예처럼 취급하고, 도덕적 멸시로 되갚아 줍니다.

오늘날, 훌륭한 두뇌의 소유자는 믿음을 회피합니다. 단지, 유약한 사람만이 믿음을 필요로 합니다. 가톨릭의 멸망은 피할 수 없는, 미래에 닥칠 운명입니다. 과연, 가톨릭의 멸망을 막거나 지연시킬 수 있는 인물이 있을까요? 누군가가 단단한 제방을 쌓아서, 밀려오는 종교 회의주의의 홍수를 막을 수 있을까요? 과연, 사람들이 종교를 위해 세속의 영예와 사랑의 달콤함을 포기할 수 있을까요? 어느 여인이 다정한 애인을 멀리하고, 차갑고 날카로운 종교적인 남편에게 헌신할 수 있을까요? 그에게 자신의 영혼, 피, 생명을 바칠 수 있을까요? 설령, 언젠가 십자가의 그늘이 온 지상을 덮고, 대제사장이 온 땅을 지배할지라도, 가톨릭을 진심으로 옹호하는 사람은 남아 있지 않을 것입니다. 이 땅엔 오직 사나운 전갈, 도마뱀, 악마의 딸, 교활한 암탕나귀만이 살고 있을 것입니다.

III

누구보다도 여성들은 종교를 거부해야 합니다. 종교는 여성을 무기력하고, 미성숙한 유아기에 고착시키며, 신뢰할 수 없는 성직자의 손에 삶을 의탁하게 만듭니다. 불행하게도 이러한 현실은 변하지 않고 있습니다. 마치 종속국이 원조국 군대를 대적하는 격입니다. 패배자가 침입자의 군대를 칭송하고, 그들의 편에서 싸우는 격입니다. 이와 마찬가지로, 여성들은 자유사상가나 무정부주의자와 타협하지 않습니다. 이를테면, 사회 개혁자는 여성을 위한 법을 주장합니다. 결혼은 양쪽 배우자의 불화뿐 아니라 한 사람의 의지에 의해서도 무효화될 수 있다고 주장했습니다. 그러나 여성은 자신을 수치스럽고 불행한 삶으로부터 구출해 주고자 하는 개혁가의 손길을 거부해 버렸습니다. 한편, 성직자는 남녀의 자유로운 결합을 저주하는가 하면, 강압적인 결혼제도와 함께 합법적인 성매매를 제도화하고 있습니다. 이러한 상황에서도 여성은 사악한 성직자의 편을 선택합니다.

모든 불의와 폐단 가운데, 최대의 비극은 희생자의 도덕적 판단력이 흐려지고 저급해지고 있다는 사실입니다. 자신이 처한 비참한 상황을 의식하지 못합니다. 수치스러운 멍에에서 벗어나고자 소망하지도 않습니다. 노예와 하인이 인간의 존엄성을 회복하기 위해서는, 헌신적이고 열정적인 정신을 가진 사람들의 노력이 필요합니다. 가톨릭 여성의 해방은 오직 남성의 강인한 행동이 수반되어야 가능합니다. 불행하게도, 가톨릭과 여성을 분리하려는 계획은 큰 성과를 거두지 못했습니다. 이유가 무엇일까요? 그것은 바로 여성을 종교와 사제로부터 분리하려고 시도한 개혁가에게도 치명적인 결함이 있었기 때문입니다. 그들은 인류를 구원하려고 노력했습니다. 그러나 자신의 가족에게 올바른 교리를 가르치고, 행동으로 실천하지는 못했습니다. 대중 앞에서 연설문을 낭독하고 저서를 집필하는 일보다 선행되어야 할 일이 있습니다. 가장 감동적인 언어로 자신의 가족을 설득할 수 있어야 합니다.

비평 서적과 열띤 논쟁이 어떤 효력을 발휘합니까? 남편이 종교적 신념을 파괴하고 교회를 허무는 반면, 아내가 가톨릭교의 바이러스 균을 자식들에게 주입시킨다고 상상해 봅시다. 아버지가 이성으로 쌓아 올린 건물을 어머니는 감정으로 다시 허물어뜨립니다. 어머니의 애정으로 감동된 믿음은 아이의 심장의 내부에까지 도달합니다. 훗날, 유능한 학자의 노력으로 전달된 지식조차도 도달할 수 없는 깊은 내면의 장소에 저장됩니다. 우리는 '어머니의 살 중의 살, 피 중의 피'로 형성되었고, 어머니의 가슴으로부터 필요한 영양분을 취하며, 어머니의 무릎 위에서 위로를 받는 존재입니다. 뿐만 아니라 여성의 고통은 우리 내면에 깊은 감흥을 일으키고, 그들의 생각은 우리 존재를 전염시킵니다. 마치 성서에 등장하는 여호와가 자신의 형상을 따라 인간을 창조했다고 하듯이 말입니다. 우리가 태어날 때 아버지의 성을 물려받는다면, 살아가는 동안 어머니의 도덕적 모형을 유산으로 받습니다. 경찰이 역사의 방향을 획일적으로 주도한다면, 여성은 인류의 발걸음을 구체적으로 이끄는 사람입니다. 그들은 우리 사회의 원동력이자 위대한 추진력을 소유하고 있습니다. 그들은 광장이나 혁명가의 클럽에서 소란스럽게 활동하지 않습니다. 가정에서 조용히 일할 뿐입니다.

교회 성직자는 이런 원리를 잘 이해하고 있습니다. 교회에 적대적인 세력이 봉기할 때, 천사 같은 아낙네들이 성 베드로 성당의 제물을 살찌울 뿐 아니라 가톨릭 연합운동에 서명해 줄 것을 알고 있습니다. 성직자는 교활한 미소를 지을 뿐입니다. 언제나 평안한 잠자리를 청한답니다. 아무리 위대한 혁명일지라도, 여자의 심장에 뿌리내리지 못한 혁명은 탄생과 함께 소멸하거나, 얼마 지속되지 못한다고 믿고 있습니다. 그들은 어머니를 설득하고, 또한 어린아이를 설득합니다. 오늘을 소유하고 내일을 확보하는 격이지요. 그러나 성직자의 미소가 멈출 때가 있습니다. 수많은 여성 신자들 가운데 단지 한 명이라도 믿음의 판매권을 찢어 버리고 이성의 빛을 보기 위해 달려나갈 때, 그들은 쓰디쓴 불면증과 공포에 시달립니다. 여신자를 잃는다는 것은 교회로서는 끔찍한 악몽입니다. 역사적으로 가톨릭은 몇 번의 위기의 순간을 보냈습니다. 그때마다 오히려 더욱 강한 힘을 성장시키며 생존해 왔습니다. 이제까지 가톨릭은 커다란 두 개의 축에 힘입어 지탱했습니다. 남자의 불신과 여성의 무지라는 두 축입니다. 만일, 무지한 여성의 축이 사라진다고 상상해 보십시오. 이렇게 낡고 오래된 기계가 기울어진 축에 의지해서 존속할 수 있겠습니까?

많은 개혁가들은 이 사실을 이해하지 못합니다. 적어도 이해하지 못한 척하며 문제를 등한시합니다. 비굴하게도 자신의 아내를 사제의 지배 아래 종속시킵니다. 남자는 지식과 의심을 소유하는 반면, 여자는 무지와 광신의 세계에 쉽게 몰입됩니다. 이러한 원리를 이해했을 때, 과연 결혼이 합리적인 두 인간의 결합이라고 말할 수 있을까요? 사랑이 갖는 매력적인 요소는 두 표피 간의 접촉도, 두 조직체의 물리적 경련도, 두 심장의 반복적 진동도 아닙니다. 그것은 진리와 선을 향해 도약하는 두 인격체의 조화로운 비상입니다. 동물은 일시적인 결합을 이룹니다. 그러나 두 인간은 지속적인 성장과 상호보완적인 완성을 목적으로 연합해야 합니다.

여성과 남성이 동일해지기를 바라는 것이 아닙니다. 단지 오늘날의 남편들이 자신의 능력을 방치하고 있으며, 태만과 무지에 빠져있다는 것을 일깨워 주려고 합니다. 높은 이상을 추구하는 전투장에서 사랑은 가장 큰 영향력을 발휘합니다. 여인은 지배되고 소유되기를 원합니다. 또한, 사랑에 빠진 남자는 불가항력적 힘에 이끌려, 여성의 요구에 흡수되어 아내를 지배합니다. 부정적인 의미로써의 지배가 아닙니다. 남자는 애정과 진정성으로 아내를 지배할 수 있습니다. 성직자가 여성의 공포와 죄의식의 감정을 미끼로 사용하는 것과는 반대됩니다. 따라서, 친밀한 감정을 상호 교류하는 결혼 초기에, 남편은 아내를 변화시키고, 지배하고, 마음과 머리를 장악해야 합니다. 무능한 남편은 여성을 유혹하는 데 그치고, 아내의 육체만을 소유합니다. 강인한 정신력이 결여된 남편은 아내를 변화시킬 수 없고, 무지로부터 해방시킬 수 없습니다.

자신의 성숙만을 추구하는 남자는 비난받아야 합니다. 남자는 가정에서 남성적이며, 주도적인 역할을 행사할 줄 알아야 합니다. 가정이 광신적인 악에 물들도록 방치한다면, 머지않아 본인이 첫 번째 희생자로 전락할 것입니다. 모든 이의 조롱과 비웃음의 대상이 될 것입니다. 광신이 초래하는 황폐함이란 에테르 마취약, 모르핀, 알코올, 아편의 부작용에 견줄만한 정도입니다. 광신적 믿음이 한 여자를 지배할 때, 지성과 도덕관념을 마비시키고 통제합니다. 마침내 여성적인 매력을 빼앗아 가고, 중성적 인간으로 변화시킵니다. 중성적 여성을 흔히 경건한 여인이라고 부르기도 합니다. 결혼 초기에 비겁한 남자는 사랑스럽고 우아한 아내를 성직자에게 건네줍니다. 몇 년 후의 모습을 그려보십시오. 왜곡된 정조 관념을 고집하며 기도에만 열중하는 여인, 비위생적인 육체와 메마른 영혼을 자랑하는 여제사장, 무지와 고집이라는 부동의 성벽을 쌓고 이성적 소통을 거부하는 신비주의자로 변할 것입니다. 더 이상 아무런 해결책을 찾을 수 없을 때, 광신도 남편은 "신을 극도로 숭배하는 여자는 남성혐오증에 걸린다"는 확고한 결론에 도달하고 말 것입니다.

IV

이제까지 단조롭고 반복된 말을 늘어놓았습니다. 피곤하신 여러분을 고려해서, 몇 가지 요점을 정리하고자 합니다.

다양한 시대와 국가를 살펴보면, 여자는 언제나 성직자의 희생물이자 무기로 사용되었습니다. 남성이 사제의 권위주의를 위협하기도 했지만, 결국 남성은 여성으로 인해 힘을 발휘하지 못했습니다. 여성이 가진 영향력은 남성의 기력을 약화시키고, 최면에 빠져 잠들게 하고, 사슬로 단단히 묶어 움직일 수 없게 만들었습니다. 현대 사회도 마찬가지입니다. 먼 옛날이야기가 아닙니다. 성직자는 여자의 마음을 조정하고, 여자는 남자의 마음을 조정합니다. 남자는 이러한 현상을 허용할 뿐 아니라 파뉘르주[7]의 양 떼인 양, 집단적인 파멸의 길로 스스로를 내몹니다. 간혹 반란을 꾀해 보기도 하고, 거리에 나가 고함도 질러 봅니다. 그러나 대부분은 체념하여 교회의 그림자 아래서 숨죽이고 살아갑니다. 남성들은 이중적인 존재입니다. 거리에서는 성직자와 승려를 헐뜯는 이리가 되고, 집에서는 고귀하신 사제님과 숭고한 신부님의 손을 핥는 양이 됩니다.

일시적으로 이리 가죽을 쓰고 거리에 나온 수많은 양 떼는 자만심에 부풀어 살아갑니다. 일시적으로 거룩한 사도의 임무를 수행하는 채합니다. 톨스토이의 도덕심과 경쟁하는 듯합니다. 우리는 그들을 사도라고 부를 수 없습니다. 가족이라는 최소 영역에서조차 투쟁하지 않고, 변혁을 꿈꾸지 않는 이들이 어찌 사도라고 할 수 있습니까. 어떻게 그들을 신뢰할 수 있습니까? 아무도 그들이 외치는 사상을 믿지 않을 것입니다. 우리에게 부당한 신뢰와 인내

---

7 파뉘르주(Panurge)는 프랑수아 라블레(François Rabelais, 1494~1553)의 대표작 『가르강튀아와 팡타그뤼엘 *Gargantua y Pantagruel*』에 등장하는 인물이다. 소설에서 두 인물, 파뉘르주와 팡타그뤼엘이 양 한 마리를 구입한다. 어느 날 두 친구가 논쟁을 벌이던 중, 파뉘르주가 홧김에 양을 바다에 던져버린다. 이어서 곁에 있던 양 무리가 처음 양을 따라 차례차례 바다로 뛰어들었다.

심을 강요하지만, 결국 미사와 찬송으로 부패한 가정을 유지할 것입니다. 이들을 믿느니, 차라리 장미가 도토리를 낳고, 독수리가 타조의 알을 낳는다는 말을 믿겠습니다.

시민 전체의 위생을 지키기 위해 가장 우선적으로 가정을 소독해야 합니다. 사적 위생이 없는 공적 위생은 존재하지 않습니다. 한 민족의 인본주의적 세속화는 가족에서 시작되어야 합니다. 노예로 구성된 자유 사회란 존재하지 않습니다. 국가보다 개인의 삶 가운데 인본주의가 실현되어야 합니다. 성직자를 가정에서 끌어내고, 학교에서 추방시킵시다. 성직자에게 어머니와 아이를 빼앗는다면, 교회의 미래는 종말을 맞이할 것입니다.

과거 종교재판관이 이슬람교 인에게 요구했던 '믿음 아니면 죽음을 선택하라'는 극단적인 가족법을 공포하자는 말이 아닙니다. 다만, 우리는 종교의 절대성과 교황의 최고 권위를 부인한다는 것입니다. 또한 우리는 배우자의 난폭한 군림도 거부합니다. 건강한 결혼 제도는 한 명의 절대적 권위로 세워지지 않고, 동등한 권리를 가진 두 명의 연합으로 구성되어야 합니다. 아버지는 가정 내의 군주로 군림하는 것이 아니라 아이들의 큰형으로 인식되어야 합니다. 비열한 사도는 섬세한 영혼을 가진 여인과 아이들에게 난폭한 행동을 가합니다. 무자비한 나귀가 사나운 이빨로 꽃을 파괴하고, 코끼리가 유리 선반 위를 날뛰며 난동을 부리듯 말입니다.

우리는 선의와 정의로 환경을 변화시키고자 합니다. 위압적인 통보가 아닌 우애적인 제안으로써 호소합니다. 권위를 앞세우지 않고, 증거로 입증하고자 합니다. 오류는 쟁기 날로 거세게 뽑을 수 있는 잡초가 아닙니다. 진리란 한 번에 증명될 수 없습니다. 단 한 번의 망치질로 통나무의 중심에 못을 박는 것은 불가능합니다. 과오란 조금씩 사라지는 법이며, 진리란 한 방울씩 침투하여 스며드는 것입니다. 또한 현명한 남자는 강요하지 않습니다. 강압은 상대방의 자존심을 무너뜨리고, 저항감을 유발하기 때문입니다. 증거를 제시하지 않고 믿음을 강요하면, 상대방으로 하여금 이유 없이 거부하게 만드는 법입니다. 현명한 사람은 행동으로 보여줍니다. 그의 진정한 설득은 상대방으로 하여금 스스로의 자유의지로 기꺼이 순종하게 만듭니다. 반면 가장 모순적이고 허망한 것은 독단적인 거짓 교리를 퍼트리는 것입니다. 또한 가장 우습고 역겨운 인물은, 사제를 섬기는 자유사상가입니다. 그는 현대판 종교재판관입니다.

우리는 배타적인 사람의 시내착오적인 태도와 무지를 보고 비웃습니다. 마찬가지로 나쁜 관습과 타협하는 사람 역시 비판해야 합니다. 우리는 타협적인 사람을 향해 신념이 유약하고 성격이 우유부단하며 비굴한 타협을 하고 불의를 폭로할 용기가 부족한 사람으로 평가하고 비판해야 합니다. 우리는 적과 비굴한 타협을 하지 않을 것입니다. 또한, 단순히 적을 향해 소송을 제기하고, 책으로 논쟁하고, 적의 과격한 공격을 방어하는 것에 그치지 않을 것입니다. 우리는 적의 입을 막아버리고, 펜을 부서뜨리고, 감옥에 집어넣고, 제압할 것입니다. 예를 들어, 비과학적 교육을 통해 어린 학생의 두뇌를 변형시킨다고 합시다. 이러한 경우를 용납하는 것이 관용은 아닙니다. 이기적인 범죄 행위입니다. 우리는 부계중심의 가족 형태를 거부합니다. 여성을 하인이나 남편의 소유로 폄하하는 문화를 거부합니다. 아이가 아버지의 절대적 권위에 종속되어 있다는 생각 역시 거부합니다. 어린아이의 영혼은 아버지, 어머니, 혹은 성직자의 소유물이 아닙니다. 아이는 진리에 속한 자유로운 생명체입니다. 진리란 매우 풍성하고 폭 넓은 개념이기 때문에 특정 종교나 교리의 틀에 가둘 수 없습니다. 게다가 어린아이는 스스로의 소유물도 아닙니다. 그의 존재는 인류의 것이며, 차세대의 길을 새롭게 가꾸는 의무를 가지고 태어났습니다. 우리가 이 땅에 온 목적은 먹고, 마시며, 후손에게 썩은 해골을 남기기 위해서가 아닙니다.

우리는 비겁한 타협정신과 함께 우울한 비관주의 역시 거부합니다. 역설적이게도, 고통의 철학만큼 달콤한 것은 없습니다. 비관주의자는 인류의 투쟁을 무관심하게 바라봅니다. 우리로 하여금, "악인이 분명히 그리고 언제나 승리할 것이므로, 의인의 개입은 아무 영향력을 발휘할 수 없다"고 되뇌게 합니다. 그러나 우리가 이 땅에 태어난 이유가 단순히 행위의 무익함을 깨닫기 위해서일까요? 우주 안의 생명체는 모두 유용합니다. 모두가 속한 장소에서 무언가를 생산합니다. 감지할 수 없는 모래의 이동이 거대한 강의 흐름을 바꾸어 놓을 수 있습니다. 보이지 않는 섬모충류의 미동이 대양의 태풍을 야기할 수 있습니다. 꽃잎에 앉은 나비의 날갯짓이 저 멀리 있는 별들의 진동을 야기할지 누가 알겠습니까? 여기에서 선포되는 진리가 미신과 거짓의 최면에 빠진 누군가의 영혼을 깨울 수도 있습니다. 우리는 과거에 고착되어 있는 우리 민족의 퇴보를 인식해야 합니다. 작은 공동체가 진보를 이루면, 나라 전체가 진리와 정의의 길로 전진한다는 것도 인식해야 합니다. 인류는 거대한 행렬을 이루며 움직입니다. 구체적으로, 인류는 게으른 집단과 용감한 집단으로 이루어진 군대에 비유할 수 있습니다. 한 무리는 잠들어 있거나 자포자기에 빠져 있는 반면, 다른 무리는 앞으로 전진하며 투쟁합니다. 인류라는 큰 범주에서 보면, 매우 천천히 움직이는 것처럼 보이지만, 그래도 앞으로 나아갑니다. 역사를 통해 이러한 상승 현상은 증명될 수 있습니다. 이것은 군중 전체가 변화했기 때문이 아닙니다. 단지 선한 의지를 가진 소수가 사회의 이기주의를 근절하기 위해 모였기 때문입니다. 이들은 물질적 편의보다 높은 이상과 대담한 마음을 중요하게 생각합니다. 비유하자면, 위장 위에 심장이 있고, 심장 위에는 머리가 있는 것처럼 말입니다.

인간의 열정과 이성이 언젠가 높은 이상을 실현하고, 인류에게 위대한 승리를 안겨줄 날을 상상해 봅시다. 가족에서 시작된 혁명이 공화국 전체를 빛으로 밝혀줄 것입니다. 가까운 미래에, 가정 내부의 적이 변화하여 우리의 후원자가 될 것입니다. 언젠가 여성들은 말과 행동이 일치된 사회를 볼 것입니다. 여성이 자유로운 영혼을 소유하게 될 미래를 상상해 보십시오. 억압된 의식에 갇혀있던 여성들은 고지의 이상을 향해 비상할 것입니다. 교리적인 상급과 형벌이라는 관념에서 해방될 것입니다. 자율적인 도덕관념이 인간을 존귀하게 만든다는 사실을 깨달을 것입니다. 그 날에는, 성직자를 버리고 현자를 선택할 것이며, 교회를 포기하고 가정에 헌신할 것이며, 종교적 교리 대신 이성을 추구할 것입니다. 우리 사회에 여성을 속였던 무지한 편견과 미신이 서서히 사라질 것입니다. 우리는 인간에 대한 흔들리지 않는 확신을 경험하게 될 것입니다. 마치 진흙투성이 강물이 깨끗한 바닷물을 만나 스스로 정화되는 것과 같은 원리입니다.

그러나 여성들도 자발적인 변화를 추구해야 합니다. 특히, 결혼한 여성은 교회에 충성하는 것으로 자신의 역할을 제한해서는 안 됩니다. 남편이 구출해 주기만을 기다려서도 안 됩니다. 우리가 상상하는 것 이상으로, 사회에는 압제자와 가정 폭력자가 많습니다. 행복이란 하늘에 숨겨져 있는 것이 아닙니다. 타인에게 구걸하여 얻어질 수 있는 것도 아닙니다. 스스로 쟁취하며, 스스로의 노력으로 정복하는 것이 행복입니다. 여성이 종교법과 보수주의 시민법에서 해방되고, 유산층과 정면으로 맞서서 싸우고, 자유로운 가정을 건설하며, 가톨릭 교리가 주입시킨 수치, 절망, 우울증을 종식시킨다면, 다음의 세 가지 훌륭한 과업을 이룰 것입니다. 첫째, 자신의 신념을 믿고 스스로의 행복을 찾아 나설 것입니다. 둘째, 유약한 영혼을 지닌 또 다른 희생자에게 진리의 길로 안내할 것입니다. 셋째, 마침내 우리 사회에 건강하고 모범적인 도덕관념을 제시할 것입니다. 간혹 보수적인 위선자도 이상적인 도덕관을 주장합니다. 그러나 저는 자유를 갈망하는 사람에게 호소하고 있습니다. 나아가 사물마다 진실된 호칭이 필요하다고 생각합니다. 즉, 사랑하지 않는 남편에게 몸을 맡기는 여성은 창녀라는 호칭이 어울립니다. 사랑이 결여된 다툼과 허식뿐인 가정에서 태어난 자식은 사생아라고 불려야 합니다. 진정으로 명예로운 사람이란, 증오하는 남편을 과감하게 포기하고, 사랑에 기초한 가정을 새롭게 설계하는 사람입니다. 순수한 열정과 사랑 안에서 탄생한 사생아가 더욱 정의롭고 고귀한 인간이 됩니다. 올바른 생각을 가진 사람은 사생아나 간음죄라는 비난에 조금도 흔들리지 않습니다. 그는 성직자의 축도로 승인된 가정을 명예롭다고 생각하지 않습니다. 셰익스피어는 사생아를 풍요롭고 신비로운 자연이 허락한 선물이라고 정의했습니다. 지루하고 야만적인 침대에서 탄생한 불쌍한 아이보다 사랑의 결실로 태어난 사생아가 훨씬 우수한 유전자와 활기찬 힘을 갖는다고 합니다. 교회에서 독립한 젊고 건강한 두 남녀가 자유롭게 결합하면, 위선자는 투덜거리고, 자연은 미소 짓습니다. 관습에 묶여 어린 소녀가 노인과 결혼하고, 건강한 사람이 병든 불구자의 배우자가 되는 것은 마치 죽음과 생명, 혹은 어두움과 빛이 결합하는 것과 같습니다. 이것은 용서할 수 없는 부끄러운 범죄입니다. 창조의 힘을 낭비하고, 사랑을 속이는 것이며, 또한 대자연의 법을 어기는 일입니다.

토크빌[8]은 "북아메리카를 만든 사람은 북아메리카의 여성이었다"고 말했습니다. 여성은 백 개의 아메리카 대륙을 만들 수 있고, 천 개의 우주를 창조할 수 있습니다. 한 여성은 미래 인류의 새싹을 품고 있습니다. 어머니의 교육방침에 따라, 어린아이는 의지적인 개인으로 성장할 수도 있고, 또는 종교적 편견 안에 갇혀 자랄 수 있습니다. 어머니는 아이의 내면에 커다란 대리석을 심어 주고, 아이 스스로 아름다운 조각상을 완성하도록 인도해야 합니다. 그러나 우리의 가정은 성직자와 수녀의 침입을 당했습니다. 그들이 창조한 인간상은 오늘날의 불행한 현실을 대변해 주고 있습니다. 인간의 마음은 노예정신과 맹신으로 병들었습니다. 아직까지 과학과 자유주의 사상으로 무장된 건강한 아이는 보지 못했습니다. 이처럼, 우리 모두는 비이성과 미신이라는 지붕 밑에서 태어났습니다. 오늘날에도 사람들은 오랜 편견과 악습에 오염된 환경 안에서 질식하고 있습니다. 우리가 소망하는 바는, 국민 전체를 거리로 밀어내는 것입니다. 대중이 거리로 나가, 수 세기 동안 지속된 역사의 현장을 직접 체험하기를 소망합니다. 낡은 윤리와 종교가 이 땅에서 사라지지 않는다면 민족의 개화는 기대할 수 없다는 것을 깨닫기를 소망합니다. 노쇠한 볼테르는 죽어가며 외쳤습니다. "젊은 청년이여, 그대는 행복하도다. 당신은 수많은 위대한 일들을 목격할 것이기 때문이다." 우리도 쉬지 않고 투쟁했던 18세기 지식인을 본받읍시다. 이제 볼테르의 제자가 되어, 우리도 세상을 향해 외칩시

---

8 알렉시 드 토크빌(Alexis de Tocqueville, 1805~1859)은 프랑스 정치철학자, 역사가이다. 사회학의 선구자로 꼽히며, 자유주의 이념을 확산시킨 사상가이다. 주요 저서로 『미국의 민주주의 *De la democracia en América*』(1835)와 『구체제와 프랑스 혁명 *El Antiguo Régimen y la Revolución*』(1856)이 있다.

다. "미래에 탄생하는 당신은 행복한 사람입니다. 당신은 신성한 예루살렘을 버리고, 세속화된 도시에 거주할 것입니다. 성전이나 사제는 볼 수 없을 것입니다. 사랑, 정의, 진리 외의 신성은 알지 못할 것입니다."

신사 여러분, 결론을 내리고자 합니다. 저의 생각이 모든 여성과 남성의 머릿속에 깊이 새겨지기를 소망합니다. 교육자는 학자를 양성합니다. 성직자는 위선자를 배출시킵니다. 명심하십시오. 진정한 어머니만이 인간을 탄생시킵니다.

5. 이탈리아와 교황[1]

(1905년 9월 24일 '스텔라 디탈리아' 프리메이슨 집회소 강연)

신사 숙녀 여러분

저는 1년 전에도 프리메이슨 집회에 초대받았고, 프리메이슨 창립 기념을 위한 인사말을 드렸습니다.[2] 두 번째로 저를 초청해 주시고, 발표의 기회를 주신 이탈리아 프리메이슨 회원님께 감사를 표합니다.

이탈리아 프리메이슨은 이 시대에 필요한 담론의 장소를 제공해 주었습니다. 이곳은 비종교적 모임이며, 따라서 사상의 제한을 설정하지 않습니다. 오늘날의 현실을 고려하면, 이보다 더 가치 있는 모임은 없을 것입니다. 현재 광신주의가 부활하고 있으며, 성직자의 세력이 확장되고 있습니다.

종교는 강한 힘으로 인류를 퇴보시킵니다. 이것은 부인할 수 없는 사실입니다. 어느 누가 종교가 가진 힘을 거부할 수 있습니까? 최근에 자유사상가 모임들이 모두 해산된 사건이 있었습니다. 자유당의 신입회원들이 무력으로 진압한 것입니다. 이후에는 어떤 혁명가도, 또한 어떤 단체도 종교에 대항하지

---

1 이 강연은 가리발디가 이끄는 이탈리아군대의 로마교황령 점령 35주년을 기념하는 자리에서 열렸다. 리마에서 발간된 『이탈리아의 목소리 *La voce d' Italia*』는 반종교적 무정부주의 신문이다.

2 1904년 9월 25일 작가가 발표한 글의 제목은 『투쟁의 시간』에 수록된 「교회의 노예」이다.

않습니다. 목소리를 높여야 할 지식인들이 두려워하며 현실과 타협합니다. 신문 기자는 교권을 지지하는 세력입니다. 적어도 여성과 정치적 중도를 고집하는 이들을 설득하기 위해 종교적인 척합니다. 근시안적인 정치인들은 당파적 이득에만 관심이 있습니다. 결국 악습은 계속됩니다. 페루의 의회는 결코 개혁을 추진하지 않습니다. 정부는 공개적으로 구체제의 편에 서진 않지만, 암묵적으로 지지하고 옹호합니다. 모든 권력층은 가톨릭 교리를 옹호하고 장려합니다. 그토록 낡고 쇠퇴한 교리를 말입니다.

종교재판의 화형대는 사라졌습니다. 그러나 종교 분쟁은 여전히 계속됩니다. 세계 각지에서 종교 분쟁이 발생합니다. 특히 가톨릭 국가에서는 무력이 동원되기도 합니다. 예를 들어, 프랑스에서는 논쟁이 폭력으로 발전했습니다. 평범한 사람들이 벌이는 분쟁이 아닙니다. 때로는 베르틀로[3], 헤켈[4], 세르히 Sergi, 살메론[5]과 같은 위대한 인물들이 무기를 동원해 사회에 충격을 주기도 했습니다. 혹시 종교적 논쟁이 유행에 뒤처진 주제이고 18세기 골동품이라고 생각하십니까? 평범한 사람은 결코 헤켈과 베르틀로의 사상의 깊이를 이해할 수 없을 것입니다.

---

3 마르셀린 피에르 베르틀로(Marcellin Pierre Eugène Berthelot, 1827~1907)는 유기 화학 반응, 열역학, 열화학의 발전에 공헌한 프랑스 화학자이다. 열화학의 신 분야를 개척하여 폭약, 염료, 유기화합물의 합성 등을 개발하였고, 19세 말의 화학에 중요한 영향을 끼쳤다.

4 에른스트 헤켈(Ernst Haeckel, 1834~1919)은 독일의 유명한 생물학자이자, 철학자, 의사, 교수, 화가이다. 헤켈은 '생태학'이란 단어를 처음 사용한 생물학자이며, 그의 주요저서 『생물체의 일반 형태론 *Generelle Morphologie der Organismen*』(베를린, 1866)에서 주요 개념을 유포시켰다. 이 밖에 찰스 다윈의 진화론을 독일에 확산시키는 데 기여하였고, 철학적 업적으로는 니체와 함께 저술한 『세계의 수수께끼 *Enigmas del Universo*』(1899)가 대표적이다.

5 니콜라스 살메론 알론소(Nicolás Salmerón Alonso, 1838~1908)는 에스파냐 정치가이자 철학자이다. 마드리드 대학에서 형이상학 교수로 재직하면서 인본적주의 교육을 지지했으며, 19세기 실증주의, 자유주의 정치학, 크라우제 철학의 확산 등 에스파냐 지식인 운동에 동참하였다. 군주제에서 공화제로 전환되는 역사적 전환기에, 민주당에 가입하여 에스파냐 정치 개혁에 중요한 영향을 끼친다. 군주제가 몰락하는 1868년 제1 공화제가 실현될 당시 행정관장으로 임명되었다.

흔히 볼테르[6]의 회의주의와 르낭[7]의 비판주의가 종교를 땅속에 묻었다고 생각합니다. 그러나 아직 무덤까지 내려가지는 않았습니다. 종교는 아직까지 우리 주변에서 살아 숨 쉬고 있을 뿐 아니라 우리의 의식을 지배하려고 발버둥 칩니다. 심지어 자유사상가의 의식마저 장악했습니다. 가정마다 종교적 분위기를 느낄 수 있습니다. 식탁 위의 접시를 핥으면서 종교를 경험합니다. 잠잘 때에도 침실과 베개에 배어있는 종교를 느낍니다.

과학과 종교는 저울 가운데 추를 두고 대립하는 양극의 힘을 상징합니다. 과학과 종교는 영속적인 상반관계를 이룹니다. 한쪽이 올라가면 반대쪽은 내려갑니다. 이미 모두가 예측하듯이, 과학은 꾸준히 발전할 것입니다. 따라서 가톨릭은 퇴보할 수밖에 없습니다. 문명화된 국가는 더 이상 종교적인 영광을 추구하지 않습니다. 우리는 더욱 지속적으로 종교와 맞서 싸워야 합니다. 그의 죽음을 가속화시켜야 합니다. 이미 시체의 단계에 있을지라도, 계속해서 공격을 가합시다. 끊임없이 반복된 사형을 가해야 마땅합니다.

교회는 살아남고자 고집스러운 발버둥을 칩니다. 가톨릭 성직자는 여전히 이탈리아 정부 앞에서 영생에 대한 설교를 합니다. 우리는 오늘 9월 20일이라는 역사적인 날짜를 기념하기 위해 모였습니다. 이제, 정부와 교회 간의 상호관계에 대해 이야기하겠습니다.

---

6 볼테르(Voltaire, 본명은 François Marie Arouet, 1694~1778)는 18세기 프랑스 계몽주의를 대표하는 철학가, 문필가, 변호사, 비판적 지식인이다.

7 조제프 에르네스트 르낭(Joseph Ernest Renan, 1823~1892)은 프랑스의 언어학자, 철학자, 역사학자, 종교 비평가이다. 프랑스 실증주의 대표자의 한 사람으로, 합리주의적 경향을 발전시킨 자유주의 학파를 따랐다. 그의 대표 서적 『예수의 길 *La vie de Jésus*』(1863)은 교황 비오 9세로부터 신성모독의 판정을 받았고, 이로 인해 르낭은 프랑스 대학에서 추방당한다. 그는 나사렛 예수를 무정부주의라고 칭하기도 하였다. 또한 실증주의 역사학자로도 잘 알려져 있다. 1882년에 발표한 그의 유명한 연설 '국가란 무엇인가?(¿Qué es una nación?)'는 국가에 관한 개념을 논의하였고, 현대 역사이론가에게 많은 영향을 주었다.

I

흔히 단테, 페트라르카, 보카치오를 가리켜 르네상스 언어를 완성한 이탈리아 삼두 문인이라고 평가합니다. 한편, 가리발디, 카보우르[8], 마치니는 19세기 이탈리아의 민족 통일을 성취시킨 삼두 정치인이라는 평을 받습니다.

이탈리아는 오스트리아로부터 독립한 뒤, 분열된 왕국을 위대한 단일 국가 체제로 통합시켰습니다. 민족과 민족, 가족과 가족 간의 적대감과 증오심을 해소했습니다. 만소니의 시구에 소개된, "우리는 형제입니다siamo fratelli"라는 표현을 실현했습니다. 수 세기 전부터 전해지던 사상이 드디어 현실적인 결실을 이루었습니다. 가리발디는 군사적 힘, 카보우르는 외교적 수완, 마치니는 글과 지식을 수단 삼아, 위대한 목적을 성취했습니다.

사실상, 가리발디가 거대한 왕족과 귀족 세력을 쓰러뜨리고, '천명의 원정대'[9]와 같은 위대한 업적을 이루었지만, 한 국가의 독립과 통일을 완성하기에는 역부족이었습니다. 오스트리아가 길을 막고 있었기 때문입니다. 게다가 이탈리아 민족은 오스트리아에 대항해 싸울 만큼 충분한 기력을 소유하지 못했습니다. 국가적 통일을 위해 가톨릭 사도주의, 정치적 혁명, 영웅주의를 동원했지만, 어느 것도 실질적인 효력을 발휘하지 못했습니다. 무엇보다 이탈리아 내부의 연합이 매우 취약해진 상태였습니다. 외부적 갈등보다 내부적인 갈등과 적대감이 심각했습니다. 외국의 협력이 필요한 상황이었습니다. 외교 특사와 종교 사도들은 외국의 법정을 방문하며 이탈리아 해방을 위해 싸워줄 협력 국가를 찾았습니다. 기적적으로, 국가 경찰이 영특한 계획을 고안했습니다. 즉, 빅토르 마누엘과 나폴레옹 3세의 동맹을 착안한 것입니다. 카보우르

8 카보우르(Camillo Benso Conte di Cavour, 1810~1861)는 이탈리아의 정치가이다. 가리발디, 마치니와 함께 이탈리아 통일의 삼인조라고 부른다.

9 1860년 5월 가리발디는 1089명의 병사로 구성된 '붉은 셔츠단'을 조직하여, 시칠리아왕국, 칼라브리아, 나폴리 지방을 점령하였다. '붉은 셔츠단'을 '천명의 원정대'라고도 부른다.

의 탁월한 외교 능력은 탈레랑[10]과 메테르니히[11]의 외교 수완을 월등히 능가할 정도였습니다.

마침내 오스트리아가 마그네타와 솔페리노에서 패배했습니다. 결과적으로 이탈리아는 베니스 땅을 회복했습니다. 그러나 이탈리아 국민의 요구는 거기서 그치지 않았었습니다. 이탈리아 시민은 "로마를 수도로 지정하고, 하나로 통일된 이탈리아를 만들자"는 목표를 세웠습니다. 과거 이탈리아는 대주교의 야망과 배신으로 인해 끊임없는 외세의 침입에 시달렸습니다. 혁명가들은 이 사실을 잊지 않고, 마키아벨리가 주장한, "이탈리아에 거주하는 교황의 존재는 마치 상처 내부에 박힌 강철 덩어리와 같다"는 말을 되새겼습니다. 혁명가들은 교황의 권력을 박탈할 것을 요구했습니다. 교황령을 재구성하고, 민족 통일을 새롭게 확립하고자 했습니다.

그러나 프랑스 황제가 중간에 개입했고, 로마 신성불가침 법Roma intangible을 공포했습니다. 황제는 만치니, 카보우르, 가리발디에게 교회의 토지소유권과 교황의 신성불가침 법을 승인하도록 요구했습니다. 왜 이러한 주장을 했을까요? 노년기에 접어든 군인은 나약하게 변질되고 타락하기 때문입니다. 많은 경우, 죽음의 공포를 마주한 영웅은 제국 전체를 몰락시킵니다. 나폴레옹 3세는 귀족 출신의 젊은 에스파냐 여인과 결혼했습니다. 성녀의 미덕과 정절 의식은 없었지만, 에스파냐 광신주의를 소유한 여자였습니다. 나폴레옹의 개입으로, 1870년까지 로마에는 프랑스 수비대가 주둔했습니다. 프랑스 수비대는 로마 황제 근위병과 사제 견습생으로 구성되었고, 언제나 종교적인 권위를 유

---

10 샤를모리스 드 탈레랑 페리고르(Talleyrand, 1754~1838)는 보통 탈레랑으로 불리며, 프랑스의 정치가, 외교관, 로마 가톨릭교회 성직자였다. 나폴레옹을 정계에 등장시키고, 자신은 외무장관을 지내면서 나폴레옹과 이탈리아 교황, 국가와 교회 사이의 분쟁을 중재한다. 또한, 영국 주재 대사가 되어 개신교 국가였던 네덜란드로부터 벨기에의 독립을 도왔다.

11 클레멘스 벤첼 로타어 폰 메테르니히(Klemens Wenzel Lothar von Metternich, 1773~1859)는 오스트리아의 정치가이자 외교가로 당대의 가장 중요한 외교가였다.

지했습니다. 18세기 말 프랑스 혁명군이 국왕의 군대를 향해 총을 겨누었다면, 19세기 프랑스 혁명군은 이탈리아 가리발디와 만치니를 상대로 장총을 겨누었습니다. 다시 말해서, 19세기 멘타나 전투[12]는 18세기 발미 전투[13]를 모방한 격이 되었습니다.

이탈리아 국민의 가슴에는 나폴레옹 3세에 대한 맹렬한 분노가 일기 시작했습니다. 과거의 나폴레옹 3세는 이탈리아를 돕는 자로서 오스트리아와의 전쟁에 참전했지만, 이제는 이탈리아 위에 군림하며 교황 비오 9세에게 복종하라고 강요하기 때문입니다. 프랑스 내부에서도 나폴레옹의 모호하고 비이성적인 행적을 비난하는 움직임이 있었습니다. 한때는 협력자였던 정치인들과 종교인들조차 나폴레옹을 혐오하기 시작했습니다. 가톨릭 신자는 그를 가리발디 측근으로 비판하는가 하면, 가리발디 추종자들은 교황 절대주의자라고 비난했습니다. 언론도 나폴레옹을 종교 재판관이자 군경찰관인 교황의 측근이라고 비판했습니다. 프랑스 입법부도 나폴레옹을 고발했습니다. 이탈리아 세력과 결탁한 것과 영국 혁명을 지지한 것에 대한 책임을 물었습니다.

이후, 프랑스-프로이센 전쟁이 발발했습니다. 전쟁의 결과, 프랑스 국민은 참혹한 패배를 당했고, 그 결과 이탈리아는 이득을 취했습니다. 그 결과 폐위를 당한 나폴레옹 3세는 프랑스를 버리고, 교황 비오 9세를 찾아 로마로 떠났습니다. 거의 동일한 시기에, 빅토르 마누엘이 이탈리아 로마에 도착했습니다. 빅토르 마누엘은 가톨릭 국가에 들어서자마자, 그 유명한 마크마옹의 말, "이곳에 내가 왔다. 나는 이곳에 정착할 것이다"라고 말했습니다.

---

12 1867년에 가리발디는 교황령을 침범하고 로마를 점령하고자 병사를 소집했으나, 그의 군대는 멘타나 전투에서 참패하였다.

13 프랑스의 혁명가들은 1792년 국왕을 체포하고 유럽의 왕국과 결탁하려는 왕당파에 대한 대학살을 감행했다. 1792년 9월 20일, 프랑스 시민군은 프로이센 정규군을 발미(Valmy)에서 퇴각시켰다. 발미 전투의 승리 후, 프랑스 국민의회는 바로 왕정을 폐지하고 공화국을 선포했다.

II

이탈리아의 야망은 로마 점령으로 만족되었을까요? 민족통합주의를 위한 욕망의 함성은 계속해서 울려 퍼지고 있습니다. 과거에는 베니스와 교황령을 차지하길 원했습니다. 오늘날은 트렌티노[14]와 티리에스테[15]의 소유권을 주장합니다. 이탈리아인들은 "민족의 통일을 단순히 하나의 사건으로 간주해서는 안 됩니다. 국가의 국경선이 회복되고 확정되는 그 시점이 바로 민족의 통일입니다"라고 주장합니다. 현재 오스트리아로 편입된 이스트라와 달마티아 지방[16]을 바라보며, 언젠가는 반드시 이탈리아에 재통합될 것이라고 소망합니다. 더욱 강하고 더욱 확장된 미래의 이탈리아를 마음속에 그립니다. 알바니아와 연합하여 오트란토 해협을 정복하고, 아드리아 해를 라틴해로 바꾸는 꿈을 꿉니다. 프랑스에 대한 혐오의 감정은 비스마르크[17]와 크리스피[18]의 등장 이후

---

14 고대 로마제국의 일부였던 트렌티노 지역은 1805년 나폴레옹의 연합군에 합병되었다. 1815년, 나폴레옹의 몰락으로 오스트리아-헝가리 제국에 편입되었다. 1차 세계대전 때 패전국이 된 오스트리아-헝가리 제국은 이탈리아에게 영토를 빼앗긴다.

15 트리에스테는 오늘날 이탈리아의 북동부에 위치한다. 1857년에서 1918년까지 오스트리아-헝가리 제국에 속했으며, 1차 세계대전 후 이탈리아 변방에 위치한 국경도시가 되었다.

16 이스트라반도와 달마티아 지방은 고대 로마제국의 속주(屬州)였다. 나폴레옹 제국이 몰락한 이후, 1797년부터 1919년까지 오스트리아 영토에 편입되었다. 1차 세계대전 이후 이탈리아는 이스트라반도와 달마티아 북부를 재정복한다.

17 오토 에두아르트 레오폴트 폰 비스마르크(Otto Eduard Leopold von Bismarck, 1815~1898)는 독일을 통일하여 독일 제국을 건설한 프로이센의 외교관이자 정치인이다. 1862년 빌헬름 1세에 의해 프로이센 총리로 임명된 이후 '철의 수상'이라는 별명을 얻었다. 1864년, 1866년 두 차례의 프로이센-오스트리아 전쟁에서 승리하여 북독일연방을 결성하였고, 1870~1871년 프로이센-프랑스 전쟁에서 승리함으로써 독일통일을 이룩하였다. 1871년 2월 독일제국의 초대 총리가 되어 1890년까지 이 지위를 독점하였다.

18 프란치스코 크리스피(Francesco Crispi, 1818~1901)는 이탈리아 정치가로, 1870년 이탈리아 통일에 기여한 주요인물이다. 1887~1891년, 1893~1896년 두 차례 이탈리아 수상으로 임명되었다. 크리스피는 비스마르크를 존경하여, 내각 수상으로 있을 당시 독일과 동맹(삼국동맹)을 체결했다. 이탈리아 국민은 삼국동맹이 범게르만주의로 흐르는 것을 유도한 크리스피를 비판했다.

감소했습니다. 대신, 먼 옛날 적대관계에 있었던 게르만 민족에 대한 증오가 재발했습니다. 삼국동맹[19] 이후에도 여전히 이탈리아 국민은 프란츠 요제프[20]와 오스트리아를 증오하고 혐오했습니다. 마찬가지로, 오스트리아 티롤주의 주도인 인스브루크를 방문하면, 오스트리아인이 독일인을 저주하며 부르는 죽음의 장송곡을 들을 수 있다고 합니다.

롬브로조[21]는 "이탈리아는 하나의 국가입니다. 그러나 통일된 국가는 아닙니다. 이탈리아의 특정 지역은 정치적 통일과 함께 발전했지만, 대부분의 지역은 여전히 정체되고 낙후되어 있습니다"라고 지적했습니다. 1870년 군주제의 강화는 과도한 중앙집권화를 야기했습니다. 결과적으로, 대다수가 소수 집단의 이익에 맞추어야 했습니다. 한편에선 지나친 응집 현상이, 다른 편에선 과도한 출혈 현상이 나타났습니다. 군중이 얻는 것은 거의 없었습니다. 1870년 정치개혁이 국민의 복지를 보장해 주지 못했습니다. 결국 실질적인 개혁이 아니었다는 것을 증명해 줍니다. 배부른 자의 횡포로 인하여, 국가의 주권은 비참한 조롱거리로 전락합니다. 공정한 법이란, 국민의 한 손에는 선거권을, 다른 손에는 빵을 보장해주는 법입니다. 통일정치로 이득을 보는 계층은 사르데냐섬[22]의 왕족, 궁중의 귀족, 정치인, 그리고 금융업자입니다. 미천한 소인들은 언제나 동일한 삶을 유지합니다. 즉, 열심히 노동하는 일벌이 있는가 하면, 먹이를 취하기만 하는 꿀벌이 있습니다. 마찬가지로, 비천한 자는 씨를 뿌리고, 세력가는 수확합니다. 사회적 약자는 싸우다 죽는 반면, 강자는 힘과 영광을 획득합니다.

---

19 1882년부터 1915년까지의 독일·오스트리아·이탈리아 3국 간에 체결된 방어 비밀동맹.

20 프란츠 요제프 1세(Ferenc József, 1830~1916)는 오스트리아 제국(재위: 1848~1867) 및 오스트리아-헝가리(재위: 1867~1916) 제국의 황제이다.

21 체사레 롬브로조(Cesare Lombroso, 1835~1909)는 19세기 이탈리아의 범죄학자, 법의학자, 범죄인류학자이다. 세계 최초로 범죄인의 성격을 연구하였다.

22 사르데냐섬은 1861년에 이탈리아의 영토로 합병되고, 통일 이탈리아 왕국의 중심지가 되었다.

오늘날 이탈리아는 요동치고 있습니다. 한편에선, 게르만 제국주의를 꿈꾸었던 크리스피의 정신을 계승하고자 합니다. 그들은 공격적이고 정복적인 강대국을 세우고자 합니다. 반대편에서는, 마치니의 인류애적인 연설에 영감을 받습니다. 군사제도가 없는 평화롭고 순수한 민주주의 공화국을 세우는 것을 선호합니다. 정치적 격변기에는 사회적 투쟁이 수반되는 법입니다. 문명국에서 흔히 볼 수 있듯이, 파업이 일어나기 시작했습니다. 마치 미래에 있을 위대한 혁명을 준비하는 서곡처럼 말입니다. 프랑스와의 관세 전쟁, 잔인한 식민 정복 전쟁, 과도한 세금에 대한 투쟁은 수많은 시민의 눈물과 희생을 요구했습니다. 때로는 굶주린 군중이 봉기했습니다. 무시무시한 대중의 인파가 퀴리날레 궁전[23]의 벽을 무너뜨리고자 거리로 나왔습니다. 종종 일자리와 빵을 외치는 노동자를 향해 울리는 총소리와 칼소리도 들렸습니다. 나폴리, 밀란, 시실리아는 노동자, 부녀자, 어린아이의 피로 붉게 물들었습니다.

시인 라마르틴[24]의 예언대로, 20세기 이탈리아를 몰락한 폐허나 죽은 자의 땅으로 인식하는 사람은 없을 것입니다. 이탈리아 국민은 풍요로운 피와 충만한 민족성을 소유했습니다. 그들의 힘과 능력은 국내를 벗어나 해외에서 새로운 국가와 식민지를 세우는 것으로도 증명되었습니다. 영국이란 나라를 보십시오. 쇠퇴한 민족은 인접 지역에서 벗어나지 않습니다. 조상이 물려준 집에 영원히 체류하기를 고집하며, 전설이 된 과거의 영광에서 벗어나지 못하며, 결국 비참한 어둠 속으로 사라져 갑니다. 반대로, 활기찬 민족은 생을 번식하고, 이동하며, 변화합니다. 그러므로 이탈리아는 진화하며 성장한 민족입니다. 즉, 포악한 고대 로마 군인의 모습을 극복했습니다. 창조적인 이민자로 진

23 퀴리날레 궁전(Palazzo del Quirinale)은 1870년까지 교황의 여름 별장으로 사용되었으나, 1870년 이탈리아 군주제가 교황령을 정복한 이후 1946년까지 국왕의 궁전으로 사용되었다. 오늘날에는 대통령 공식 관저로 사용되고 있다. 로마의 일곱 언덕 가운데 가장 높은 퀴리날레 언덕 위에 세워져 있다.

24 라마르틴(Alphonse Marie Louis de Prat de Lamartine, 1790~1868)은 프랑스 낭만주의 시인이다.

화해, 땀과 노력으로 아메리카 민족을 형성했습니다. 아메리카 대륙의 동쪽으로 인구를 확장시켜, 여러 국가를 장악하며, 성장했습니다. 그들은 환경에 대한 적응력, 동화력, 번식력을 소유했고, 또한 식민 건설가적 능력을 갖추었습니다. 이탈리아 민족은 '국가를 탄생시키는 사람', '민족에 생기를 넣어 주는 자'라는 명칭이 어울리는 민족입니다.

그러나 이탈리아의 역사적 사명은 단순히 해외에 국가를 세우는 것에 머무르지 않았습니다. 언제나 본토와 형제를 기억했습니다. 고대 르네상스 문화를 꽃피운 용감하고 관대한 이탈리아 영혼은 현재까지 위축되지 않고 지속되었습니다. 그라쿠스 형제[25]가 탄생한 곳에 오늘날 위대한 용사들이 탄생했으며, 엄격한 정의의식이 자라고 있습니다. 학자, 예술가, 진리와 미의 탐구자들이 탄생했습니다. 그리스가 몰락하자, 이탈리아는 세계적인 지식의 생산지로 성장했습니다. 조상의 우수한 잠재력을 물려받은 이탈리아가 미래에 이루지 못할 것이 있을까요? 알렉산드로 볼타는 건전지를 발명했고, 세키는 원판을 고안했으며, 카노바는 대리석을 조각했습니다. 또한, 로시니는 조화로운 음계를 창조했고, 레오파르디는 시문의 완성도를 높였고, 지오베르티는 사색하는 법을, 지오르다니는 산문시를 발전시켰습니다. 고대 이탈리아는 호라티우스의 포도밭이 무성하게 자라고, 비르질리오의 꿀벌이 노래하는 아름다운 땅이었습니다. 미래의 이탈리아는 부와 상업의 새로운 중심지로 대표될 것입니다.

III

지난날 우리가 프랑스를 동경했다면, 오늘날 우리의 눈길은 이탈리아를

25 그라쿠스 형제 시기(기원전 133~121년까지의 시기) 티베리우스 그라쿠스(TiberiusGracchus)와 그의 동생 가이우스 그라쿠스(Gaius Gracchus)가 로마의 호민관으로 지내면서 서민을 위한 토지개혁과 사법개혁을 추진하였다.

향하고 있습니다. 인류는 위대한 날짜에 적응하며 진화하기 때문입니다. 7월 14일과 9월 20일은 인류 역사의 방향을 결정지었습니다. 두 날짜는 구체제의 종식과 신정 정치의 몰락을 의미했습니다. 먼저, 프랑스 시민은 1789년 7월 14일에 바스티유를 함락시켰습니다. 비슷하게 이탈리아 시민은 1870년 9월 20일 로마의 피아 문[26]을 깨고 이탈리아반도의 통일을 완성시켰습니다. 단순히 프랑스와 이탈리아, 두 나라의 진보를 위한 싸움이 아니었습니다. 인류 전체에 유익을 남긴 혁명이었습니다. 오늘날 9월 20일은 이탈리아 정치 통일보다 큰 세계사적 의미로 기념되고 있습니다. 바티칸 앞에 위치한 퀴리날레 궁전은 신앙에 도전하는 이성을 상징하게 되었습니다.[27]

독일 황제 헨리 4세는 로마 교황 그레고리오 7세 앞에서 굴욕적인 항복을 했습니다. 참회자의 의복을 입고, (하이네의 발라드에 맞추어) 맨발로 행진을 하며, 복종과 회개의 몸짓을 동반한 주기도문을 외웠습니다. 그러나 그의 내면은 분노를 억누르고 비밀스러운 복수를 맹세하고 있었습니다. 언젠가 자신이 충성과 애정을 바친 게르만의 토지에서 한 영웅이 탄생할 것이며, 그가 도끼를 움켜쥐고 로마라는 무자비한 히드라 괴물을 쓰러뜨릴 것이라는 예언을 중얼거렸습니다.

그리고 예언은 성취되고 있습니다. 오스트리아는 패배했고, 이탈리아는 통일을 성취했습니다. 프로이센의 승리로 인해 교황은 세속적 권력을 상실했습니다. 교황은 '영원한 도시'에 사는 평범한 주민으로 전락했습니다. 그러나 일시적인 현상에 속지 마십시오. 교황은 결코 굴복하는 법이 없습니다. 단순한 로마 시민의 구성원으로 살지 않습니다. 언제나 자신을 막강한 경쟁자로 부각시킬 것입니다. 저급한 국왕은 물질적 부를 상징하지만, 성스러운 교황은 최

---

26 1870년 9월 20일 이탈리아 군대가 피아(Pia) 문을 뚫고 로마를 함락시켰다. 이 사건은 교황 비오 9세의 패배를 알렸고, 이후 1871년 7월 1일에 이탈리아 정부는 수도를 피렌체에서 로마로 이동했다. 이로서 이탈리아반도 내에서의 통일이 성취되었다.

27 1870년 바티칸 습격 사건 이후, 퀴리날레 궁전은 교황의 세력에 대한 저항의식으로 상징되었다.

고의 도덕적 가치를 상징한다고 믿기 때문입니다.

정부가 교회와 정면으로 부딪힐 때, 두 가지 현상을 기대할 수 있습니다. 첫째, 무조건 굴복하는 태도입니다. 둘째, 무분별하게 반란을 일으키는 태도입니다. 그러나 이탈리아의 경우는 이와 달랐습니다. 이탈리아 통일 정부는 교회와의 연결 고리를 절단하고 세속 정부를 설립하는 대신에, 종교적 전통을 인정하는 절충의 길을 선택했습니다. 결과적으로, 풀리지 않는 모순과 의문, 그리고 미성숙한 분쟁 안에 갇히게 되었습니다. 이탈리아 통일 정부를 설립한 사람들은 진실을 고수하지 못하고, 위선적인 과오를 범했습니다. 교황의 권력을 폐지시켰지만, 가톨릭을 국교로 인정하는 위선을 범했습니다.

스스로를 교회의 자녀로 인식하는 순간, 교황을 아버지로 인정해야 합니다. 빅토르 마누엘은 자신을 '교황의 아들인 동시에 혁명가'로 독특하게 포장했습니다. 그는 교황의 옷을 벗기자마자, 다시 신의 축복을 청했습니다. 세속적인 혁명에 참가했지만, 결국 종교의 도움을 외치며 죽었습니다. 아들인 움베르토 역시 아버지와 유사한 길을 걸었습니다. 차이가 있다면, 갑작스러운 죽임을 당한 움베르토는 참회의 시간을 갖지 못했습니다. 현 군주는 신앙이 돈독한 어머니 밑에서 충실한 교육을 받았습니다. 그의 어머니는 가톨릭 의식으로 승인된 신부만을 인정했습니다. 불행하게도, 이탈리아 민족은 언제나 악한 '헨리 8세'만을 왕으로 섬겼습니다. 게다가 더 불행한 일이 있습니다. 1870년 로마 습격이 1848년 프랑스 2월 혁명과 같은 민중을 위한 공화주의 혁명이 아니었다는 사실입니다. 만일 가리발디였다면, 이러한 상황에서 과감한 해결책을 제시했을 것입니다.

신뢰할 수 없는 정치 환경에서는 우스꽝스럽고 슬픈 일이 발생합니다. 무방비 상태로 패배한 교황은 조롱의 대상이 되었지만, 여전히 위협적인 걸림돌로 군림했습니다. 이탈리아 정부는 다시 교황 앞에 굴복하고 타협할 처지에 놓였습니다. 희미한 불빛에 의지해 항해하는 힘없는 소형 선박이 또 다른 낡은 거대한 배를 끌고 가야 하는 처지가 되었습니다.

황제와 국왕은 교황에게 토지를 선사합니다. 마치 가구를 선물하듯이 말입니다. 교황 앞에는 사람들이 배치되어 있습니다. 마치 목자가 양 무리의 길을 통제하듯 말이죠. 교황은 교황령을 자신에게 속한 유산으로 생각합니다. 선대에서 후대로 계승되는 합법적인 토지 상속권을 요구합니다. 교황은 권력의 절대성을 행사하며 정치질서를 장악합니다. 영원히 자신의 권력을 보유하고 강화하기를 꿈꾸고 있습니다. 세력의 영속화를 위해 힘쓸 뿐, 타인의 지시나 제안은 인정하지 않습니다.

교황은 스스로를 하늘의 대사이자, 신의 임무를 수행하는 자라고 인식합니다. 교황은 국가에 대한 책임도 무시하고, 시민의 의무도 따르지 않습니다. 국내에서 비난을 받으면, 주저하지 않고 이웃 나라의 도움을 요청합니다. 로마 시민이 교황 비오 9세에게 총을 겨누었을 때, 어떻게 반응했습니까? 비오 9세는 에스파냐, 오스트리아, 프랑스 군대를 불렀습니다. 오늘날도 마찬가지입니다. 비오 10세가 교황령의 권력을 복구하고자 한다면, 외국 원정군을 요청할 것입니다. 먼저 영국의 개신교 국왕, 그리스 정교회인 자르 황제, 혹은 자유사상가인 에밀 루베에게 통보할 것입니다. 필요하다면, 아르메니아와 마케도니아 기독교 순교자의 피로 머리부터 발끝까지 물들인 이슬람교의 술탄[28]에게 도움을 청할 것입니다. 교황은 개신교를 학대하는 이슬람의 손을 두려워하지 않습니다. 이슬람교 신자가 베드로 성당에 은화 12그램을 헌납하거나, 교황의 적대자를 제거하러 온다면 언제든지 환영할 것입니다.

절대성을 믿는 순간, 오류를 수정할 수 없습니다. 잘못된 판단은 영원히 굳어버립니다. 교황 비오 9세는 '절대로 불가능한 일입니다'라고 고집스럽게 외쳤습니다. 그러자 레온 8세도 '절대로 불가능한 일입니다'라고 더듬거리며 중얼거렸습니다. 교황 비오 10세도 동일하게 말했습니다. 미래의 후계자들도 반복할 것입니다. 자신이 초자연적인 권력을 소유했다고 믿는 순간, 성서적인 온유함을 잃어버립니다. 로마 교황이 '신성권리'를 박탈당하는 순간에 터뜨릴 병적

28 술탄(Zultan): 이슬람교의 종교적 최고 권위자인 칼리프가 수여한 정치적 지배자의 칭호.

인 분노를 상상해 보십시오. 시민은 교황을 분노하고 비웃을 것입니다. 그러나 교황청의 전통적 환경과 바티칸 거주자의 정신세계를 충분히 이해한다면, 그들을 이해하고 심지어 용서할 수 있습니다. 성 베드로의 후계자들은 로마뿐 아니라 이탈리아, 유럽, 전 세계를 합법적 토지로 상속받는다고 믿습니다. 교황은 지상을 신으로부터 물려받은 자신의 영토로 간주합니다. 교황의 눈으로 바라본 인간은 무분별하고 미성숙한 생명체일 뿐입니다. 로마 교황청은 때론 이성적으로, 때론 무력으로 시민을 훈계합니다. 자신들이 국민 전체의 삶과 죽음의 방향을 결정한다고 믿습니다. 요약하자면, 가톨릭의 이상은 다음과 같습니다. '로마 위에 왕좌가, 왕좌 위에 교황이 있습니다. 대우주는 교황의 발아래 있습니다.'

HORAS DE LUCHA

제2부*

* 마누엘 곤살레스 프라다는 가장 급진적인 성향의 사회, 정치적인 글을 『투쟁의 시간』의 제2부에 수록했다. 이 가운데 「우리의 원주민」이란 제목의 글은 1904년에 집필했으나, 작가의 사후에 부인이 1924년 판본에 첨가하였다.

1. 우리의 언론

I

국제형사기구는 한 나라의 쿠데타를 통제하고 위기에 놓인 제국의 독재체제를 종식하는데 필요합니다. 이러한 국제기구의 설립을 추진하지 않는 이유는 우리의 무분별하고 악한 타성에 길들여진 오만함 때문일 것입니다. 이때 우리가 할 수 있는 일이란, 저자들, 특히 기자들이 일종의 위생협회를 결성하도록 도와주어 정치적 독가스로 오염되어 있는 대기를 정화하도록 유도하는 것입니다. 그러나 과연, 우리나라의 기자들이 이와 같은 위업을 수행하는 데 필요한 충분한 성품을 소유하고 있는가가 문제입니다. 확고한 신념도 없는 글쟁이에 불과하며, 정신적 혼돈 가운데 진실을 잃어버린 이들이 말입니다. 새로운 '위생협회'에 필요한 지식을 습득하기 위해서라도, 충실한 인품이 요구되는 법입니다. 이때의 충실함이란, 하나의 원칙을 고수하는 것, 혹은 적어도 그가 속한 정당 사람에 대한 충성심을 지키는 것을 의미합니다.

일반적으로 사람들은 재능이 인격적 미성숙으로 인해 감소한다고 생각하지 않습니다. 그리고 예술 작품은 작가의 도덕적 인증을 지닐 필요가 없다고 생각합니다. 베드로 성당의 원형 천장과 모세 조각상, 그리고 시스티나 성당의 벽화 속에서 우리는 미켈란젤로의 다채롭고 위대한 창조자로서의 면모를 발견합니다. 그러나 엘 에스코리알 수도원의 작품 〈그리스도〉를 감상하면서, 조각가 벤베누토 첼리니[1]의 잔혹성을 감지할 수 없습니다. 호세 데 리베라의 그림 〈성 바르톨로메의 순교〉[2]에는 화가의 도덕적 왜곡성이 발견되지 않습니다. 그리고 오페라 〈세비야의 이발소〉 악보 안에서 작곡가 로시니의 탐욕과 인색함을 인지할 수 없습니다.

마찬가지로 과학적 진실과 철학적 방법론이 주는 탁월한 장점은 이를 표명하는 이론가의 인격이 저급하다고 할지라도 그 가치가 폄하되지는 않는다는 것입니다. 다윈과 콩트의 예를 들어 설명할 수 있습니다. 설령 그들 자신이 범죄적이고 천박하다는 평가를 받는다 해도, 이로 인해 다윈의 진화론이 개연성에서 멀어지거나, 혹은 콩트의 실용주의가 포괄할 수 있는 진실의 범위가 축소되지는 않을 것입니다.

예술가와 학자는 스스로를 위한 인위적인 환경을 만들고, 아름다움과 진리를 추구하는 내면적 사색 가운데 심취합니다. 한마디로, 자신의 작품을 고안하고 창조하면서, 자기 암시를 하게 됩니다. 이러한 예술적 고양에 의거하면, 사악한 영혼과 마음을 지닌 사람에게도 훌륭하고 아름다운 작품이 탄생할 수 있습니다. 마치 두 개의 검은 숯덩어리가 전류에 관통하면서, 활모양의 찬란한 빛을 발산하는 것처럼 말입니다. 반면에, 정치 영역에서 이러한 현상은 찾아볼 수 없습니다. 정치계에서 한 작품은 작가의 인품을 있는 그대로 보여 줍니다. 마치 결과 안에 원인이 드러나듯, 인격은 행동 안에 표현 됩니다. 예를 들어, 티에르[3]의 교활하고 잔인한 마음은 파리코뮌 진압사건 속에 그대

---

1 벤베누토 첼리니(Benvenuto Cellini, 1500~1517)는 이탈리아 피렌체의 르네상스 조각가이자, 매너리즘을 대표하는 중요한 화가 중 한 명이며, 대표작으로는 청동상 〈메두사의 머리를 든 페르세우스〉(1545~1554)가 있다. 이 글에서 언급하는 작품 〈그리스도〉(1562)는 십자가에 못 박힌 그리스도의 모습을 다룬 대리석 조각이며, 현재 에스파냐의 산 로렌소에 위치한 수도원(La Basílica de El Escorial)에 보관되어 있다.

2 〈성 바르톨로메의 순교〉는 에스파냐 화가, 호세 데 리베라(José de Ribera, 1591~1652)의 1644년 작품이며, 육체적 고문을 당하는 잔혹한 순교의 현장을 사실적으로 묘사한 그림이다.

3 티에르(Louis-Adolphe Thiers, 1799~1877)는 프랑스 정치가이자 역사가이다. 1821년 프랑스 기자로서 활동했고『프랑스 혁명사』(1823~1827)를 집필하여 명성을 얻었다. 1871년 나폴레옹 3세 몰락 후, 국민의회에 의해 행정장관으로 임명되었다. 이후 발발한 1871년 파리 코뮌의 무산자정

로 폭로되었습니다. 또한 에밀리오 카스텔라르[4]의 우유부단한 성격은 그의 허망했던 대통령 주재 기간에 반영되었습니다. 원칙은 이를 변호하는 개인의 성품으로 인해 더욱 돋보이는 법입니다. 어떤 개혁안이 유익하고 이행가능해 보여도, 개인의 신용이 실추되고 나면 모든 것이 실패로 돌아가곤 합니다. 반면에 개혁가가 종교적 사도와 같은 명성을 획득하면, 아무리 어렵고 실현 불가능한 변혁안도 충분히 완수될 수 있습니다. 선한 결과물일지라도 그것이 악한 마음에서 비롯되었다면, 우리에게 불신과 두려움을 야기하는 것입니다.

만일 개인의 인격이 중요하게 여겨지지 않는다면, 어떠한 이유로 모든 공인은 의로운 체하며 과시하는 걸까요? 또한, 현장에서 한 손에는 귀중품을 쥐고, 입술로는 부정의 말을 내뱉은 채 발견된 범인조차도, 끝까지 스스로의 절도와 불의를 인정하지 않는 이유는 무엇입니까?

II

위에서 언급한 사회적 공인 중에는 신문 기자도 포함되어야 할 것입니다. 기자는 국가 행정적 업무를 책임지거나 정치적 기능을 수행하지는 않습니다. 그러나 우리 시대에 직접적인 영향력을 행사하고, 사회적 사건들을 주도적으로 이끌어 가는 사람입니다. 사상과 실제적 사건의 영역에 있어서, 신문 기자의 활동만큼 신속하고 효과적인 것은 없습니다. 책을 집필하는 저자가 한정된 수의 독자, 혹은 교화된 독자만을 상대하는 반면, 기자는 대중 전체와 끊임없는 소통 속에서 살아가는 존재이기 때문입니다. 오늘 그가 하나의 사상을 소개했다면, 내일은 그것을 강조할 것이고, 계속해서 그의 사상을 주장할 것입

부를 탄압하여 내란을 수습하였다.

4 에밀리오 카스텔라르(Emilio Castelar)는 무질서와 무정부 시절을 보냈던 에스파냐 제1공화국 시대의 4번째 대통령에 취임하였고, 4개월간의 짧은 임기(1873년 9월~1874년 1월)를 유지했다.

니다. 그리고 대중의 뇌 속에 그의 생각을 주입시킬 것입니다. 그는 가장 단단하고 두꺼운 두개골에도 구멍을 낼 수 있습니다. 이처럼 오랜 시간에 걸친 기자의 집요한 글쓰기의 위력 앞에서 어떤 독선적이고 미신적인 생각이 사실처럼 받아들여지지 않겠습니까? 우리는 많은 경우를 통해서, 의회의 토론이나, 판사의 법령이나, 또는 군사적 반란의 힘으로도 실행될 수 없었던 사건들이 단지 한 명의 기자가 쓴 간단한 논설로 인해 현실화되는 것을 보았습니다.

대중은 독서를 통해 성장할 수 없고 또한 이를 원하지도 않습니다. 따라서 대중에게는 신문이 유일한 지적 양분이 됩니다. 수많은 사람들은 날마다 일간 신문을 접하고, 이를 차곡차곡 보관해 둡니다. 그들에게 신문은 정보와 의견의 전달자이자 좋은 친구가 됩니다. 한 권의 책도 접근하기 어려워지자, 이를 대신해 한 장짜리 인쇄물을 가벼이 넘기는데 만족하게 되었습니다. 우리 사회는 학자의 엄중한 목소리 대신, 대중의 비위를 맞추는 기자의 소리가 지배하게 되었습니다. 오늘날 신문 기자는 성직자보다도 더 큰 영향력을 가지고 사람들의 영적 방향을 주관합니다. 타르드[5]가 말하기를, 단지 한 촉의 펜이 천명의 입을 움직이기에 충분하다고 합니다. 나아가 수많은 지식인을 흥분시키고, 수많은 노동자를 무장시키기에 충분하다고 합니다. 아무도 신문지상에 유포된 사상이 도달할 수 있는 경계 범위를 측정할 수 없을 것입니다. 마치 대양 한복판에 우뚝 선 바위에 비유할 수 있습니다. 이 바위의 실체를 추적하고자 할 때, 깊은 심해를 측정할 수 없는 것과 마찬가지입니다.

언론을 강에 비유하면, 처음에는 분산된 물줄기를 내어, 제각기 다른 의견들을 포괄할 수 있게 합니다. 그리고 이들을 통합하고, 공적의견이란 형태를 갖추어, 마침내 누구도 저항할 수 없는 하나의 강을 이루게 됩니다. 위에서 언급한 타르드는, "문학이 한 국가의 존재를 증언하는 역할을 담당한다면, 신

---

5 장 가브리엘 타르드(Jean Gabriel Tarde, 1843~1904)는 프랑스의 사회학자이자 범죄학자이다. 주요 저서로는 『사회논리학』(1895), 『여론과 군중』(1901)이 있다.

문은 국민적 생명력을 자극하고, 정신과 욕망의 내적 영역에 광범위한 변화를 유도하여, 결과적으로 우리 일상생활에 거대한 변동을 초래한다"고 지적합니다. 언론은 한 민족의 공동체적 정신세계를 형성해 줍니다. 나아가 우리에게 인류라는 의식을 심어줍니다. 전신기와 신문의 보급으로 인해 위대한 사건이나 흉악한 범죄 행위가 일어난 후에는, 이에 대한 칭송 혹은 비난이 전 세계에 일시적으로 전달됩니다. 매 순간마다 우리는 지구의 심장박동 소리를 듣는 것입니다. 이제 우리는 모든 이들의 인생에 대해 알게 되었기에, 어느 특정 도시에 속한 이웃이라는 이기심을 극복하고, 우주 속의 관대한 주민이라는 인식으로 거듭나게 됩니다.

일간지에는 서로 상반되는 요소들이 한곳에 집약되어 있습니다. 이를테면, 아테네 광장과 로마의 중앙광장, 원형경기장과 전쟁터, 식물원의 공기와 저수지의 악취, 또는 연극 피날레를 밝혀주는 빛과 생체해부에 쓰이는 수술용 메스 등, 이러한 요소들이 동시에 집결되어 있습니다. 마치 삶의 축소판 인양, 선과 악, 정의와 불의, 비극과 희극의 혼합체를 포괄하는 공간입니다. 우리는 이러한 일간지 안에 초월적 힘이 존재한다는 것을 인식해야 합니다. 언론의 힘은 군주, 의회, 법관, 심지어 국가보다도 더 우월합니다. 언론의 가치를 평가하기 위해서, 신문이 부재한 현대사회, 혹은 기관차 없는 화차를 상상해 보기로 합시다. 이러한 비유가 진부해 보일 수 있지만, 언론이란 문명화된 사회와 유사성을 지니고 있습니다. 만일 우리 사회에서 석유, 가스, 혹은 전기를 제거한다고 가정해 봅시다. 가장 문명화된 도시조차도 도적으로 가득 찬 숲으로 탈바꿈할 것입니다. 같은 논리로, 우리가 신문을 없애버린다면, 가장 민주적인 국가에서도 가장 사악하고 포학한 압제자가 출현할 수 있습니다. 나폴레옹, 다른 말로 프랑스 그 자체라고 칭해졌던 독재자의 첫 번째 소망은, "황제의 위대한 침묵"을 그가 속한 사회에 투입시키는 것이었습니다.

그러나 언론은 우리 사회에 막대한 피해를 끊임없이 생산합니다. 통속 문학과 상투적인 문화 양식을 퍼트리고, 대중의 지적 태만을 선동하며, 개인의 창의성을 잠재우거나 말살시킵니다. 많은 사람들은 일간지로부터 특정한 자극을 받기 전까지, 지적 기능을 하지 못합니다. 마치 전자램프가 켜지기 위해서는, 중앙기관에서부터 전류를 보내야 하듯 말입니다. 일간지를 읽는 독자들은 정신적이고 언어적인 요소뿐 아니라 신문지면의 크기, 기사 컬럼의 넓이, 활자의 모양에서도 깊은 영향을 받게 됩니다.

일반적인 경향으로, 어릿광대와 같은 기자들이 대중의 주목을 받습니다. 이들은 정의에 관한 글은 쓰지만 이에 대한 통찰은 없으며, 스스로를 위대하다고 간주하는 반면 사고의 수준은 저급하고, 큰소리로 외치긴 해도 논리가 결여된 사람입니다. 세상은 언어에 의해 매료됩니다. 그리고 불행하게도 가장 공허한 이들의 언어에 도취됩니다. 인류는, 마치 어린아이와 같아서, 소리가 가장 큰 북을 좇아가는 법입니다. 이로부터 평범한 일상 언어에 의해 운행되는 거대한 언론의 순환체제가 형성됩니다.

파리의 『피가로Le Figaro』에서 런던의 『타임지The Times』에 이르기까지, 그리고 『뉴욕 헤럴드The New York Herald』에서 『가세토 데 콜로니아La Gaceta de Colonia』를 포함해서 살펴보면, 이들 중의 몇몇 간행본은 오직 판매를 위해 존재하는 구멍가게나, 혹은 온갖 규모의 거짓말을 모아둔 다락방으로 간주되어 마땅합니다. 강대국이나 약소국이나 가릴 것 없이 국가 예산안에서 특정 금액은 공식적이거나 혹은 비공식적인 기자들에게 할당되어 지불됩니다. 이른바 "파충류들의 자금"이라고 합니다. 예컨대 국제 언론사의 호의 혹은 묵인을 얻을 목적으로, 카보우르[6]와 비스마르크[7]는 이탈리아와 독일을 위한 수액의 비용을 지불했다고 고백했습니다. 만일 어제 발생했던 특정 사건을 40~50종류의 여러 신문들을 통해 접했다고 합시다. 만일 사건이 정부의 정책이나 제정

---

6 카보우르(Camillo Benso di Cavour, 1810~1861)는 이탈리아의 정치가이자 이탈리아 통일의 지도자이다.

7 비스마르크(Otto Eduard Leopold von Bismarck, 1815~1898)는 1866년 프로이센-오스트리아 전쟁과 1871년 프로이센-프랑스 전쟁에 승리를 거두고, 1871년 2월 베르사아유 궁전에서 독일 수상이 되었다.

적인 이득과 관련되었다면, 이에 대한 진실이 투명하게 규명되는 것은 기대할 수 없을 것입니다. 역사가가 어느 인물의 본성을 탐색하고자 할 때, 일상적인 신문지상의 정보만을 의존할 수 있는 경우는 거의 없습니다. 즉, 신문은 한 민족의 심리를 보여 줄 수 있습니다. 하지만, 공인을 둘러싼 진실을 판정하고자 할 때, 신뢰할 만한 증거를 제시해 주는 경우는 매우 희박합니다. 신문 기자는 자신의 "진실"을 소유하고 있지만, 그 진실이 언제나 "진실한" 것은 아닙니다.

프랑스 철학자 푸예[8]는 글에 대한 미신적 숭배에 대해 안타까워합니다. 평소에 그다지 대담하지도, 소극적이지도 않았던 에밀 졸라[9]는, 자신이 두려워하는 유일한 대상은 오직 파리의 『피가로』 신문이라고 솔직하게 표명합니다. 이것은 보편적인 공포이기도 합니다. 예를 들어, 인파로 붐비는 거리 한복판에서 어떤 길거리의 미치광이 혹은 술주정뱅이가 우리를 향해 무례한 말을 퍼부었다고 상상해 봅시다. 우리는 아무것도 듣지 못했던 것처럼, 침착하게 가던 길을 향할 것입니다. 반면에, 위의 얼간이나 주정뱅이가 어느 일간지의 컬럼에 우리를 비방했다고 해봅시다. 우리는 평정심을 잃을 것이며, 명예가 손상되었다고 절망할 것입니다. 우리에게 미치는 명예 훼손의 정도는, 보이지 않는 감추어진 손에 기인했을 때 더욱 해롭습니다. 익명성은, 그것이 광인의 고함이든 신사의 주장이든 구별 없이 공적인 의견의 결과물로 보이게 합니다. 산손 카라스코 학사를 보고 '백월의 기사'로 착각할 수 있고, 갑옷 안에 갇힌 생쥐 소리를 전쟁 용사의 목소리로 오인할 수 있을 것입니다.[10]

"말은 사라지며, 문자는 남는다"는 표현이 언제나 옳은 것은 아닙니다. 석

---

8 푸예(Alfred Fouillée, 1838~1921)는 프랑스 철학자, 사회학자이다.

9 에밀 졸라(Émile Zola, 1840~1902)는 프랑스의 비평가이자 자연주의 소설가이다.

10 세르반테스의 『돈키호테』 2부 68장에 등장하는 산손 카라스코는 '백월의 기사 *El Caballero de la Luna Blanca*'로 변장하여 돈키호테와 결투를 한다. 돈키호테는 결투에 진 조건으로 편력기사로서의 삶과 상상의 여인 둘시네아를 포기하고 고향으로 돌아가게 된다.

가모니, 소크라테스, 예수는 글을 쓰지 않았습니다. 또한, 수많은 사람들이 글을 남겼지만, 아무도 기억하지 못합니다. 그럼에도 불구하고, 사람들은 인쇄 상에 노출된 거짓과 무지가 입으로 내뱉어진 거짓과 무지와 똑같은 위력을 발휘한다는 것을 좀처럼 인식하지 못합니다. 오랜 시간 동안 우리는 일간지에 인쇄된 문자에 대한 신성한 경외감을 간직하며 살아온 것 같습니다. 오늘날 올림푸스 산에 거주했던 신과 여신들이 모두 사라졌다면, 오늘날에는 술의 신과 활자의 여신이 우리 사회에 거주하며 통치하고 있습니다.

III

진실과 정직이 부재한 리마의 일간지에는 악인들이 두드러지게 보입니다. 그들은 일관되게 명확한 의견 없이 대립되는 찬반 모두를 변호하는 자며, 가장 혐오할 만한 불법거래를 이용하는 횡령꾼이고, 은행, 철도회사, 기선회사, 그리고 이 밖의 독점판매권과 이익금을 남용하는 기업들의 대변자입니다.

과연 리마의 어떤 기자가 한 원칙을 고수하는 대표자로 인식될 수 있을까요? 산악 지방 태생의 보수주의자로 살던 리마의 기자는, 다음 날 아침에 지롱드 혁명 당원으로 다시 태어날 수 있습니다. 독재 군주 옹호자로 잠들었다가, 이튿날 아침 무정부주의자로 깨어날 수 있습니다. 자유주의자가 보수주의 신문사에, 혹은 극단적 보수주의자가 자유주의 혁명 신문사에 글을 쓸 수 있습니다. 급진적 프리메이슨 기자가 어느 날 갑자기 『영혼의 양식El Pan del Alma』 혹은 『성직자의 벗El Amigo del Clero』[11]과 같은 가톨릭 잡지에 자신의 글을 기고한다 해도 놀라지 않을 것입니다. 리마의 저명하다는 정치 기자들은 방황하는 분자들과 같습니다. 오늘은 고체 결정체를 이루는가 하면, 내일은 액체, 그다음 날은 기체와의 조합에 합류하는 것입니다.

---

11 페루의 대표적인 가톨릭 정기 간행물이다.

어떤 기자들은 연민과 혐오감을 동시에 느끼게 합니다. 곱사등이 어릿광대는 30~40년 동안 똑같은 저속한 농담을 반복하며, 같은 공중도약과 묘기를 보여주고, 뱃속에서는 언제나 촌스럽고 알록달록한 끈을 꺼내어 보이지 않습니까. 그들이 거리를 횡보할 때에는, 죽음과 대지 사이에 맞붙은 전쟁을 통보하는 격입니다. 죽음은 이들을 땅속으로 떠밀고, 대지는 혐오감으로 이들을 거부합니다. 기자란 이득을 좇아 움직이는 존재입니다. 그들은 언론이란 원칙을 믿는 것이 아닌, "산업적인 기업체"라고 믿는 경솔한 사고방식을 가지고 있습니다. 시민당 당원에서 민주당 당원으로 변할 수 있고, 반군에서 정부군으로 입장을 바꿀 수 있습니다. 근본적인 변화 없이 단순히 표면적인 탈바꿈을 할 뿐입니다. 마치 독사가 자신의 피부를 벗길 때, 내부의 악한 독성은 줄이지 않고 보유하는 것과 같습니다. 리마의 신문 기자는 광대일 뿐 아니라 중세의 군인을 연상시킵니다. 중세의 군인은 금전을 제공받는 조건으로 칼을 들었습니다. 마찬가지로, 오늘날 기자는 장려금을 수여받거나 사적인 호의금을 받는 조건으로, 자신의 펜을 세웁니다.

진실과 정직이 결여된 곳에는 거의 언제나 극단적인 무지가 동반합니다. 나아가, 자만으로 가득 찬 무지는 불성실과 분리된 채 존재할 수 없습니다. 성실한 영혼의 소유자라면 가르치기 전에 배우고, 모르는 것은 가르치지 않습니다. 만일 펜을 빌려 생각을 판매하는 행위가 범죄일 수 있다면, 소유하지도 않는 지식을 무지하고 단순한 사람들에게 거짓으로 전달하는 것 역시 범죄일 수 있습니다.

어떤 사람이 유럽에서 발간된 여러 신문을 접해본 뒤에, 리마의 신문을 읽는다고 상상해 봅시다. 그는 예술 애호가가 느낄 법한 인상을 받게 될 것입니다. 즉, 음악 애호가가 훌륭한 오페라를 듣고 홀에서 나오는 순간, 중국음악의 날카로운 불협화음을 듣는 경우입니다. 굳이 먼 구대륙과 비교할 필요가 있겠습니까? 정보 면에서 평가하자면, 우리나라의 6~7개의 신문을 합쳐서 하나로 간주한다 해도, 부에노스아이레스의 일간지 『나시온La Nación』이나 『프렌사La Prensa』의 수준에 견줄 수 없습니다. 사상의 영역에서는, 칠레의 신문과도 그 수준을 비교할 수 없습니다. 산티아고의 『레이La Ley』와 경쟁할 만한 리마의 일간지는 존재하지 않습니다. 리마에서는 『디아리오El Diario』에 실린 논설이 『코메르시오El Comercio』로 옮겨질 수 있으며, 『오피니온La Opinión』에 출판된 글이 『비엔 소시알El Bien Social』 신문사로 이동될 수 있습니다. 그럼에도 불구하고, 대중들은 이런 변동을 전혀 알아채지 못할 것입니다. 편집자조차도 자신의 신문이 다른 이름으로 출판되었다 해도, 그 변화를 인식하지 못할 것입니다. 이와 유사한 일은 개인에게도 일어날 수 있습니다. 예를 들면, 많은 이들이 평범하고 흔한 외모를 가지고 있습니다. 이들 중 한 사람의 몸 위에 다른 이의 머리를 바꾸어 놓는다고 합시다. 스스로의 모습을 거울에 비춰 보면서도, 그들은 아무런 변화도 깨닫지 못할 것입니다.

이러한 일은 거대한 정치적 격동기나 불법 거래가 성행하는 시기에 흔히 일어납니다. 이 시기의 여러 일간지는 다른 출판사에 실린 글을 재생산하며 생계를 유지합니다. 만일 처음으로 펜을 든 작가가 이후 다른 이들과 같을 글을 쓸 것이라고 미리 예견된다고 합시다. 사람들은 더 이상 글쓰기에 몰두하여 노력할 필요가 없다는 당연하고도 편리한 조치를 받아들일 것입니다. 동일한 약제를 취급하는 판매자는 같은 광고를 반복하고, 날마다 같은 싸구려 물품을 파는 장사꾼은 동일한 감언이설을 늘어놓는 것과 같습니다. 여기서 캄포아모르[12]의 시구를 적용해 볼 수 있습니다. 시인의 "모든 것은 하나이며, 모든 것은 동일하다"는 표현처럼, 기자들에게는 굳이 종교적 금식과 소화불량 간의 뚜렷한 차이가 없습니다. 또한 달콤한 완곡어법을 첨가한다면, 반정부주의자와 친정부주의자 간의 구별도 지울 수 있습니다.

예로부터 노파가 충돌 사고로 머리가 깨졌다고 하면, 그 책임을 볼테르와 루소에게서 묻곤 했습니다. 사람들은 지상에서 일어난 모든 악덕의 원인이 이

12 라몬 데 캄포아모르(Ramón de Campoamor, 에스파냐, 1817~1901)는 에스파냐 시인이자 사상가이다.

들에게 있다고 믿었기 때문입니다. 반대로, 좋은 일에 대한 영예는 신에게로 돌렸는데, 신이 기력에 넘치고, 기적을 일으킬 만한 긍정적인 기운을 지녔기 때문이라는 것입니다. 오늘날 반정부주의 기자들의 견해에 의하면, 나병과 같은 질병이 생기거나, 지진이 돌발하면, 정부가 책임을 져야 합니다. 반면에 친정부주의자의 입장에서는, 만일 페루의 람바에케Lambayeque 지방의 논경지에서 기름진 작물이 재배되거나, 푸노Puno 지역의 숫양이 산후안San Juan 지역으로 이동하여 출산기 동안 두 배의 이득을 얻게 되면, 정부가 그 모든 소득을 생산한 것이 됩니다. 이처럼 모든 사람들은 같은 밀가루 덩어리를 앞에 두고, 서로 다른 견해를 내세우며 다투어 견제합니다. 유일하게도, 정부는 엄숙한 자세를 유지하며, 신문지상에서 흘러나오는 일상적인 찬미의 소리를 감상할 뿐입니다. 자신들이 직접 고용한 길거리 악사가 부르는 유치한 노래를 마치 오케스트라가 총동원된 국민 교양곡이라고 착각하면서 말입니다.

여기에서 몇 가지 요소를 진지하게 살펴보는 것도 나쁘지 않을 것입니다. 기자란 설득되기 쉬운 두뇌를 가진 소박한 사람들에게 영향을 끼칠 수 있는 존재입니다. 마치 양 손안에 점토를 가지고 있듯이, 사람들의 뇌를 반죽하고, 본인이 내키는 방식대로 형태를 만들 수 있습니다. 따라서 기자는 악을 행할 수 있는 주도적인 용이성을 소유하고 있는 것입니다. 흔히, 우리는 외과 의사에게 완벽한 청결함을 요구합니다. 그렇다면, 공적인 기자에게도 동일한 바를 요구할 수 있지 않을까요? 흔히 사람들이 말하기를, "의사 선생님, 당신의 병부터 먼저 치료하시오"라고 합니다.

리마 일간지의 앞날을 전망할 때, 굳이 과장된 비관주의나 부정적인 의도를 갖지 않더라도, 발전에 대한 희망을 품기는 어렵습니다. 우리의 수도 리마에서 긍정적인 사례가 나온 적이 거의 없기 때문입니다. 만일, 민족을 인물의 유형에 비유할 수 있다면, 페루의 아레키파Arequipa 도시는 용맹스러운 군인입니다. 소총을 메고 전쟁터에 나가, 온몸을 피와 알코올과 화약 냄새로 범벅이 된 채 돌아오는 군인의 모습입니다. 이에 비해, 리마는 담배를 입에 물고, 술잔을 비우며, 흙투성이 슬리퍼를 끌고 다니는 늙은 여인을 연상시킵니다. 그리고 이 노파는 세 가지 직분을 동시에 수행하며, 때로는 현실 타협적인 어머니로서, 때로는 매춘 중매자로, 그리고 때로는 수도원의 심부름꾼으로 살아갑니다.

2. 우리의 보수주의자[1]

I

페루의 보수주의자들은 정상적이고 효율적인 단체를 설립하지 못했습니다. 우리는 후퇴한 상태에 머물러 있는 단체에 정당이라는 호칭을 부여할 수 없습니다. 그들은 생각하지 않습니다. 폴드 코크[2]의 소설을 보면, 주인공 아베프리아가 아내를 찾아 돌아다닙니다. 마찬가지로 페루의 정치를 보면, 극단적 보수주의자들이 우두머리를 찾기 위해 방황합니다. 성당의 식탁보와 자물쇠에 "우리에겐 가르시아 모레노가 필요합니다"[3]라는 문구가 새겨져 있을 것입니다.

여러 해 동안 피에롤라[4]는 보수주의자의 메시아였습니다. 사실 피에롤라

---

1 1904년 이 책이 처음 출판되었을 때, 피에롤라는 여전히 정치실력자였으며, 유력한 대통령 후보였다.

2 찰스 폴드 코크(Charles-Paul de Kock, 1793~1871)는 19세기 프랑스 소설가이자 극작가이다. 1867년 마드리드에서 그의 소설 『아베프리아의 아내를 위한 여행담 *El señor Avefría en busca de su mujer. El hombre de los tres calzones*』이 출판되었다.

3 가브리엘 가르시아 모레노(Gabriel García Moreno, 1821~1875)는 에콰도르의 정치가, 변호사, 정치인, 작가이다. 두 차례(1861~1865, 1869~1875) 대통령으로 당선되었다. 가톨릭 신자로서 교회와 성직자의 특권을 강화했다는 이유로 자유주의자의 반발을 샀으며, 1875년 세 번째 헌법 대통령으로 선출되던 해에 암살되었다.

4 니콜라스 데 피에롤라(Nicolás de Piérola, 1839~1913)는 1879~1881년, 1895~1899년 두 차

는 보수주의자들이 원하는 모든 것을 충족시켜 주지는 못했습니다. 단지 교회를 복구시켜 주고, 새로운 주교를 세워주고, 신출내기 성직자가 수도원을 다스리도록 허가했습니다. 게다가 그나마 간신히 남아있던 자유주의 시민법 조항들을 폐지했습니다. 실제로 종교 기관들도 피에롤라 정부에 만족하지 못했습니다. 피에롤라의 손이 미치는 곳마다 혼돈과 사기가 판을 쳤기 때문입니다. 피에롤라의 머릿속에 든 사상은 크레타 미로의 거미줄을 연상시켰습니다. 피에롤라의 사상은 모호하고, 혼돈스럽고, 공허했습니다. 그러나 애초에 보수주의자들은 지도자의 내적 청렴을 기대하진 않습니다. 그들이 동료와 특히 지도자에게 요구하는 것은 그럴듯한 겉포장뿐입니다. 그저 얼룩이나 의심스러운 발진이 없는 겉모습입니다. 오직 현상을 유지해줄 법을 요구합니다. 지도자가 잔인한 송곳니를 가진 괴물일지라도, 단지 온전한 피부를 유지해 주면 됩니다.

로마냐[5]는 보수주의자의 식욕증진제와 같은 역할을 했습니다. 그 시기에, 가르시아 모레노[6]와 라파엘 누네스[7]를 닮은 한 인물(피에롤라)이 등장했습니다. 교권을 지지하는 당에는 희망이 없습니다. 그들은 인간이라기보다 꼭두각

례에 걸쳐 페루 대통령을 역임하였다. 또한 1884년 민주당(Partido Demócrata)을 설립하였다. 1885년 시민당(Partido Civil)과 연합하여 안드레스 카세레스(Andres A. Cáceres)정권에 대항하는 혁명을 일으킨다. 카세레스의 대통령 사임 후, 피에롤라는 두 번째로 페루 공화국 대통령으로 선출된다. 19세기 페루에서 가장 중요한 대통령으로 꼽힌다.

5 에두아르도 로페스 데 로마냐(Eduardo López de Romaña, 1847~1912)는 페루 대통령(1899년~1903년)이었다. 이 로마냐 대통령이 집권하던 1899년부터 1919년까지를 '귀족공화정'이라고 부른다.

6 가브리엘 가르시아 모레노(Gabriel García Moreno, 1821~1875)는 에콰도르의 과야킬 출신으로 두 번에 걸쳐 대통령을 역임(1861년~1865년, 1869년~1875년)했다. 19세기 에콰도르의 보수파의 대표적인 인물이다.

7 라파엘 누네스(Rafael Nuñez, 1825~1894)는 콜롬비아의 정치가, 언론인이다. 1880년 대통령이 된 이후 3차례에 걸쳐 대통령을 역임하였고 이 기간 동안 콜롬비아를 독재적으로 지배하였다. 교회세력을 비호하였고 보수적이며 중앙집권적인 헌법을 제정하여 보수파에 의한 콜롬비아 정치지배의 기초를 닦아 놓았다.

시입니다. 민법학자, 민주주의자, 입헌군주제 옹호자, 거룩한 고위성직자, 심지어 여자 수도원장의 요구에 따라 움직이는 자동인형에 가깝습니다. 용기의 형태에 따라 자유자재로 변화하는 무색, 무미, 무형의 거대한 유동 물체와 같습니다. 토기장이의 의지에 따라, 주전자, 기름병, 포도주병이 될 것입니다. 단지, 청결한 용기는 될 수 없습니다. 만일 스스로의 한계를 극복하고자 노력한다면, 어느 정도 견고해지고, 특정한 형태를 갖출 것입니다. 그러나 유기적인 조직체를 구성하거나, 의식 있는 인격체의 단계에는 이르지 못할 것입니다.

만일 보수주의자들이 지도자를 내세워 국가 기구를 설립한다면, 공화국 전체를 성스러운 교회Sagrados Corazones에 바칠 것입니다. 개인의 자유를 지지하는 법은 폐지할 것입니다. 반대파를 대상으로 잔인한 인간 사냥을 감행할 것입니다. 보수파란, 잠에 취한 사람들로 구성된 집단입니다. 보수주의자들은 비현실적인 꿈속에서 행복하게 살고 있습니다. 20세기를 여전히 10세기로 착각하며 살고 있습니다. 오늘날 보수주의자들은 시대적 정신을 잃어버린 채, 과거의 틀에 갇혀있습니다. 그들이 남긴 유일한 업적은 부패와 악취를 상징하는 수치스러운 가톨릭 연합체입니다. 덕분에 페루 곳곳에는 각종 형제단과 종교단체가 난무합니다.

II

가톨릭 연합 내부의 형제단 혹은 종교단체는 자신들의 편의에 맞는 법을 만들어 사용합니다. 예컨대, 몇몇 성직자들은 성삼위일체 이론을 처녀가 쌍둥이를 탄생시키는 경우에 적용하곤 합니다. 마찬가지로, 과부가 소유한 의문의 하인이나 사제 곁에 딸린 심부름꾼을 해명하기 위한 이론으로 쓰이고 있습니다. 성직자 주변에는 언제나 유명 인사들이 있습니다. 어떤 이는 생의 마지막 순간에 이르러 참회합니다. 평생 뇌물로 더럽혀진 인생을 살았던 법관은 마침내 영혼의 구원을 갈구하며 온순해집니다. 그 가운데에는 청춘을 잃은 노처녀나, 아름다웠던 젊은 시절을 상기하며 사는 여인들도 포함되어 있습니다.

젊은 시절에 방탕했던 여인들이 뒤늦게 신에게 순결을 바치려 합니다. 한편, 한가하고 지루한 일상에 못 견딘 부잣집 소녀들은 새로움을 쫓는 허망함에 이끌려 종교 단체에 가담합니다. 실제로 죽음에 대해 명상하며, 성서적 구원과 영광을 추구하지는 않습니다. 묵주기도보다는 농담과 수다를 더 즐깁니다. 천국 문 앞에서 성스러운 혼례와 세속적 쾌락 중 하나를 선택해야 한다면, 악마에게 몸을 맡기는 데 주저하지 않을 것입니다. 노파와 소녀들 다음으로, 빼빼 마른 가난뱅이 젊은이들이 서성거립니다. 비유하자면, 신성한 바다를 항해하는 해적들과 유사합니다. 부잣집 여신도의 등 뒤에 숨어서, 현금을 약탈하고, 젊은 여간호사를 유혹합니다.

무질서한 군중 가운데는 나약하고 비열한 늙은이들이 많습니다. 세속적 허무함에 환멸을 느끼며, 아내가 채워주지 못했던 행복을 하늘에서 찾고자 합니다. 한편, 수많은 여성은 고상한 사람과 교제하기 위해 종교단체에 가담합니다. 스스로 교양 있는 숙녀라는 자부심을 세우기 위해 애씁니다. 자신의 욕구를 채우고, 본래의 모습을 감추고자 다양한 방법을 찾아다닙니다.

모든 종교 단체와 조합은 표면적으로 인류애와 자비를 목적으로 세워집니다. 그러나 궁극적으로는, 성직자들이 지상과 천상에서 지배권을 확장하고 보존하는 데 사용합니다. 표면적으로는 국내 성직자들이 모든 것을 주관하는 것처럼 보이지만, 실질적으로 외국 성직자들이 주권을 행사합니다. 대표적으로, 예수회 일원들이 있습니다. 수년간 리마 사회에 존속해 온 종교단체들은 점차 영향력을 잃고 있습니다. 수많은 여성 단체들은 실질적인 목적의식을 잃었고, 내부적인 빈부의 격차만 눈에 띌 뿐입니다. 엄중하게 무릎 꿇은 여자들이 사용하는 진주 목걸이와 타조 깃털로 장식한 모자를 보십시오. 낡고 초라한 의복을 입은 여성들을 조롱하고 무시하는 듯합니다. 가톨릭은 가난하고 비천한 자에게 사랑을 전해야 할 본분을 잊고, 권력과 손잡고 힘을 과시하게 되었습니다.

여신도의 자선 행위는 모순투성이입니다. 같은 교우의 아픔과 가난에는 관심을 보이지만, 비신도의 절망과 고통에는 냉정합니다. 어떤 가정은 양식과 의복이 없어서, 피치 못하게 9일 금식을 하고, 주간 성체로 간신히 음식을 대신합니다. 병원과 양육원에는 환자에 대한 무관심과 학대가 자행되고 있습니다. 환자들은 프랑스 루르드 지방에서 온 성수나 사제의 축복을 원하지 않습니다. 여신자들이 깨닫지 못하는 것이 있습니다. 허기진 위가 원하는 것은 기도가 아니라 빵입니다. 상처 입은 몸이 필요한 것은 성수가 아닌 진통제가 든 주사입니다.

종교적 위선에 사로잡힌 자들은 교회에 속한 선한 자녀는 신의 원수와 교제할 수 없다고 생각합니다. 예수 그리스도를 부인하고 반격하는 자에게 자비심을 보일 수 없다고 믿습니다. 여기서 자비로운 영혼의 자선이라는 독특한 개념이 나왔습니다. 바꿔 말해서, 자선이란 엄격함과 허세가 혼합된 것입니다.

의사가 환자를 '인간'이 아닌, 하나의 '사례'로 취급하듯, 많은 사람들은 소외된 자를 이웃이 아닌 광고거리 혹은 허름한 벽으로 생각합니다. 그 허름한 벽에 종교적 자애심과 위대함을 선전하는 대형포스터를 붙일 생각을 합니다. 가톨릭 신자는 가난과 질병을 이용하여, "세상이여 우리가 어떻게 가난한 자를 돕고, 병든 자와 함께 하는지를 보고 감동하라"고 외치며, 스스로의 긍지심을 고양시킵니다. 이런 자비는 무관심보다 더욱 사악합니다. 이득을 계산하는 거래를 전제하기 때문입니다. 즉, "내가 신의 이름으로 당신에게 하나의 선행을 베풀면, 신은 나에게 천 배로 되갚아 줄 것입니다"라는 식입니다. 이것은, "내가 당신을 인류라는 이름으로 돕습니다. 어떤 감사나 누구의 사례도 기대하지 않고 말입니다"라는 태도에 비하면 너무나도 저급한 자세입니다. 어떤 덕행은 악을 사랑으로 승화하는가 하면, 어떤 자선 행위는 오히려 자비심을 부끄럽게 만듭니다.

III

이제는 두 부류의 사람만이 진심으로 가톨릭을 신봉합니다. 기력이 쇠진한 노인들과 지적 분별력이 결여된 젊은이들입니다. 흔히 종교란 자신의 결점을 보완해주고, 자신의 삶에 유익을 가져다주기 때문에 믿는 것입니다. 그런데 우리는 위선, 미신, 그리고 화려한 종교행사에 익숙할 뿐입니다. 성서가 가르치는 도덕관념의 장점을 조금도 활용하지 못합니다. 종교의 본래 의미를 잃었습니다. 내적 성숙을 성취하기 위한 원동력으로 쓰이지 못합니다. 종교는 단지 악행을 감추는 외부적 광택의 역할을 합니다. 그리고, 명예, 권력, 부를 확보한 특권층을 보호하기 위해 존재합니다.

과연 종교적 신념을 위해 희생하고, 선과 정의에 따르는 겸허하고 관대한 가톨릭 신도가 존재합니까? 모두가 타협적이고 위선적입니다. 교육자는 오직 부유한 성도를 자신의 고객으로 확보할 목적으로, 제자들과 함께 성체의식에 참여합니다. 남모르게 50~60명의 혁명가를 사형한 집행관은 교회에서 무릎을 꿇고, 어깨에 십자가를 메고, 제단에 입을 맞춥니다. 만일 신성과 함께 이득을 충분히 누릴 수 있다면, 가장 비종교적인 사람도 촛불을 들고 종교행렬에 참가할 것입니다. 가슴에는 예수의 상징을 세기고, 주일에는 미사에 참여할 것입니다. 오늘날 흔히 목격할 수 있습니다. 만일 루터, 마호메트, 부처, 혹은 모세가 서로의 명예, 수익, 이득을 공유하고자 한다면, 가장 열성적인 가톨릭 신자도 개신교의 교회, 회교 사원, 불교 혹은 유대교 사원을 마다하지 않고 출입할 것입니다. 나아가, 페루에서 과격한 자유사상가가 대통령이 된다면, 대주교는 르낭[8]을 칭송할 것입니다. 가톨릭 연합에서 가장 명성을 떨친 성도 역시 성모상을 버리고 베르길리우스[9]의 상을 세울 것입니다. 막스 라디게

---

8 조제프 에르네스트 르낭(Joseph Ernest Renan, 1823~1892)은 프랑스의 언어학자, 철학자, 역사학자, 종교 비평가이다. 프랑스 실증주의 대표자의 한 사람으로, 합리주의적 경향을 발전시킨 자유주의 학파를 따랐다. 그의 대표 서적 『예수의 길 *La vie de Jésus*』(1863)은 교황 피오 9세로부터 신성모독의 판정을 받았고, 이로 인해 르낭은 프랑스 대학에서 추방당한다. 그는 나사렛 예수를 무정부주의라고 칭하기도 하였다. 또한 실증주의 역사학자로도 잘 알려져 있다. 1882년에 발표한 그의 유명한 연설 "국가란 무엇인가?(¿Qué es una nación?)"는 국가에 관한 개념을 논의하였고, 현대 역사이론가들에게 많은 영향을 끼쳤다.

9 푸블리우스 베르길리우스(Publius Vergilius, 기원전 70~기원전 19)는 서사시 『아이네이스

[10]라는 프랑스 선원은 50~60년 전에 페루를 보고, "만일 리마 사람이 성당의 미사를 믿는다면, 동시에 은화를 믿고 있는 것이 분명하다"고 묘사했습니다. 오늘날 우리는, "돈이 신부님의 축도를 받았는지는 알 수 없습니다. 그러나 돈은 확실히 가톨릭적이고, 성직자적이고, 또 로마적이다"라고 덧붙여 말할 수 있습니다.

여성의 종교적 편협성 혹은 광신적인 가톨릭 신앙에 대해 걱정할 필요가 없습니다. 사도 바울의 교리 중에, "여성도는 믿지 않는 남편일지라도 그와 이혼해서는 안 됩니다"라는 구절이 있습니다. 따라서, 여성은 남편이 변하는 대로 변해갈 것입니다. 남편의 변천 과정에 맞추고 따를 것입니다. 칠레 점령 시기에, 몇몇 여신자들이 종교적 중립을 선언했습니다. 사악한 기독교인이 국가를 점령했던 시기에는, 여신자들이 종교 해방주위를 주장했습니다. 일반적으로, 여성은 표면적이고 유동적이며 타협적인 종교 생활을 합니다. 그들은 개신교 혹은 유대 종교인과 결혼한 직후에도, 카탈루냐 성직자나 이탈리아 교황과 숨바꼭질하듯 교류할 수 있습니다.

많은 여성은 고급 승용차를 타고 천국에 도달합니다. 천국으로 가는 여정 내내, 요란한 장구, 폭죽, 종소리를 동원해 자선 행위를 알립니다. 이웃을 희생시키고, 자신은 축복을 누립니다. 배우자가 불법으로 약탈한 돈을 천진하게 즐기고, 매일 혹은 매달 3%의 은화를 교회에 바칩니다. 정숙하고 양심적이라고 알려진 부인이 남편의 사기행위를 알게 된다면, 과연 남편과 헤어지겠습니까? 아무렇지도 않게, 가난한 자에게 약탈한 빵을 먹을 것입니다. 대담하게 국고에서 탈취한 금으로 비단옷을 장만하고 자랑할 것입니다. 사도 바울이 여성이 남편의 흉계에 참여할 권리에 대해 어떤 발언을 할지 모르겠습니다. 그

Aeneis』의 저자이다. 로마의 시성(詩聖)이라 부를 만큼 뛰어난 시인이었다.

10 막스 라디게(Max Radiguet, 1816~1899)는 프랑스의 여행가이자 작가이다. 1841년부터 1845년까지 페루에 거주하는 동안에 집필하고 1865년에 출판한 여행기 『에스파냐 아메리카의 추억 *Souvenirs de l'Amérique espagnole*』가 유명하다.

들은 성호를 긋는 일에는 게을리해도, 이웃의 지갑과 국가의 금고를 터는 일에는 매우 부지런합니다. 결코 새로운 사실이 아닙니다. 극단적인 광신과 도덕성의 결핍은 흔히 볼 수 있는 조합입니다. 반면, 진정한 도덕은 종교가 아닌, 영혼의 성숙을 요구하는 법입니다. 위대한 문화를 소유한 시민은 종교를 부인하고, 내면의 도덕성을 갈고 닦습니다. 반면 교양 없는 사람은 도덕이 부재한 종교를 우선시합니다.

물론 종교단체와 형제단 내부에는 고결하고 성실하며 존경과 칭송이 어울리는 여성도 존재합니다. 그러나 그들의 두뇌는 빈혈상태이므로, 성녀로서의 임무를 성공적으로 수행하기는 힘듭니다. 흔히 가톨릭 신자, 사도, 로마태생이라 하는 여성은 자신을 루터 신봉자 혹은 칼뱅주의자라고 믿습니다. 제대로 알지도 이해하지도 못하면서 말입니다. 가톨릭 여성이 소유한 신학적 지식의 수준은 표현할 수 없을 정도로 숭고하다고 생각합니다. 만일 『대지』 혹은 『철학사전』의 일부분을 따로 떼어 『새로운 기도서』[11] 가운데 섞어 둔다면, 몇몇 훌륭하신 여성 성도님은 에밀 졸라를 열세 번째 사도로, 볼테르를 다섯 번째 복음주의자라고 믿을 것입니다.

IV

페루에서 가톨릭 신자의 지적 영향력은 과연 어느 정도 인가요? 아무도 그들의 말과 글을 통제하지 않습니다. 아무도 그들의 모임을 해체하지 않고 연설을 방해하지 않습니다. 법원, 설교단, 강단, 신문, 살롱, 길거리 모두가 그들의 소유입니다. 그러나 언어로 사회를 지배하고, 글로 사람들을 통제하는 단

11 『새로운 기도서 *Novísimo Devocionario*』는 에스파냐의 풍자 시인 미겔 아우구스틴(Miguel Agustín)의 1844년 작품이다. 『대지 *La Tierra*』는 에밀 졸라의 1887년 작품이고, 『철학사전 *Diccionario Filosófico*』은 볼테르의 1764년 저서이다.

계에는 이르지 못합니다. 물론 신문, 잡지, 서적을 출판하기도 합니다. 그러나 과학과 문학적 지식을 생산하지는 못합니다. 때론, 설교와 연설을 동원해 사람을 선동합니다. 그러나 살아있는 칼과 같이 날카롭고 예리한 문장은 구사하지 못합니다. 단지 과거의 발메스[12], 도노소 코르테스[13] 그리고 오귀스트 니콜라[14]의 구절을 변형해서 소개하는 정도입니다. 궤변론자, 헛소리꾼, 성서주의자는 어설픈 삼단 논법에서 출발해 횡설수설한 논리를 전개합니다. 횡설수설한 논리를 성서의 구절을 인용하며 닫아버립니다. 아무도 제한적이고 비좁은 궤도 안에서 벗어날 생각을 하지 않습니다. 오직 무지의 주변을 서성거리며 살아갑니다. 오늘날 가톨릭 어린양들은 10세기 혹은 20세기 전의 종교적 사료를 되새김질하고 있습니다.

과학의 불모지이자 문학의 빈곤화가 두드러진 곳에는 욕설과 오만, 그리고 거짓과 중상모략이 판을 칩니다. 보수주의자들은 대중의 기부금이 아닌 성직자, 수도사, 정치 권력가의 후원금으로 장려된 신문사를 통해서 허위를 조장합니다. 익명성을 방패 삼아 결과를 두려워하지 않고 언어의 폭력을 행사할 수 있습니다. 창부의 철면피와 짐승의 잔인성을 자유롭게 발산하며 말입니다. 날카롭고 창의적인 언변의 능력은 기대할 수 없습니다. 천박한 술집에서나 사용할 법한 잡담과 독설만이 난무합니다. 학식 있는 교육자의 섬세함은 찾아볼 수 없습니다. 마치 미개한 곤충이나 해로운 세균과 견줄만한 무례하고도 위험한 범죄적 성향만 두드러집니다. 흔히, "당신이 먹는 음식이 무엇인지 말해 보십시오. 그러면, 당신이 누구인지 알려드리겠습니다"라고 말합니다. 유사한 논리로, "당신의 몸에서 분비되는 독성이 무엇인지 말해 보십시오. 당신이

12 하이메 발메스(Jaime Balmes, 1810~1848)는 19세기 에스파냐의 유명한 철학자, 신학자, 사회학자이자 정치 저술가이다.

13 후안 도노소 코르테스(Juan Donoso Cortés, 1809~1853)는 에스파냐의 보수주의적이고 가톨릭 성향을 띈 작가, 정치 이론가, 외교관이다.

14 오귀스트 니콜라(Auguste Nicolas, 1807~1888)는 프랑스 작가이자 로마 가톨릭 신학자이다.

신봉하는 종교가 무엇인지 알려드리겠습니다"라고 말할 수 있습니다. 종교적 독해물질을 분비하는 사람이나 성당의 퇴비를 축적해 두는 사람은 특별한 성향을 공유합니다. 즉, 분노하며 산다는 것입니다. 분노는 그 사람의 무능력과 거짓을 증명합니다. 오만한 자는 진정한 힘을 소유할 수 없습니다. 독사의 송곳니로 진리를 표현하는 것도 아닙니다. 리마, 쿠스코, 아레키파의 가톨릭 기자는 진리의 빛을 쟁취하고, 빛을 세워 어두움을 밝혀주는 침착하고 이성적인 사람이 아닙니다. 마치 악마에 홀린 사람처럼 행동합니다. 하수구에 머리를 처박고, 온 힘을 다해 머리를 흔들며 소란을 피웁니다.

결과적으로, 가톨릭과 보수주의자는 한 국가의 정신을 대표하지 못합니다. 그렇다면, 적어도 신체적 근력을 향상시키는데 기여할까요? 예를 들어, 종교적 행진이나 루드르 동굴 순례[15]를 모방한 행렬을 상기해 보십시오. 과연 종교에 심취한 젊은이를 절정기에 있는 아름다운 꽃에 비유할 수 있을까요? 스물다섯에 파렴치한 대머리가 된 청년들을 보십시오. 나열하자면, 원추형으로 잘려진 머리모양, 흙빛으로 붉게 돌출된 광대뼈, 주술사 카를로스 2세를 닮은 턱뼈, 폴리치넬라[16] 꼭두각시 인형처럼 움츠러든 등, 좁고 오목하게 굽은 가슴, 늘어진 팔, 파충류 같은 거친 손, 오랑우탄과 같이 쇠퇴한 허리를 보십시오. 실같이 가는 다리, 원추 모양의 흉악한 무릎, 서로 부딪치는 무릎뼈, 튀어나온 복숭아뼈를 보십시오. 누군가는 "종교의 수호자들이여, 용감하도다!"라고 외칠 것입니다. 때마침, 류머티즘 젊은 환자들이 붕대로 휘감고 지나갑니다. 어떤 젊은이들은 커다란 손수건으로 썩은 충치를 감싸고, 통증을 호소합니다. 어떤 이들은 호전될 기미가 없는 부패를 억제해보려고 소독제를 찾습니

---

15 루드르(Lourdes)는 프랑스 피레네산맥의 처마에 위치한 마을이다. 1858년 동굴에서 땔감을 주우러 온 가난한 소녀에게 성모마리아가 18차례 발현했다고 한다. 특히 성모발현 동굴 샘에서 나온 물은 '치유의 기적수'라고 알려져 있다.

16 폴리치넬라는 이탈리아 대중 인형극에 등장하는 어릿광대이다. 곱사등이, 배불뚝이, 매부리코로 알려진 외모이지만 훌륭한 언변가로 특징되기도 한다.

다. 어떤 이는 교도소의 탁한 공기와 같은, 그야말로 죽음을 연상시키는 집요하고도 건조한 기침을 내뱉습니다. 결국에는 모두가 매우 조심스럽고 걱정스러운 몸짓으로 가까스로 움직입니다. 미세한 산들바람도 이들을 넘어뜨릴 것 같습니다. 가벼운 충돌 사고만으로 이들의 관절은 해체되어 산산조각이 날 것 같습니다. 이들은 이중적인 희생자입니다. 세습된 악습과 스스로의 어리석음에 희생되었습니다. 최악의 부패에 노출된 채, 육체를 망가뜨립니다. 아, 이처럼 영광스러운 청춘을 기념합시다! 페루의 청춘을 어떻게 정의할까요? 무지와 태만한 인간으로 태어나서, 결국 각종 질병인 곱사병, 결핵, 나력을 가지고 살아가는 것을 의미합니다.

결국은 가톨릭은 페루의 정신력과 육체적 강인함 모두를 망가뜨립니다. 페루에는 위대한 보수주의 정당을 탄생시킬 근원적인 원동력이 부재하였습니다. 리더도, 선한 군인도 없습니다. 그렇다면 우리는 무엇을 두려워해야 합니까? 보수주의 단체는 약하고 그의 적수는 많은 것이 현실입니다. 하지만 한 정당의 힘은, 역설적이게도 그의 반대편 단체의 무기력함에 근거합니다. 국가교권세력이 확장되는 원인 역시 자유주의자들의 무능과 그들의 위선적인 신앙에 기인합니다. 정치가는 거대한 야심만 소유할 뿐, 필요한 목표 의식은 소유하지 않습니다. 따라서 종교가 야기하는 문제점을 인지하지 못합니다. 성직자가 국민의 교육을 획일화하며, 교권 세력이 공고화되는 것을 허가합니다. 우리나라에는 진정한 보수주의당이 존재하지 않습니다. 오직 성직 세력에 노예가 된 거대한 집단만이 존재합니다. 그중에는 승용차와 세 명의 집사들을 거느린 여성들도 있습니다. 여성들은 무지라는 가장 견고한 제방을 쌓고, 새로운 사상이 들어올 때마다 강하게 저항합니다.

가톨릭은 무익하기를 자청합니다. 어떤 가톨릭 신자가 스펜서[17]의 두뇌와

---

17 허버트 스펜서(Herbert Spencer, 1820~1903)는 영국 출신의 사회학자이자 철학자이다. 진화론은 사회에 적용시켜 '적자생존'이라는 용어를 만들어냈다.

헤라클레스의 힘을 소유했다고 해도, 혹은 이집트 왕 세소스트리스[18]나 크세르크세스 대제[19]보다 더 많은 수의 군대를 소유했다고 해도, 이미 아무 쓸모가 없습니다. 이미 사형을 선고받은 사람은 다가오는 죽음을 막을 수 없습니다. 강이 물의 근원지로 돌아갈 수 없듯이 말입니다. 이미 노쇠한 종교가 젊어질 수는 없습니다. 가톨릭은 외형적 겉껍질만 갖추고 있습니다. 삶을 위한 내적인 투쟁을 하지 않습니다. 죽어가는 이들의 절망적인 손짓만 남아있습니다. 비유하자면, 정원 안에 이국적이고 경이로운 나무들이 자라고 있습니다. 멀리서 보면, 건강하고 늠름해 보이지만, 가까이 갈수록 노쇠하고 시든 모습이 드러납니다. 단단한 강철이 쇠약한 가지와 비틀거리는 몸통을 지탱해 줍니다. 내부까지 깊게 부패한 곳은 석회로 여러 번 덧칠해 감춥니다. 결국, 나무는 열매도 맺지 못하고 꽃도 피지 않습니다. 봄이 찾아올 때마다, 빈약하고 우스꽝스러운 나뭇가지들이 그 주변을 장식합니다. 90세 노인의 대머리 위에 놓여있는 헝클어진 머리카락을 연상시키듯 말입니다. 이것이 페루의 가톨릭을 상징하는 나무입니다.

1902년

18 세소스트리스는 고대 이집트 제12왕조의 파라오이며, 보통은 세누스레트라고 부른다. 세소스트리스 파라오는 3명이 있는데, 이 시기에 12왕조는 전성기를 누렸다.

19 크세르크세스 1세 또는 크세르크세스 대제(기원전 519~465)는 페르시아 제국 아케메네스 왕조의 황제이다.

3. 우리의 자유주의자

I

자유주의라는 용어는 탐욕적인 부패 행위를 은폐하기 위해 사용되고 있습니다. 용어가 내포하는 부적절한 남용을 이해하신 분은 "자유주의자"라는 말 자체를 제한적으로만 받아들이게 될 것입니다. 만일 '자유주의자'가 선한 법을 추구하는 혁명을 존중하고, 크로포트킨[1], 르클뤼[2], 피 이 마르갈[3], 파우레[4]와 같은 위인들을 가슴으로 포용한다면, 자유주의자들을 인정할 것입니다. 그러나 자유주의자가 국회의 이득을 위한 개혁가, 교회와 정부의 수호자,

1 표트르 알렉세예비치 크로포트킨(Pyotr Alexeyevich Kropotkin, 1842~1921)은 러시아 출신의 지리학자이자 아나키스트 운동가, 철학자였다. 그의 생애는 세계 5대 자서전 중 하나로 꼽히는 『한 혁명가의 회상』으로 잘 알려져 있다. 또한 '아나키스트 대공'이라는 별명으로 불리기도 하였다.

2 장 자크 엘리제 르클뤼(Jean Jacques Élisée Reclus, 1830~1905)는 프랑스의 사회 지리학회를 창설한 지리학자이자 아나키스트이다.

3 프란시스코 피 이 마르갈(Francisco Pi y Margall, 1824~1901)은 에스파냐의 시인이자 정치인이며, 에스파냐 제1공화국 시절의 제2대 대통령이었다. 피 이 마르갈은 교회와 국가를 분리하는 정책을 추진하였고, 군대 정책, 노동 개혁, 자본주의자와 사회주의자 간의 갈등을 해소하는 등 국가 발전에 힘썼다. 한 달 후 여러 공화파의 강력한 비난을 견디다 못해 자진 사퇴하였고, 1874년 왕정 복고 이후, 정계에서 사임했다.

4 펠릭스 프랑수아 포르(Félix François Faure, 1841~1899)는 1895~1899년 프랑스 공화국의 대통령이다.

전통적 사회 경제 체제를 옹호하는 자에 머물러 있다면, 그 이름을 거부할 것입니다. 우리는 그처럼 달콤하고 향기로우며 우아하기까지 한 부르주와를 위한 자유주의는 거부합니다. 그런 자유주의는 빌헬름 2세[5]와 로스차일드 가문[6], 혹은 메네리크[7]와 레옹 8세[8], 그리고 영국 국왕과 예수회를 통솔하는 장군에게나 해당되는 자유주의입니다.

영국의 사회학자인 스펜서는 "오늘날 자유주의라고 자칭하는 대부분의 사람은 새로운 부류의 보수주의자에 불과하다"고 말했습니다. 스펜서는 자유주의자를 일컬어 법과 조세로 시민을 억압하고 정부의 권력과 부를 확장시키는 보수주의자라고 고발합니다. 가톨릭 국가에 거주하는 많은 자유주의자들이 과연 어떤 방식으로 보수주의 정신을 표명하는지 궁금하실 것입니다. 바로 종교적인 사건을 접할 때 드러나는 그들의 가치판단을 통해 알 수 있습니다. 즉, 관용의 정신을 선전하던 이들이, 나중에는 정치와 종교를 분리하는 무형의 담을 세웁니다. 교육의 자유를 외치던 이들이, 결국 공교육을 성직자들의 손에 맡깁니다. 몇몇 급진주의 개혁안을 옹호했던 사람들조차도 실제로 전통적 규율을 넘어 세속화를 추진할 생각은 하지 않습니다. 이들은 신뢰할 수 없는 자유주의자입니다. 로마 원로원에 충성하는 자유주의자, 범 그리스도주의 징후를 가진 자유주의자입니다. 가능하다면, 스스로에게 성직자 직위를 부여할 수도 있는 자유주의자입니다. 성스러운 명령을 통해서 그가 원하는 장관직, 국

---

5 빌헬름 2세(Guillermo II, 1859~1941)는 1889~1918년 사이에 독일을 통치했던 마지막 독일 제국의 황제 겸, 마지막 프로이센의 왕이었다(통칭은 카이저). 유럽 통일주의를 꿈꾸었던 그는 1차 세계대전을 유도한 장본인으로 알려져 있다.

6 로스차일드(Rothschild)는 유럽 왕가의 혈통을 지닌 독일계 유태인 출신이다. 18세기 말에 은행 및 금융기관을 설립하며 19세기에는 세계적으로 가장 영향력 있는 금융 가문으로 부각된다.

7 메넬리크 2세(1844~1913)는 이디오피아의 쇼아 왕국의 마지막 왕이자, 이디오피아의 황제이며, 본명은 살레 마르얌(Sahle Maryam)이다. 이탈리아는 이디오피아의 왕 살레 마르얌으로 하여금 전국적 내전에 빠져있던 이디오피아를 통일하도록 도와준다. 1889년 마르얌은 이디오피아를 통일하고, 솔로몬 왕의 후예로서 '제왕(諸王)의 왕'의 칭호를 가지고 황제로 즉위하였다.

8 교황 레오 13세(Papa Leone XIII)는 제256대 교황(재위: 1878~1903)이다.

회의원직, 혹은 전권全權, 주지 신부의 권력을 쟁취할 수 있다면 말입니다. 신전을 곁에 둔 이들은 본래는 진정한 의미의 자유주의를 증오합니다. 오히려 보수주의 집단을 더욱 살찌우는데 공헌합니다.

수많은 철학가와 자유사상가는 정치적 투쟁의 현장을 멀리합니다. 오직 이론의 영역에 머물러, 사상의 전달자로 일생을 바칩니다. 이러한 현상은 어느 정도 납득할 수 있습니다. 그런데 투쟁적인 개혁주의 정치가가 진보와 혁명을 꿈꾸면서, 동시에 가톨릭에 불이익을 끼칠 걱정을 한다는 것은 이해할 수 없습니다. 인간이 쟁취한 모든 종류의 자유는 교회로부터 탈취한 것임을 상기해야 합니다. 1870년 프랑스 공화주의자들도 이와 같은 사실을 잊어버리는 오류를 범했습니다. 반면, 혼돈기와 안정기를 반복해서 살고 있는 오늘날의 시민들은 이런 오류를 깨닫고, 가톨릭에 반발하는 거대한 캠페인을 펼치고 있습니다. 1873년에 발표한 역사적인 에세이에 표출되었듯이, 분쟁과 갈등에 단련된 에스파냐 공화주의자들은 성스러운 것과 인간적인 것을 굳이 분리하지 않았습니다. 그들은 살메론[9]을 선두에 세우고 군주제를 뿌리째 뽑으려고 했습니다. 또한, 이를 위해 선행되어야 할 것은 에스파냐 국민들이 유산으로 물려받은 로마의 윤리적 영향을 근절시켜야 한다고 주장했습니다. 로하스 가리도[10]라는 저명한 콜롬비아의 정치 기자는 어느 논설에서 "가톨릭을 믿는 사람은 공화주의자가 될 수 없다"는 의견을 신중하게 피력했습니다. 로하스 가리도의 논리에 의하면, 자유주의자는 가톨릭 신자가 될 수 없으며, 가톨릭 신자 역시 자유주의자가 될 수 없습니다.

---

9 니콜라스 살메론(Nicolás Salmerón, 1838~1908)은 에스파냐 정치가이자 철학자이다. 에스파냐에 자유주의 사상과 교육 개혁에 영향을 준 독일 크라우제(Krause) 철학을 연구했으며, 오비에도대학교와 마드리드대학교에서 역사와 형이상학을 가르쳤다.

10 호세 마리아 로하스 가리도(José María Rojas Garrido, 1824~1883)는 콜롬비아 상원의원으로, 1866년 4월부터 5월까지 두 달 동안 콜롬비아의 대통령을 역임했다. 또한 자유주의 언론사의 유능한 기자로 활동하였다. 콜롬비아 역사상 가장 훌륭한 언변가 중 한 명으로 평가받는다.

사회적 문제와 종교적 문제를 분리하려는 사람은 자유주의에 관해 매우 편협한 의견을 가지고 있습니다. 그들은 배타적으로 정치적 업무에만 몰두합니다. 국가가 발전하려면 대통령을 교체하고, 현 정부를 전복시키고, 의회의 법을 개정하면 된다고 생각합니다. 남아메리카는 이러한 분리주의자들로 가득합니다. 많은 이들은 거룩한 성수聖水가 배어 있는 자유를 추구하고, 천국에 대한 미련을 버리지 못한 채 지상을 정복하려고 합니다. 양립 불가능한 것과 화해하려고 합니다. 마치 「오류표」[11]의 장단을 라마르세예즈[12]의 음에 끼워 맞추려는 것이며, 위대한 프랑스 인권 선언[13]에 단조로운 곡조를 입히는 것과 마찬가지입니다. 진정한 기회주의자(혹은 스스로를 가리켜 중립주의자라고도 합니다)는 급진주의자와 퇴보주의자 사이에서 동일한 거리를 유지합니다. 그들이 추구하는 전략은 매우 비난받을 만하지만, 동시에 매우 유용합니다. 자신의 이익을 위해 보수파를 지지하고자 한다면, 과격한 혁신을 거부하고 화해의 노선을 취합니다. 급진파에 접근하는 것이 필요하면, 순응주의와 적응주의 입장을 비판하고 스스로를 혁명가라고 선언합니다. 벤자민 콩스탕[14]은 이들을 박쥐라고 불렀습니다. 필요에 따라, 날개를 접고 쥐들과 섞이는가 하면, 다른 경우에는 날개를 펴고 새와 동일시하기도 합니다.

궤변가들은 논쟁을 활성화하기 위해 "구별할지어다"라고 제안합니다. 그러나 희미해진 논쟁을 빛으로 밝혀야 하는 진정한 혁명가는 "분리하지 말지

---

11 1864년 비오 9세는 가톨릭교회가 배척해야 할 80가지 오류를 총괄한 「오류표 *Syllabus Errorum*」를 발표했다. 내용은 사상의 자유, 정치의 자유, 세속화, 국가와 교회의 분리를 주장한 근대 사상과 대립되는 것으로, 발표 당시부터 많은 논쟁을 야기하였다.

12 라마르세예즈는 프랑스 국가(國歌)이다.

13 인간과 시민의 권리 선언은 프랑스 혁명이 진행되고 있던 1789년 8월 26일 국민의회가 국민으로서 누려야 할 권리를 선포한 선언서이다. 흔히 프랑스 인권 선언이라고 부른다.

14 벤자민 콩스탕(Benjamin Constant, 1767~1830)은 프랑스 수필가이자 정치가이다. 1819년에 행한 강연 '현대인의 자유와 비교한 고대인의 자유에 관하여(De la liberté des anciens comparée à celle des modernes)'에서 미래의 자유주의 정치에 필요한 개인의 인권과 자주성을 강조하였다.

어다"라고 강조해야 합니다. 사회적인 주제를 종교적인 것과 분리해서는 안 되며, 정치적인 문제를 도덕적인 것과 분리해서는 안 됩니다. 다음과 같은 문구가 있었습니다(우리가 자주 인용하고 싶을 만큼 유쾌한 진리입니다). 즉, "모든 정치적 문제는 도덕적 문제와 함께 해결된다. 또한 모든 도덕적 문제는 종교적 문제를 내포하고 있다"는 주장입니다. 어떤 사람이 로마 황제의 근위병 신분을 버리고 주임 사제의 종이 된다면, 혹은 종교 사원에서 벗어나 다락방에 갇혀서 산다면, 그는 어중간하게 해방된 것입니다. 종교를 포기하고 무신론자로 변한 경우에도, 노예에서 완전한 자유인으로 바뀌지는 않습니다. 마찬가지로, 로마 황제의 종살이에서 벗어난 광신자가 완전한 정치적 자유를 누릴 수 없습니다. 해방이란 정치적, 종교적 두 영역에서 동시적으로 일어나야 합니다. 진정한 자유주의자란 교회의 막힌 담과 기본 정치 토대를 향해 지속적인 공격을 가하는 자를 의미합니다.

현대 프랑스 지식인 중 저명한 석학 한 명을 들라면 저는 조르주 클레망소[15]를 꼽겠습니다. 클레망소의 주장에 의하면, 프랑스 혁명은 부분적 혹은 단편적으로 받아들이거나 거부할 수 있는 사건이 아닙니다. 통합적인 차원에서 프랑스 혁명 전체를 인정하거나 거부해야 합니다. 클레망소의 의견을 좀 더 확장해서 적용하자면, 모든 종류의 악덕과 오류는 일괄적으로 동시에 처리되어야 합니다.

국가, 교회, 자본은 투쟁하는 법을 가르칩니다. 세 가지 중 한 요소가 대중의 습격으로 심각한 위협을 받는다면, 다른 두 요소는 함께 협력하여 방어벽을 쌓습니다. 이처럼 세속적인 세력과 신성한 세력 간의 연합은 긴밀한 연대감을 형성합니다. 혹시 한 편에서 절뚝거리면, 나머지 공동체도 같은 운명

---

15 조르주 클레망소(Georges Clemenceau, 1841~1929)는 프랑스 언론인이자 정치가이다. 1894년 드레퓌스 사건이 일어나자 에밀 졸라와 함께 드레퓌스를 옹호하여 공화파의 지지를 받게 되었다. 1902년에는 상원의원에 당선되었고, 제1차 세계대전이 발발했을 때는 총리가 되어 전시내각을 이끌었다.

을 공유해야 하는 위험에 놓이기 때문입니다. 따라서 종교를 믿지 않는 정치인 혹은 신을 믿지 않는 자본가가 영적이고 미신적인 교회를 위해 싸운다는 것은 특이한 현상이 아닙니다. 교회를 방어하면서, 스스로를 보호하기 때문입니다. 따라서 정치적 혁명은 사회적 봉기나 종교적 갈등을 초래하지 않습니다. 반면에, 진지한 종교적 혁신 운동은 언제나 정치적, 사회적 변혁을 초래했습니다. 미국의 경우를 보면, 정치적 독립운동이 개신교를 뿌리째 뽑지 못했습니다. 남아메리카의 경우도, 가톨릭을 제거하지 못했습니다. 반면 기독교는 서구의 사회, 정치적 구조를 바꾸었습니다. 독일의 종교개혁은 독일 농민으로 하여금 공산주의 반란을 일으키도록 유도했습니다. 이후, 영국의 공화주의 혁명을 초래했습니다.

신의 왕국과 인간의 왕국이 분리된 채 존재한다기보다 정의의 왕국만이 존재하는 것입니다. 과거의 논리에 의하면, "로마 황제 카이사르에게 속한 것은 카이사르에게, 신께 속한 것은 신에게"라고 했습니다. 오늘날에는 "인간에게 속한 것은 인간에게"라는 원칙을 적용할 수 있습니다. 인간에게 속한 것이 무엇입니까? 지상입니다. 인간에게 어떤 권리가 주어집니까? 행복할 권리입니다. 모든 인간은 물, 빵, 공기, 의복과 같은 기본 권리뿐 아니라 사랑, 편리, 기쁨, 앎 등에 대한 권리가 있습니다. 요약하자면, 더욱 확대되고 더욱 풍요로운 삶에 대한 권리가 있습니다. 한 계층이 독점하던 소유물은 모든 인간이 누려야 합니다. 지구는 인류의 것입니다. 모든 인간에게 모든 것이 주어졌습니다. 종교적 정의에 의하면, 많은 이들이 구원의 부름을 받지만, 결국에는 소수만이 선택을 받습니다. 그러나 인류애적 정의에 의하면, 모든 이가 부름을 받았고, 모든 이가 선택을 받습니다.

II

페루의 자유주의에 관한 역사적 배경을 소개하고자 합니다. 자유주의의 역사적 선례를 검토하는 것은 매우 유용하기 때문입니다.

1900년에 창당된 자유당은 1897년의 민주자유당을 재구성한 듯 흡사합니다. 1897년 민주자유당이 설립되었을 때, 구성원들은 '헌법과 윤리에 기반을 둔 진보'라는 목표를 내세워 선전했습니다. 존경할 만한 진보주의자는 안락한 장밋빛 인생을 살지 않습니다. 비록 선한 혁명을 실현하기 위해 필요한 자금과 조직 내부의 일간지를 소유하고 싶은 열망이 그들로 하여금 몇 명의 의원들과 연합하게 할지라도 말입니다. 새로운 조직을 결성하는 이들이 가장 갈망하는 것은 자체의 일간지를 소유하는 것입니다. 실제로 『공화국La República』이라는 일간지가 있었습니다. 문제는 그것이 몇 달, 아니면 며칠, 혹은 몇 시간 동안 지속되었는지 아무도 모른다는 것입니다. 지적 고갈상태에 빠져 자멸한 것이라고 상상할 수 있습니다.

자유당은 몇 가지 새로운 정책을 내세우지만, 본질적으로 민주당에서 분파된 것입니다. 처음에는 민주당의 이기적인 야망과 로마냐Romaña 후보를 노골적으로 지지하는 정부에 분노를 느끼며 고통스러워했습니다. 몇몇 민주당원은 잠시 민주당을 멀리했습니다. 그리고 새로운 당명을 두고 고민했습니다. 신민주당도 마땅치 않고, 예전의 민주자유당이라는 당명을 채택하기도 마땅치 않았습니다. 결과적으로, '자유주의'만 취해서 자유당이라고 했습니다. 입헌당이나 시민당이 없었다면, 둘 중 하나를 선택했을 것입니다.

1897년에 탄생한 자유민주당파는 사려분별이 있고 다소 겸손하기까지 했습니다. 이후 1900년에 등장한 자유당은 허세, 욕망, 오만, 거만에 가득 차 있습니다. 기존의 신념을 조롱하며, '빛이 있으라'는 페루 자유주의 모토를 내세웠습니다. 자유주의 이전에는 이상주의자와 몽상가가 지배하는 혼돈의 카오스 시기였다면, 자유주의 이후에는 실증주의자와 실용주의자가 지배하는 질서정연한 창조의 시기가 도래했다고 선전했습니다. 자유주의는 사회개혁가, 경찰, 또는 도덕 경찰관들에 의해 구성되기 시작했습니다. 실제로 그들의 정책은 탐욕스러웠고, 금융체계는 그 어떤 급진파보다도 과격했습니다. 그들은 페루에 진정한 자유당이 세워졌다고 길거리와 광장을 다니며 우쭐댔습니다. 스스로를 유일한 구원자로 칭하며 다음과 같이 떠들었습니다. "현존했던 모든 정당은 사상을 가지고 있지 않았습니다. 단지 이름뿐인 명목만을 내세웠습니다. 자신만을 위한 이기적인 집단이거나 친족 간의 모임이라고 할 수 있습니다. 오직 개인의 출세를 위할 뿐, 결코 유용한 원칙은 제공하지 않았습니다." 그러나 실제로 급진주의라고 자칭하는 자신들조차도 이런 비난에서 벗어날 수 없었습니다.

현재 국가가 처한 상황을 고려해 보면, 새롭게 자유당을 구성해야 할 필요가 없습니다. 게다가 미래의 통치자가 억압정치를 감행할 것이라는 확신과 이로 인해 불안해하는 국민 정서를 고려해본다면 말입니다. 선거일 전이나 국가의 위기를 목전에 두고, 많은 정당이 개인주의를 비난하고 공의를 위한 정직, 진실, 정의를 내세우고 있습니다. 그러나 수많은 정책, 위원회 조직, 순회연설, 폭동을 거친 후, 결국 정치 선동자들은 비밀집회의 음모자로 전락하거나, 선거 입후보자들의 수많은 명단 속으로 사라져 버립니다.

그럼에도 불구하고, 갱신주의자들의 용맹과 전투적 패기가 페루의 전역에 넘쳐나고 있습니다. 이런 가운데 페루에 킨킨나투스[16]와 같은 정치가가 등장할 수 있을까요? 혹시 어떤 특별한 행성으로부터 카토[17]와 같은 정치가가 페루에 비처럼 쏟아져 내릴 수는 없을까요? 이와 비슷한 일이 일어나면, 순진한 사람들은 마침내 수만 명의 성모마리아가 페루를 구원하기 위해 남장을 하고 내려왔다고 믿을 것입니다. 하지만, 이 성스러운 구원자에게 정치 예산서를 청구하거나 이력서를 요구해 보십시오. 아마 우리 모두는 벙어리가 된 듯 침묵할 것 것입니다. 만일 그들이 과업을 성취했다고 주장하면, 분명한 증거를 보여야 합

---

16 퀸티우스 킨킨나투스(Quintius Cincinnatus, 기원전 519~439)는 고대 로마 귀족, 집정관, 군인이었고, 정치가로서 단기간 로마를 통치하기도 했다. 후에 카토 및 로마 공화주의자들은 충성, 정직, 청렴결백의 원형으로 삼았다. 개인적 야망과 이기심을 자제하고 도덕적 가치를 중시한 킨킨나투스는 군사 전략과 입법적 재능까지 탁월해서 훌륭한 민주적 정치가로 평가받았다.

17 마르쿠스 포르키우스 카토(Marcus Porcius Cato, 기원전 95~46)는 로마 공화정 말기의 정치인이다. 소(小) 카토라고 부르기도 한다. 카토는 카이사르에 대항하여 로마 공화정을 수호한 것으로 유명하며, 부패가 만연한 로마의 정치계에서 강직하고 청렴결백한 인물로 명성이 자자했다.

니다. 선한 길을 걸어왔다면, 그 발자취를 우리에게 입증해 보여야 합니다. 선을 위해 투쟁했다면, 그 상처 자국을 증거로 남겨야 합니다. 실상은, 반동적 투쟁에 가담한 뒤 불법행위나 국왕살해를 감행하고 스스로를 자유주의의 상징이라고 말할 뿐입니다. 정치인의 머리에 성스러운 축도를 하며, 자신의 잔인한 정책을 공식화합니다. 조만간 우리 사회에 성 프란체스코의 제3차 교리를 추종하는 수녀와 형제자매로 결성된 공익위원단이 나올 수도 있을 것입니다. 이들이 단결하여, 갑작스럽게 성직자의 재산을 매각하고, 국가로부터 교회를 분리하고자 협력할 수도 있습니다. 이제 어떤 것에도 감탄하거나 놀라지 않습니다. 한 번도 자유주의자인 적이 없던 이가 자유주의자가 되었다고 주장했던 순간부터 말입니다. 마치 니켈이 금으로 변하고, 거위가 공작새로 변신하는 것과 견줄만한 놀라운 현상입니다. 우리는 반어적이고 아이러니한 세계에 살고 있습니다. 페루에서는 순수 보수주의 신봉자만 모인 단체를 가리켜 자유당이라고 부릅니다. 마치 추위로 목숨을 잃는 주민이 거주하는 땅을 '불의 땅'이라고 명명하는 격입니다.

물론, 모든 인간이 죄에서 자유롭거나 결백할 수는 없답니다. 관대한 마음으로 연약한 인간의 실수를 용서해야 하므로, '모든 죄에는 자비를'이라고 외쳐야 할 것입니다. 우리의 자유주의자는 옛 허물을 벗고, 새롭게 자유주의라는 세례로 거듭난다고 할 것입니다. 마치 사도 바울이 신실하고 순수한 개종을 이루었듯이 말입니다. 마치 성 예로니모와 성녀 막달라 마리아가 참회를 거쳐 열정적인 삶을 살았듯이 말입니다.

자유당원은 자유당의 기원과 형성 과정에 대해 자부심을 가지고 있습니다. 자유주의가 대학 청년의 참여와 열정에서 출발했다고 주장하기 때문입니다. 그러나 우리는 청년의 열정이 한 세대를 개혁할 것이라고 믿지 않습니다. 대학 내에 특정한 운동이 봉기했어도, 외부 세력의 개입과 도움이 필요합니다. 페루 정치인과 권력에 집착하는 이들은 일시적으로 청년과 노동자 계층을 옹호하는 채 합니다. 특히 선거일이 다가올수록 더욱더 열정적으로 옹호합니다. 상원의원이나 국회의원 후보자, 심지어 경찰관을 지망하는 이에 이르기까지, 모든 사람은 생각하는 젊은이의 두뇌와 노동하는 시민의 팔을 찾습니다. 그러나 정치인의 한시적인 관심이 고갈되면, 대학생과 노동자에게 남겨지는 것은 무엇일까요? 검은색 두뇌는 흰색 두뇌를 결코 믿지 못할 것이며, 작업복은 법의를 두려워할 것입니다. 결국, 젊은이는 젊은이끼리, 노동자는 노동자끼리 분리되고 맙니다.

다행히도 노동하는 팔과 생각하는 두뇌가 봉기에 직접 참여하는 예는 드뭅니다. 자유주의자는 주로 가족 단위나 작은 위원단을 형성하며 활동할 뿐입니다. 한편 지방과 도시 간에 자유주의에 대한 관점의 차이가 나타납니다. 순진한 사람이 거주하는 지방에서는, 위대한 당의 탄생을 목격하고, 이를 위한 준비 과정을 진지하게 받아들이며, 나아가 참여하려고 합니다. 그러나 수도인 리마 사람들은 좀 더 실리적인 태도로 관조합니다. 사람들의 역량을 자로 재듯 측정하며, 사건의 본질에 구체적으로 접근합니다. 리마 사람에게 자유당이란, 실체를 감추기 위해 명목상의 깃발만 내세우는 조직으로 전락했습니다. 리마 인에게 자유주의자는, 표면적으로는 전통주의 지도자와 갈등상태에 있으나, 잠재적으로는 여전히 과거의 민주당에 속한 사람들입니다.

과거 청년 시절에 민주당 당원이었던 사람이 현재 자유당 당원 행세를 하는 것은 마치 사악한 노파와 내연관계를 유지하며 살아가는 청년과 같습니다. 혼인으로 맺어진 아름답고 젊은 신부가 있음에도 불구하고, 옛 시절의 죄악으로 돌아가는 것과 마찬가지입니다.

1902년

III

(6년 후에 쓴 글) 자유당은 급진주의를 향해 비틀비틀 행진하는 듯했지만, 실제로는 민주주의에 근접해 갔습니다. '진화Evolución', '자유동맹Alianza Liberal', '자유주의Liberal'와 같은 정당의 역사를 살펴보거나, 몇 편의 자료만 읽어보아도 알 수 있습니다. 즉, 자유당의 역사는 드레퓌스 계약[18]이 증명하듯,

전략과 조작의 연속이었습니다. 마치 사도 요한과 연합해, 인간의 역사를 조작하는 것 같습니다.

우리는 자유당의 존재를 과거형으로, 즉, '자유당이 있었다'라고 표현합니다. 가면을 벗고 민주당과 결탁한 순간부터 자유당은 고유성을 잃고 다른 편에 흡수된 채 공허한 삶을 살았습니다. 마치 진흙투성이 강물에서 분리된 개울이 옛 강으로 되돌아가려는 모습입니다. 1904년 6월 26일, 원수가 동지로 변모해 거리행진을 함께 참여했던 사건을 기억합니다. 마치 호세 에스프론세다[19]의 『살라망카의 학생』을 연상시켰습니다. 특히 작품의 등장인물 펠릭스 데 몬테마르르와 우리의 자유주의자들은 매우 닮았습니다. 살아있다고 믿지만, 이미 자신의 장례식에 참여하고 있다는 사실조차 깨닫지 못하는 모습이 말입니다. 심지어 장례식에 필요한 예배의식도 갖출 필요가 없었는데도 말입니다. 거리로 나온 가톨릭 조합 구성원들은 스스로의 죽음을 축도하기 위해 오스카 와일드의 『심연으로부터』[20]를 낭독했습니다.

한편, 에스파냐의 영웅 기사인 로드리고 디아스 데 비바르[21]를 떠올려 봅

---

18 드레퓌스 계약은 1869년 파리에서 페루 정부 대표단과 프랑스 오귀스트 드레퓌스 회사가 체결한 상업 계약이다. 당시 대통령이던 호세 발타(José Balta)는 경제 파탄의 위기에 직면하자 해외 채권단과 해외 위탁판매인의 힘을 빌려 위기를 극복하고자 하였다. 재무부장관에 임명된 니콜라스 데 피에롤라는 프랑스 드레퓌스 회사와 페루의 구아노 거래 계약을 맺었다. 여러 논쟁과 법적 투쟁에도 불구하고 1870년 페루 정부는 드레퓌스 계약을 승인하였다. 그러나 드레퓌스 회사는 계약을 위반했다는 혐의를 받게 되면서, 1876년 마침내 드레퓌스 계약은 파기되었다.

19 에스파냐 작가 호세 데 에스프론세다(José de Espronceda, 1808~1842)의 1840년 작품 『살라망카의 학생 *El Estudiante de Salamanca*』은 시와 산문체가 혼합된 작품이다. 주인공 펠릭스 데 몬테마르르는 돈 후안 신화에 영향을 받은 광기적 인물로 묘사된다. 그가 자신의 장례식에 참석하고, 여주인공이 해골로 변해있는 사후의 장면이 유명하다.

20 『심연으로부터 *De profundis*』는 오스카 와일드의 옥중서신이다. 1897년 동성연애의 죄명으로 사형되기 두 달 전에 그의 애인 알프레드 더글러스에게 보낸 편지이다.

21 엘시드(El Cid, 1043~1099)는 중세 에스파냐에서 뛰어난 전술과 지도력을 보인 장군이다. 엘시드라는 말은 당시 이베리아반도에 살던 무어인이 붙여준 존칭이고, 본명은 로드리고 디아스 데 비바르(Rodrigo Díaz de Vivar)이다.

시다. 사람들은 엘시드를 회상하며 용기를 얻습니다. 엘시드는 사후에도 계속 해서 전쟁에서 승리를 거둔 불멸의 전설로 기억됩니다. 그렇다면 우리도 승리를 기대할 수 있지 않을까요? 사람들은 이런 영웅이 죽었다고 생각하지 않습니다. 오히려 계속해서 생명력 넘치는 삶을 제공하기 때문입니다. 정치계에서 기회주의적인 연합은 일반적인 현상입니다. 특히, 조작적 책략이 난무하는 정치 세계에서는 필수적인 요소입니다. 그럼에도 불구하고, 수많은 킨킨나투스와 카토와 같은 영웅은 기회주의자가 번성했던 시기에 여명처럼 등장했습니다. 예수회의 창시자인 로욜라를 닮은 우리의 기회주의자들은 "결과를 위해 사용된 모든 수단과 방법은 유용하다El fin justifica los medios"[22]는 무언의 고백을 합니다. 그들은 자유주의, 보수주의, 군주제주의, 공화주의 중 특정 이념을 선택할 필요가 없습니다. 그러나 한 조직에 가입하거나 어떤 사상을 받아들였다면 그에 맞는 행동으로 처신할 의무가 있습니다. 뿐만 아니라 시민이 정치인에게 충성과 신념을 요구하는 것이 마땅합니다. 성직자와 연합한 자유당은 수상한 음모, 위험한 도박, 혹은 천박한 권모술수에 빠지게 됩니다. 앞서 인용한 조르주 클레망소[23]는 다음과 같이 말했습니다. "행동의 일관성은 사상의 일관성에서 비롯된 것이다." 위대한 철학 시인은 또 다음과 같이 주장했습니다. "하나의 원칙을 고수하지 않는 정치인은 아무것도 소유하지 못한 사람입니다."

---

22 "결과를 위해 사용된 모든 수단과 방법은 유용하다(El fin justifica los medios)"라는 표현은 근대 정치, 상업, 윤리철학에서 자주 인용된 문구이다. 최후의 목표가 가장 중요하기 때문에 그를 위해 동원되는 모든 수단과 방법은 가치가 있다는 뜻으로 사용된다. 로욜라와 예수회 회원들 역시 이 원칙을 중요하게 생각했다.

23 조르주 클레망소(Georges Clemenceau, 1841~1929)는 프랑스의 언론인이자 정치가이다. 급진파 언론인으로서 『여명 *L'Aurore*』이란 일간지의 편집장이었다. 유명한 일화로 에밀 졸라가 1898년 1월 13일 이 신문에 '나는 고발한다'라는 글을 써서 드레퓌스의 무죄를 주장했을 때, 애초에 이 문서의 타이틀은 '대통령에게 보내는 편지'였다고 한다. 편집장인 클레망소가 '나는 고발한다'라는 제목을 붙이도록 권유하였다. 당시 에밀 졸라, 아나톨 프랑스, 장 조레스 등 지식인들과 함께 드레퓌스의 결백을 위해 가톨릭교회와 군부 등 보수주의자들과 대항하였다.

자유주의와 민주주의가 공존하는 사람에게는 특정한 원칙이나 일관된 사상을 찾아볼 수 없습니다. 그들은 원칙과 사상을 잃어버렸습니다. 오직 지배와 통치에만 관심이 있습니다. 사람들은 더 이상 정치인에게 견고하고 일관된 자세를 기대하지 않습니다. 국가적 체계가 형성되는 중대한 시기나 새로운 지도자가 새로운 제도를 실행할 때에도 말입니다. 오히려 이와 같은 일관된 자세를 강하게 부인하는 경향이 있습니다. 상식적으로, 통치자가 새로운 개혁안을 도입하고자 할 때, 그것을 함께 추구하고 구현할 사람들이 필요합니다. 정치가는 '활발한 개혁과 실질적인 혁명'을 약속합니다. 적과 친구를 구분하지 않고, 조화로운 통치를 할 것이고, 오직 정직함으로 다스릴 것이라고 약속합니다. 그러나 실제로는 거짓되며 독재적인 정치를 합니다. 한 번도 신념의 통일을 이루지 못했습니다. 심지어, 가장 문명화된 국가도 사회, 정치적 문제를 해결하지 못하고 거대한 분열에 직면하는 것을 봅니다. 국민의 만장일치로 권력의 자리에 앉는 통치자는 없습니다. 단지, 다수의 지지를 받고 투표를 통해 지도자로 선별됩니다. 물론, 페루에서는 기득권 세력의 편의에 따라 지도자가 결정되지만 말입니다. 페루에서 지도자가 당원과 협력해서 나라를 통치한다는 것은 거의 불가능한 일이 되었습니다. 차라리, 탈당자와 배교자와 함께 통치한다고 말하는 편이 맞습니다. 불행하게도, 한 정당의 선한 요소는 본래의 일관성을 잃고 반대편 당의 이익을 맞추기 시작하면서 파괴됩니다. 신념이 있는 사람은 굴복하거나 타협하지 않는 법입니다. 부서질지라도 굽히지는 않습니다. 더 이상 우리는 자유당과 연합한 가톨릭의 신앙을 신뢰하지 않습니다. 마찬가지로 민주당에 편입한 자유주의자의 진실성을 믿지 않습니다.

페루 정당의 역사를 '혼합과 혼돈'이라는 두 단어로 요약할 수 있습니다. 이런 정의가 조금도 놀랍지 않습니다. 페루의 정당은 자체적인 기능을 갖춘 독립적인 조직체로 발전하지 못했습니다. 견고한 당으로 성장하지도 못했습니다. 성장기에 충돌하며 점차 견고해지는 고체를 이루지 못했습니다. 은유적으로, 각각의 정당을 각기 다른 색깔의 액체가 담긴 컵에 비유합시다. 또한 컵이 튜브로 서로서로 연결되어 있는 모습을 상상해 보십시오. 결국 컵 안의 액체는 서로 섞이고, 같은 색과 같은 높이로 동일화될 것입니다. 이와 흡사하게, 오늘날 자유주의자와 민주주의자는 동일한 정치색과 동일한 도덕적 수준을 공유합니다.

페루 정치에 몇 가지의 불법 행위가 존재하는지는 알 수 없습니다. 페루 위인의 뇌 속에는 아를레키노[24] 어릿광대의 망토보다 더 알록달록한 연지가 새겨져 있으며, 탐욕스러운 카브라 신부[25]의 수단에 배인 고름과 기름 얼룩보다 더 고약하고 부정한 생각으로 가득 차 있습니다. 때로는, 기독교 교리를 세우고자 높은 산을 찾는 경우도 있었습니다. 설교에 대한 열정이기도 하지만, 어느 편의 정당에서 나오는 양식인가를 헤아리기 위한 것이기도 합니다. 페루의 정당은 편성, 해체, 재편성을 반복해왔습니다. 새로운 당을 창당하기 위해 필요한 조리법은 매우 간단합니다. 산발적으로 퍼져있는 입헌당, 시민당, 민주당, 국민 연합당 등의 사상을 한데 모아 짜깁기한 뒤에 비잔틴[26]이라는 이름으로 세례를 주는 겁니다. 요리학에서도 이러한 종류의 조리법을 배운다고 합니다. 바로 '식후에 남겨진 찌꺼기를 재활용하는 법'이라는 제목의 장를 참고하시면 됩니다. 이처럼 페루에는 민주주의자가 없는 민주당, 자유주의자가 없는 자유당이 존재합니다. 조금도 놀라실 필요가 없습니다. 파리의 어느 음식점에는 대구 없는 대구탕이 존재한고 합니다. 심지어 그 음식점에는 우유와 쌀로 만들어지지도 않은 음식이 우유밥이라는 메뉴로 소개되고 있다고 합니다.

결론적으로, 페루의 자유당은 죽었습니다. 그에게 바칠 찬사가 없다는 것이 유감입니다. 단지 관습에 따라 찬미의 성가를 부르며, 비처럼 내리는 꽃잎

24 아를레키노(Arlecchino)는 16세기 이탈리아에서 유행하던 대중 인형극의 인물이다.

25 카브라 신부는 프란시스코 데 케베도(Francisco de Quevedo, 1580~1645)의 소설 『엘 부스콘 *La vida del Buscón*』(1622)에 등장하는 탐욕스러운 성직자이다.

26 비잔틴에는 '복잡하게 뒤얽혀 있다'는 뜻이 있다.

들과 함께 시체를 매장할 뿐입니다. 자유당의 죽음은 선한 영향과 악한 영향을 동시에 초래했습니다. 선한 영향이란, 마침내 그의 본질이 사라질 것이라는 사실입니다. 자유주의라는 표면적 명분의 뒤에는, 진보와 퇴보의 사이를 오가며 타협했던 사악한 본질이 감추어져 있었습니다. 악한 영향이란, 우리 민족의 기억 속에 부정적인 정치 신화가 새겨질 것입니다. 대중은 가슴 속에서 사라지지 않는 자유주의란 단어를 불신하게 될 것입니다. 앞으로 오랜 시간 동안, 사람들은 자유주의자라는 말을 들을 때마다 두려움과 공포에 몸을 움츠릴 것입니다.

죽은 자는 비문을 남기고 싶어 합니다. 다음의 문구가 우리의 자유당에 어울릴 법합니다. '이곳에 곧은길을 거부하고, 지식의 본질적 고통을 거부했던 한 정당이 잠들다.'

1908년

4. 우리의 사법부

I

마리아노 아메사가[1]는 신중하고 힘 있는 필력가면서, 정직하고 유능한 변호사입니다. 언어를 고상하게 다루는 법을 아는 진정한 위인입니다. 만일 악한 의뢰인이 부정한 변호를 요청한다면, 그는 부드러운 목소리로 거절할 것입니다. "친구여, 당신은 정의롭지 못합니다. 당신을 변호하지 않겠습니다"라고 말입니다. 물론 정당한 소송이라면, 그는 기꺼이 변호를 맡습니다. 한 가지 문제점이 있다면, 그에게 사례금을 지불하지 않는 경우가 많다는 것입니다. 때로는, 의뢰인이 법정에서 갑작스러운 난동을 부리기도 합니다. 의뢰인은 다음과 같이 말하곤 합니다. "변호사님, 제가 존경하는 신부님을 통해 알게 된 사실이 있습니다. 당신께서 얼마 전 우리의 신성한 가톨릭 교리를 모독하는 책을 출판하셨다고 말입니다. 저는 선한 신자이므로, 더 이상 이단자를 저의 변호인으로 세울 수 없습니다"라고 몰아세우기도 합니다. 결론적으로, 부패한 페루 사회가 찾는 변호사는 오직 "회개의 성찬식에 자주 참석하는 변호사"입니다.

---

1 마리아노 아메사가(Mariano Amézaga, 1834~1894)는 페루의 급진적 자유주의와 반교권주의를 대표하는 19세기 지식인이다.

변호사란 정의라는 문자의 뜻을 이해하는 사람입니다. 그러나 실제로는 정의를 거부하는 존재입니다. 예를 들어, 젊은 변호사는 라틴 인종의 말살을 주장합니다. 스펜서[2], 르봉[3], 기딩스[4], 호프딩[5], 굼플로비치[6]의 이름을 언급하며, 스스로를 이들과 같은 앵글로색슨 혈통이라고 주장합니다. 반면, 늙은 변호사는 전통적 교육에 묶여 새로운 지식을 받아들이지 않습니다. 사회학은 알려지지 않은 학문이고, 또 알 필요도 없는 학문이라고 생각합니다. 변호사의 뇌는 법안과 법 조항을 기계적으로 저장하는 축음기와 같습니다. 심장은 타인을 설득하고 청탁할 때 필요한 기관입니다. 학문은 신학과 로마법이 결탁하여 만들어진 괴물입니다. 변호사에게 사회학, 자연과학, 화학, 물리학, 수학, 고고학, 지리학과 같은 학문은 존재하지 않습니다. 문학은 더 열악한 상황입니다. 셰익스피어를 러시아 서기관으로 착각하고, 호머를 독일 재판관으로 착각합니다. 심지어 성서에 대한 경외심도 없습니다. 오히려 옛 법률 사전에 대한 경외심이 더 클 것입니다. 법전, 법정수행, 재판법규 이외에 아는 것이 없습니다. 중세의 조개껍데기 안에 갇혀, 새로운 개혁을 받아들이지 않습니다. 가방은 대학교 학위로 가득 차 있으나, 실체는 겉치레로 물들어 있습니니

---

2 허버트 스펜서(Herbert Spencer, 1820~1903)는 영국 출신의 사회학자이자 철학자이다. 진화론은 사회에 적용시켜 '적자생존'이라는 용어를 만들어냈다.

3 귀스타브 르봉(Gustave Le Bon, 1841~1931)은 프랑스의 사회학자, 사회심리학자, 인류학자이다. 가장 잘 알려진 저서로는 『민족진화의 심리법칙 *Les Lois psychologiques de l'évolution des peuples*』(1894)과 『군중심리 *La psychologie des foules*』(1895)가 있다.

4 프랭클린 헨리 기딩스(Franklin Henry Giddings, 1855~1931)는 미국 사회학자, 경제학자이다.

5 헤랄드 호프딩(Harald Høffding, 1843~1931)은 덴마크 철학자이다.

6 루드비히 굼플로비치(Ludwig Gumplowicz, 1838~1909)는 폴란드의 법률학자, 사회학자, 정치이론가이다. 유럽 사회학의 창시자 중 한 명으로 꼽힌다. 사회 진화론적 관점에서 인종 투쟁으로 사회발전을 설명하였다. 주요한 저서로는 『인종과 국가 *Rasse und Staat*』(1875), 『인종투쟁 *Der Rassenkampf*』(1883) 등이 있다. 굼플로비치는 마누엘 곤살레스 프라도의 역사관에 많은 영향을 끼친 사회학자이기도 하다. 이 책에 수록된 「우리의 원주민」에서 곤살레스 프라도는 식민지 시대뿐만 아니라 현재까지 종속 계층으로 살아온 원주민의 역사를 분석하는 과정에서 굼플로비치의 관점을 반영하고 있다.

다. 뒤처진 양이 앞서가는 양을 따를 뿐입니다. 설치류의 한 종류인 비버가 주거지를 만들 때, 선조 비버들이 하는 법을 따라 하는 것과 같습니다. 굴이 양식장에서 태어나고, 번식하며, 죽는 것처럼, 그들도 선대 변호사의 운명을 뒤따를 뿐입니다.

페루에는 지식의 가치를 아는 사람이 없습니다. 지혜에 대한 최소한의 개념을 소유한 사람을 찾아보기 힘듭니다. 변호사 학위가 없는 사람 가운데 지식인을 찾아보기는 더욱 힘이 듭니다. 페루에서 한 개인이 연설을 하거나, 극작가가 되거나, 소설을 쓰거나, 역사서를 출판하거나, 혹은 국가적 승인을 받은 박사학위를 취득하는 일은 극히 드문 일입니다. 멘디부루 장군[7]이 사전을 출판했을 때, 박사학위를 받지 못했습니다. 오히려 가지고 있던 장군이란 직함까지 빼앗겼습니다. 차마 믿기 어려운 일이었습니다. 반대로, 페루의 혁명가가 갑자기 대령의 타이틀을 벗고, 어느 날 박사라고 자칭하는 것은 흔한 일입니다. 오히려 페루 사회는 매우 신중한 정치인이라고 존경했습니다. 무지한 대중은 몇 개의 법 조항만 알면 지식인이라고 인정해 주기 때문입니다.

변호사란 가장 극심한 인격적 변화를 겪는 사람입니다. 제멋대로인 재판관의 판결을 정의로운 것으로 인정하고, 스스로를 속이며 일상을 살아갑니다. 아무리 강직한 심장이라도 비틀어지지 않을 수 없습니다. 어떤 특수한 두뇌가 수년간의 사기와 난장판 속에서 썩지 않을 수 있습니까? 매일 반복되는 법전, 규정, 행정 심판뿐인 일상 속에서 어떤 인격이 부패하지 않을 수 있겠습니까? 변호사라는 직업은 무덤과 같습니다. 지식인들만 보면 무조건 삼켜버리는 거대한 무덤입니다. 이 나라 최고의 지식들이 미처 성장하기도 전에 영원히 몰

---

7 마누엘 데 멘디부루(Manuel de Mendiburu, 1805~1885)는 페루 군인, 정치가, 역사학자이다. 무기제조학을 전공하였고, 국가재정학의 전문가로 인정받아 재무부장관이 되었다. 1879년 태평양 전쟁 때 육군부장관으로 임명되었다. 그러나 곧이어 통일과 단합이 부재한 정부를 한탄하며 모든 직위를 내려놓고 공적인 활동을 중단했다. 이후에는 8권에 이르는 기념비적인 백과사전 『페루의 역사 인물 사전 *Diccionario Histórico-Biográfico del Perú*』(1874~1890)을 편찬하였다.

락하는 장소입니다.

근본적으로 변호사들은 과학과 예술과 거리가 먼 삶을 삽니다. 오직 직분을 위해 생존하며 종국엔 무지와 타락의 길로 빠지게 됩니다. 이와 같은 이유로, 로마시는 무자비한 침략자에 대한 반감보다 로마법과 악덕 변호사들에 대한 거부감으로 가득 차 있었습니다. 로마 시민은 총독과 황제 근위대보다 변호사에게 더 큰 반감을 가지고 살았습니다. 고대 로마의 시인 유베날리스[8]는 변호사를 예찬하지 않았습니다. 로마 역사가 타키투스[9]는 변호사를 시장에서 생활필수품을 파는 장사꾼과 동일시했습니다. 고대 로마의 집정관이었던 가이우스 실리우스[10]는 전체 원로원 앞에서 변호사와 의사를 비난했습니다. 변호사는 악덕과 부정을 팔아 부자가 되고, 의사는 질병을 통해 부자가 되는 장사꾼이라고 비난했습니다. 그럼에도 불구하고, 로마 제국은 언제나 정의를 위한 수호자를 갈구했고, 심지어 여성도 변호사가 될 수 있었다고 합니다. 그런데 어느 날 아프라니아[11]나 칼푸르니아[12] 중 한 여성이(두 여인 중 누구였는지 정확한 기억이 나질 않습니다) 판단력을 잃을 정도로 화가 난 상태에서 재판관을 향해 팔을 걷어붙이고 대항했다고 합니다. 이런 충격적인 행실로 인해 로마는 여성이 변호사직에 종사하는 것을 금지했습니다. 우리 인간사에 엉터리 변호사가 두 배 혹은 세 배로 확대되는 사태를 예방한 것이지요. 하지만 변호

---

8 데키무스 유니우스 유베날리스(Decimus, 55~140)는 1세기 후반에서 2세기 초반에 활동한 고대 로마의 시인이다.

9 푸블리우스 코르넬리우스 타키투스(Publius Cornelius Tacitus, 56~117)는 고대 로마의 역사가이다.

10 가이우스 실리우스(Gaius Silius, 13~48)는 고대 로마의 집정관이다.

11 가이아 아프라니아(Gaia Afrania, 기원전 48년)는 고대 로마의 여성 변호사로, 원로원 의원 리키니우스 부코니스의 아내였다. 로마에는 소수지만 여성 변호사들이 존재했던 시기가 있었다. 그 가운데, 가이아 아프라니아의 일화는 유명하다. 그녀가 법정에서 취한 저돌적인 행동으로 인해 이후 여성의 변호사직이 금지되었다고 한다.

12 칼푸르니아 피소니스(Calpurnia Pisonis)는 율리우스 카이사르의 세 번째이자 마지막 아내이다.

사의 존재는 계속 번성할 것입니다. 그리스 로마 세계가 게르만 민족의 침략으로 존속의 위기에 빠졌을 때를 기억해 보십시오. 수많은 점성가, 요리사, 검투사, 수사학자가 로마 제국에 모여들었습니다. 결국 변호사직을 지탱해 주는 기반은 언제나 흔들리지 않고 확고했습니다.

오늘날 변호사가 세상을 지배하고 있습니다. 백만장자가 소상인을 노예로 만드는 거대한 도시에서 변호사는 중대한 역할을 행사합니다. 부자가 가난한 자를 약탈할 방법을 논의하는 야간모임에서도 마찬가지입니다. 변호사는 언제나 고리대금업자의 편에 섭니다. 스스로의 힘이 부족하면 독재자의 힘을 이용합니다. 따라서 라틴 아메리카에서 가장 탐욕스럽고 타락한 사람은 바로 변호사입니다.

아직까지 그들의 집단적 속성에 대한 논의하지 못했습니다. 특별히 의회와 관련된 변호사의 활동을 주목해 보지 못했습니다. 한 컵의 식초가 포도주 한 통에 신맛을 야기할 수 있듯이, 변호사의 혀는 한 집단의 평화를 혼돈과 적대감으로 바꾸어 놓기에 충분합니다. 박사들이 모여, 법률적인 논설을 늘여놓는 광경을 상상해 보십시오. 아무도 상대방과 의견의 일치를 꾀하려고 노력하지 않습니다. 지극히 단순한 사건을 둘러싸고, 해답 없는 혼돈을 일으키고, 요란한 논쟁거리를 만들어 냅니다. 오백 명의 사람들이 모인 집단을 상상해 보십시오. 한 사건마다 오백 가지의 방법들이 제시될 것입니다. 오늘날의 바벨탑이란, 언어의 혼돈이 아닌, 변호사들의 소동과 오합지졸을 의미합니다.

II

사법부의 구조와 행정 관리자에 대해 소개하기에 앞서, 사이비 변호사의 부패한 실태에 대해 집중적으로 분석했습니다. 재판관은 한때 변호사로 삽니다. 노쇠한 수녀가 한때 향락을 좇던 젊은 여인이었던 것과 마찬가지입니다. 현 형사와 검찰의 앞잡이는 은퇴한 좀도둑 출신입니다.

알키비아데스[13]는 "사법부로 임명된 사람의 어리석음은 법정에 출정하는 동시에 드러나고, 그의 신중한 분별력은 법정에서 사라질 때 드러납니다"라고 통찰력 있게 말했습니다. 알키비아데스와 비슷한 지혜를 지녔던 한 파리 시민은 "만일 제가 절도죄로 고소당하면, 멀리 도망갈 것입니다"라고 말하기를 즐겼습니다. 페루 시민도 동일한 말을 할 수 있습니다. 만일 당신이 형법상의 소송에 연루되어 당신의 금융 실태가 드러나고 부정한 사실이 발견되면, 도망가거나 사라지면 됩니다. 고전적인 의미로써, 정의의 여신은 붕대로 두 눈을 가리고 있으며, 한 손에는 검을, 다른 한 손에는 눈금을 재는 저울을 들고 있습니다. 반면, 페루의 정의의 여신은 모든 것을 받을 수 있도록, 두 손을 활짝 펴고 있습니다. 두 눈은 어느 편의 화폐가 더 빛나고 있는가를 판단하기 위해 크게 뜨고 있습니다.

페루 사법부 사람들에게 양심을 완전히 제거한다면 어떤 일이 벌어질까요? 필요하다면, 영국 화폐를 마음껏 공급받을 것입니다. 재판관은 스스로를 강론과 성당의 권위를 장악한 합법적 우두머리라고 인식할 것입니다. 만일 사법관의 혈액에 충동적인 정신이상자의 혈액을 첨가한다고 상상해 보십시오. 그리고 카네기[14]와 록펠러 가문[15]의 달러를 맛보게 하십시오. 수천 가지의 형법 항목을 어기고도, 형벌을 받지 않고 뻔뻔스럽게 살 것입니다. 돈, 권세, 힘을 소유한 인간에게 실행 불가능한 부정행위는 존재하지 않습니다. 죄를 뉘우치거나 참회할 필요성도 느끼지 못합니다. 이와 반대로, 감옥에서 고통받고, 참회소에서 죽어가는 불행한 사람은 누구입니까? 지원자를 찾지 못했거나, 유형의 뇌물을 충분하게 제공하지 못한 사람입니다.

---

13 알키비아데스 클레이니우 스캄보니데스(Alcibiades Cleiniou Scambonides, 기원전 450~404)는 고대 그리스 아테나의 정치가, 웅변가, 정치가, 군사 지도자로 활약하였다.

14 앤드루 카네기(Andrew Carnegie, 1835~1919)는 미국의 철강 재벌이다.

15 존 데이비슨 록펠러(John Davison Rockefeller, 1839~1937)는 미국의 사업가·대부호로 알려졌다. 1870년 스탠더드 오일을 창립, 석유 사업으로 역대 세계 최고의 부자로 손꼽히는 인물이다.

페루에서 증거나 법률은 가치와 실효성을 잃었습니다. 범죄자를 수색하는 유일한 이유는 거액의 건물을 수리해 줄 사람이 필요하기 때문입니다. 마찬가지로, 복잡한 판결에 재판관이 필요한 유일한 이유는, 본 예심을 취소하고 새 예심을 조작하기 위해서입니다. 죄인에게는 자유를, 결백한 사람에겐 십자가형을 판결하기 위해서입니다. 매우 드문 경우에, 어떤 유혹(남성적, 여성적 유혹 모두를 가리킵니다)에도 무너지지 않는 고결한 판사가 있습니다. 그런 사람은 유혹이 아니라 다방면으로 협박을 하면 됩니다. 마침내 돈으로 매수하기 쉬운 온순한 유형으로 변할 것입니다. 더욱 드문 경우가 있다면, 즉 당신이 매수하고 싶은 재판관이 계속해서 거절한다면, 천 킬로 혹은 이천 킬로 떨어진 곳에서 은밀히 만나 보십시오. 마침내 당신의 청을 들어주는 재판관으로 변할 수 있을 것입니다.

아레오파고스[16]가 독립성을 유지할 수 있었던 이유는 재판하는 방식에서 찾아볼 수 있습니다. 중대한 소송 때마다 금융업자들을 처벌했습니다. 반면에 페루 선거 위원회의 구성원을 보십시오. 언제나 정부의 속삭임과 명령에 충성합니다. 민주당 집권기에는 민주당 후보가 당선되고, 시민당 집권기에는 시민당 후보가 선출됩니다. 이와 같은 불명예스러운 정치적 유연성을 자랑하는 사람들입니다. 혼자 있는 은밀한 사무실에선 어떤 행동을 할까요? 국민 투표를 조작하는 법관이 결백한 자에게 형을 부과하고, 범죄자를 사면하는데 최소한의 양심의 가책을 느끼겠습니까?

법관의 임명절차를 알면 모든 것이 이해가 됩니다. 헌법에 따르면 다음과 같습니다. 대법원의 법관과 검사는 행정부의 제청으로 의회가 임명하고, 고등법원의 법관과 검사는 대법원의 제청을 받아 행정부가 임명하며, 지방법원의 법관과 검사는 각각 고등법원의 제청으로 행정부가 임명합니다. 형식은 다르

16 아레오파고스는 아테네의 언덕이다. 고대 그리스의 시민과 원로는 이곳에 모여서 중죄인을 재판하였다.

지만, 결과적으로 대통령이 유일한 임명권자입니다. 사법부와 입법부는 행정부의 부속기관이라고 할 수 있습니다. 더욱 편리해진 새로운 법률절차로 인해 법관이나 검사라고 자칭하는 사람들도 생겼습니다. 예를 들면, 사법부를 포함하여 고위관료가 잠시 직무를 내려놓고, 동료를 대리인으로 내세웁니다. 그러면 대리인이 고위관료를 제청하거나 선임합니다. 따라서 고위 법관은 정부에 바친 헌신과 봉사의 대가입니다. 이때, 사법부의 수고와 봉사는 온 국가에 결벽증이라는 나쁜 버릇을 유행시켰습니다. 주변을 돌아보십시오. 법관과 익수한 사람은 반드시 세척제와 소독제로 손을 씻어야 한다는 과장된 위생관념을 가지고 있을 것입니다. 페루에 널리 퍼져있는 병증입니다.

페루의 사법부를 가리켜, '정의가 아닌 권력의 도구'라고 표현할 수 있습니다. 에스파냐 출신의 외교관 살라사르 이 마사레도[17]는 이들을 겨냥하여, "언젠가는, 서류에 최종 서명을 하는 법관이 페루의 재판권을 결정할 수 없는 날이 올 것이다"고 비난했습니다(페루 사회에 격분한 에스파냐 국왕의 대리인은 1864년 4월 12일 날짜가 적힌 위의 메모를 페루 외무부 장관에게 전했습니다). 페루에서 부당한 대우를 받은 살라사르 이 마사레도는 자신의 처지를 영국 화이트 대위의 상황에 빗대어 설명했습니다. 몇 해 전, 레이어드[18] 영국 국제 외교 차관이 상원 앞에서 화이트 대위를 변호하던 중 다음과 같이 말했다고 합니다. "우리의 영국공신, 화이트 씨는 부당한 덫에 걸려 잔혹한 대우를 받는 불행을 당했습니다. 역설적으로, '정의의 법정'이라는 불행한 덫에 걸리고 말았습니다"라고 말했다고 합니다.

페루의 하수시설을 위해 영국 기술자들이 유치되었고, 농업을 위해 벨기에 농업학자들이 방문했으며, 군사 훈련을 위해 프랑스 공무원들이 방문했습

---

17 에루세비오 살라사르 이 마사레도(Eusebio Salazar y Mazarredo, 1827~1871)는 에스파냐 외교관으로 1863년에는 미국, 볼리비아, 페루에서 근무했다.

18 오스틴 헨리 레이어드(Sir Austen Henry Layard, 1817~1894)는 영국 여행자, 고고학자, 미술사학자, 작가, 정치외교관이다.

니다. 이제 페루의 재판을 위해 독일이나 스위스 사람을 고용해야 할 것입니다. 물론, 직분에 합당한 정직하고 존경할 만한 소수의 법인이 존재한다는 것은 부인하지 않습니다. 그들의 이름을 밝히지 않는 이유가 있습니다. 부패한 사법 단체에서 스스로를 유일하게 순결한 양이라고 자부하는 사람이 있을 것입니다. 물론 실제로 정직한 재판관도 존재합니다. 독을 품지 않은 뱀과 버섯이 존재하듯 말입니다. 그렇지만, 선거위원회는 신격화된 존경과 숭배의 분위기에 도취되어 살고 있습니다. 아프리카 원주민이 생선 상자나 장화를 우상으로 경배하듯, 우리도 국회와 대법원 구성원을 신성화하고 있습니다. 아무도 그들을 평범하게 바라보지 않습니다. 언제나 최고의 명예를 상징하는 존재로 바라봅니다. "위원장님께서 등장하셨습니까?" 이윽고, 모든 이가 머리를 숙입니다. "위원장님께서 불편하십니까?" 모두가 그의 기분에 비위를 맞추기 시작합니다. "위원장님께서 말씀하십니까?" 모두가 입을 봉하고 언어를 삼킵니다. 실제로, 그들의 언어에 베인 우둔함의 규모는 히말라야산맥과 같고, 천박함이란 행성의 크기에 견줄만합니다. 지구상에 우둔함과 천박함은 끊임없이 번성할 것입니다. 고대 이집트 알렉산드리아의 신 세라피스[19]의 조각상과 머리 위에 놓인 궤를 기억하십니까? 세라피스의 궤와 흡사하게, 페루의 위대한 법조인의 머리 위에는 생쥐들이 틀어놓은 둥지가 놓여있습니다.

III

사법기관의 타락만큼 한 사회를 부패하게 만드는 것은 없습니다. 부와 권력을 가진 자들이 법을 무기 삼아 남용하기 시작하면, 그 사회의 시민은 복수심을 키우게 됩니다. 이런 환경 속에서 마피아나 카모라[20]와 같은 불법 범죄

19 세라피스(Serapis) 신상은 머리에 사후세계 혹은 지옥을 상징하는 궤(櫃)를 이고 있다.

20 카모라(Camorra)는 마피아와 비슷한 이탈리아 범죄 조직으로, 남부 캄파니아 지역과 나폴리 도

조직들이 탄생할 수 있습니다. 결과적으로, 한 사회를 선사시대로 후퇴하도록 만듭니다. 어쩌면 동굴과 숲에 사는 원시 시대로 돌아가는 편이 나을 수도 있습니다. 물론 그런 사회에 위선자와 기회주의가 완전히 배제될 수 있다면 말입니다. 원시 사회에서 한 개인이 참된 정의를 구현할 수 있다면, 이는 부패한 문명사회보다 훨씬 우월합니다. 부패한 문명사회에선 강자가 약자를 억압하고 착취하는 것이 허용되며, 최악의 부정행위도 합법화되고 있기 때문입니다. 힘을 과시하는 원시제국과 위선으로 가득 찬 왕국 중에 선택하자면, 전자를 선호합니다. 밀림에서 투석기와 막대기를 들고 원시인과 싸우는 것을 선택하겠습니다. 정의를 대표하는 법정에서 각종 법적 통지서와 서류를 앞에 두고 불법행위를 일삼는 사악한 변호사와 대응하느니 말입니다.

군인의 폭정보다 사법부의 독재가 더욱 위험합니다. 군인이 이끄는 독재정권은 대중의 반란에 의해 무너지거나, 혹은 한 인물이 제거됨으로써 와해될 수 있습니다. 그러나 판사의 독재는 사회적 폭동과 정치적 반란으로도 무너지지 않습니다. 페루 정부는 구티에레스 형제[21]를 암살하고 대성당의 전망대에 매달아 불태웠습니다. 그러나 뇌물과 부정행위로 타락한 판사를 그와 비슷한 방식으로 처벌한 적은 한 번도 없습니다. 우리나라가 구티에레스 형제의 폭력과 위협 때문에 힘든 날을 보냈다면, 그 기간은 일주일도 채 되지 않았습니다. 그보다 더 사악하고 해로운 법관들은 페루를 반세기 동안 괴롭히고 있습니

시를 중심으로 성장했다. 인근 지역의 마피아 단체와 다르게, 카모라 조직은 해상약탈로 알려져 있다.

21 구티에레스 4형제는 1872년 7월 22일 리마에서 호세 발타(José Balta) 정권에 대항하는 군사 반란을 일으켰다. 육군과 해군부장관을 역임한 토마스 구티에레스(Tomás Gutiérrez)를 선두로 4형제는 쿠데타를 일으켜 발타 대통령을 암살하고, 대중반란을 선동하는 데 성공한다. 그러나 1872년 7월 26일, 구티에레스 4형제 가운데 3명이 반대파의 총격으로 사망했다. 시신은 거리와 대성당에 전시되었고, 결국 혁명은 실패로 돌아갔다. 이후 시민당(Partido Civil)을 창당한 마누엘 파르도(Manuel Pardo)가 1872년 8월 2일에 대통령으로 즉위했다. 최초의 시민당 출신의 대통령이며, 이후 과두지배 정치를 펼쳤다.

다. 정부와 의회는 사라질 수 있어도 법원은 부패하지 않는 금처럼 영원히 존속합니다.

군사적 폭군은 자신의 폭력에 대해 책임을 짊어지고, 대중의 증오심을 몸소 감내합니다. 반면에 재판관은 피해를 야기하고 결과를 돌보지 않습니다. 법전을 도피처 삼아 존재를 숨깁니다. 본인의 악행이 과잉상태에 이르렀을 때에도 잘못을 인정하지 않습니다. 오히려 법의 결함을 지적하며, 자신의 책임을 회피합니다. 정의를 상징하는 법정은 개인의 소유권, 명예, 생명을 파괴하게 되었고, 이 사회의 무기력을 대표하게 되었습니다. 법정은 곡식을 빻아 가루로 만드는 맷돌에 비유할 수 있습니다. 돌처럼 차가운 재판관의 무지와 불감증은 한계를 모르는 인류의 탐욕을 상징한다고 할 수 있습니다.

어떤 사회 계층도 사법부의 특권과 안정감을 누리지 못합니다. 군대는 장화로 우리를 짓밟거나, 칼로 위협합니다. 그러나 국가가 외세의 침략으로 위협을 받을 때, 국민을 위해 목숨을 내놓습니다. 성직자는 반복되는 지루한 곡조로 우리를 멍청하게 만듭니다. 교리, 면죄부, 종교적 특권행사로 우리를 착취합니다. 그러나 병자를 방문하고, 죽어가는 이를 위로하며, 원주민과의 전투 가운데 몸을 던지기도 합니다. 반면 우리의 사법부는 희생 없이 모든 것을 쟁취합니다. 모두가 지쳐있을 때, 그들은 쉬고 있습니다. 모두가 밤을 새울 때, 평안한 잠에 취해 있습니다. 모두가 금식할 때 음식을 배불리 먹습니다. 때론 산초가 돈키호테를 모방하듯, 기사 모험담을 흉내 냅니다. 실제로 법관에게 내전과 같은 역사적 현실은 중요하지 않습니다. 내전의 승리자가 누구인지도 상관하지 않습니다. 혁명주의자나 친정부주의자나 관계없이 동일한 명예, 영향력, 풍족한 급여, 그리고 대중의 존경까지 확보할 수 있다고 믿기 때문입니다. 국가가 파산을 당해도 언제나 예외적입니다. 난파된 선박에서 분리된 한 조각의 통나무나, 표면 위에 홀로 떠 있는 주머니를 연상하시면 됩니다. 더 나은 비유로, 암벽 속에서 보호받고 있는 새와 같습니다. 그들은 태풍으로 가라앉은 선박에 대해 걱정하지 않습니다. 또한 조난당한 불행한 이들의 외침에도 귀 기울이지 않습니다.

페루에서 변호사라는 직업은 왜곡되었습니다. 하물며 십오 년, 이십 년 동안 재직한 사법원장의 직위는 어떨까요? 예를 들어, 자전거 선수가 편한 자세로 페달을 밟으며 자유자재로 키를 조정하는 모습을 보면, 금세 그의 직업을 짐작할 수 있습니다. 마찬가지로 재판관의 직업을 구별하는 방법은 간단합니다. 주로 서류를 대충 훑어 내리고, 금세 벼락이라도 칠 듯 극단적인 판결을 내립니다. 이런 태도는 식탁에서 포크를 사용할지, 손을 사용할지를 결정할 때에도 마찬가지입니다. 이런 왜곡된 모습은 외형에만 국한되지 않습니다. 검사가 생각하는 정의에 대한 개념을 살펴보면 알 수 있습니다. 검사는 변호사가 공정한 사건을 변호할 때나, 불공정한 사건을 변호할 때나, 거의 동일한 경우로 인식합니다. 검사에게 정의란, 법을 자기 마음대로 해석할 수 있는 능력을 의미합니다. 어젯밤에, 사건을 비판하기 위해 특정 법 조항을 인용했다고 합시다. 오늘도 그 동일 사건을 마주하여 동일한 법 조항을 인용할 수 있습니다. 그런데 이번에는 적극적으로 지지하기 위해서입니다. 아테네의 아레오파고스 집정관은 불공정한 판결을 내린 사례가 한 번도 없었다고 합니다. 페루의 재판관은 소송에서 패한 아테네 사람의 의견을 들어볼 필요가 있습니다.

법이란 우리가 보기에 명확하고 단순해 보여도, 매우 복잡하고 어두운 측면을 내포하고 있습니다. 정직한 사람을 위한 법이, 악인을 위한 법으로 탈바꿈한답니다. 어쩌면 의인보다 악인 편을 드는 법일 수 있습니다. 사실, 법은 정의와 평등의 기준이자 모법이 되어야 합니다. 그런데 선한 법이 악한 판결을 낳는다면 무슨 소용입니까? 마르쿠스 아우렐리우스[22]조차도 페루의 법전을 평가해 과도하게 잔인하다고 비판할 것입니다. 유대인 역시 페루의 법에서 그리스도의 정신을 찾을 수 없다고 비난할 것입니다.

---

22 마르쿠스 아우렐리우스(Marcus Aurelius)는 '철인황제'라고 알려진 로마 제국의 제16대 황제(121~180년)이다. 그의 죽음을 끝으로 로마 제국의 전성기는 막을 내리고, 군인 황제 시대가 도래하였다.

사회적으로 직업이 분류되기 이전에는, 한 사람이 소송인, 재판인, 집행인이라는 세 가지 기능을 동시에 수행했습니다. 노동이 좀 더 정확하게 정의되고 세분화된 오늘날에는 재판관은 법을 적용하고, 교도소장은 죄인을 감사하고, 사형집행인은 형을 집행하게 되었습니다. 사형집행인, 교도소장, 재판관으로 구성된 혐오스러운 삼인조 중에서 가장 혐오스러운 인물을 꼽으라면 재판관입니다. 그는 재판관인 동시에 사형장과 교수대의 제공자이고, 또한 교도소장과 사형집행인의 위임자입니다.

요약하자면, 사법부의 문제는 본인들이 깊은 늪에 빠져 있으면서, 이를 해결할 배수시설을 거부한다는 사실입니다. 대법원에서 일심에 이르기까지, 모든 법인의 이마에는 '나를 건드리지 마시오'라는 문구가 새겨져 있습니다. 실제로 아무도 그들을 건드릴 수 없습니다. 어른부터 아이까지 성스러운 종교 제사장처럼 숭배합니다. 누군가가 에스파냐의 카나리아제도는 사라진 아틀란티스 대륙에서 분류된 섬이며, 테이데 산은 거대한 산맥의 조각에 불과하다고 말했습니다. 언젠가 페루 사회가 피의 바다에 함몰된다고 해도, 사법부는 생존할 것입니다. 독립하여 살아남은 테이데 산[23]처럼 말입니다.

1902년

23 테이데 산(Pico de Teide)은 카나리아제도 테네리페섬 중앙에 솟아 있는 산으로, 에스파냐뿐 아니라 대서양의 섬 중에서도 가장 높은 봉우리이다.

5. 우리의 입법부

I

1906년에 어느 상원 의원은 카메라 앞에서 다음과 같은 의견을 표명했습니다. "몇 해 전부터 페루의 국회는 명목상의 기구가 되었습니다. 따라서 정부가 정하는 계획이나 기획에 반대하는 것은 헛된 일입니다. 어차피 그들이 정하는 모든 기획은 통과될 것입니다. 기획이 초래한 결과에 대해서는 숙고해 보지도 않고 말입니다."

사실 단지 '몇 해 전'부터가 아니라 공화국 설립 초기부터 있었던 특징입니다. 페루 의회의 역할은 너무 미개하고 저급한 수준이어서, 다수의 상원의원과 하원의원은 단지 왕실의 하인으로 살았습니다. 처음부터 의회는 정부의 부패한 필요에 의해 선택된 사람들로 구성되었으니, 애초부터 기대할 것도 없었습니다. 소수가 고양된 도덕관념과 의식 수준을 소유했다고 해도, 전체 조직의 오명을 씻을 수는 없기 때문입니다.

보편적으로 우리의 의회는 아침에는 반정부주의자로, 밤에는 친정부주의자로 살아가는 경향을 보입니다. 그 와중에 소수와 다수라는 단어로 구성원의 성격을 양분화하기는 다소 단순해 보입니다. 외관상으로 같은 그룹에 속해 보이는 소수파 안에서도 세분화가 일어납니다. 즉 하나의 사상만을 고수하는 확신에 찬 사람들과, 국고에서 떨어지는 금전의 맛을 보면 마찰을 일으키는 우유부단한 사람들로 나뉩니다. 결과적으로, 신념을 가졌던 반정부주의자들은 친정부주의자들의 지루한 수다로 지치기도 하지만, 동료들의 배반으로 한 번 더 절망합니다. 무지한 대중과 논쟁할 수 없다는 결론과 함께 침묵하기에 이릅니다. 벽으로 된 건물을 박치기로 무너트릴 수 없듯이, 기름으로 찬 거대한 가죽 부대를 주먹질로 부서트릴 수 없듯이 말입니다. 대다수를 차지하는 의원도 서로 관점의 차이를 보입니다. 그 가운데 몇몇 사람은 악한 동기와 의도를 가지고 고의적으로 행동합니다. 하지만 대부분 자신이 속한 영역이 어떤 곳인지 정확하게 인식하지 못하고, 다른 이의 의견도 필요치 않습니다. 오직 모든 것이 정부의 명령과 협박에 따라 이루어진다고 인식합니다. 의회는 언제나 대통령과 동행합니다, 늙은 돈키호테가 산초의 동반이 필요했던 것처럼 말입니다. 돈키호테가 산초에게 했듯이, 대통령은 그들을 설득하고, 귀를 기울이게 하고, 재빨리 행동하게 만듭니다. 레츠 추기경[1]은 "모든 의회는 그저 서민이자 대중일 뿐입니다"라고 말했습니다. 그가 페루의 현재 모습을 보았다면, 페루 의회를 무질서한 최하층민으로 분류했을 것입니다.

이런 비굴한 인류의 역사 속에도, 간혹 반역의 정신으로 무장한 상원, 하원이 존재했던 시기가 있었습니다. 그리스 사람들은 행정부의 회의장에서 야영하기도 했고, 트로이 사람들은 입법부의 실내에서 밤을 지새우기도 했습니다. 이러한 순간에 충돌과 대학살을 기다렸지만, 실제로 사망자도 사상자도 없었습니다. 심리학자에 의하면, 지나치게 절박하고 긴장된 순간에는 오히려 화해의 분위기가 싹튼다고 합니다. 그저 단순한 혼돈으로 그치고 맙니다. 드레퓌스 계약[2]과 그레이스 계약[3]이 주는 교훈을 상기해 볼 필요가 있습니다. 일

---

1 장 프랑수와 폴 드 공디(Jean François Paul de Gondi, 1613~1679)는 레츠(Retz) 추기경으로 더 잘 알려져 있다. 프랑스 추기경이었지만 자유주의 성향을 가진 정치가이기도 했다. 그의 정치 이론은 프랑스 군부 정치와 종교 절대주의에 저항하는 세력을 키우기도 했다.

2 드레퓌스 계약은 1869년 파리에서 페루 정부 대표단과 프랑스 오귀스트 드레퓌스 회사가 체결한 상업 계약이다. 당시 대통령인 호세 발타(José Balta)는 경제 파탄의 위기에 직면하자해외 채권단과 해외 위탁판매인의 힘을 빌려 위기를 모면하고자 하였다. 호세 발타 대통령은 니콜라스 데 피에롤라를 재무부장관으로 임명하였다. 피에롤라는 프랑스 드레퓌스 회사와 페루의 구아노

반적인 법칙은 다음과 같습니다. 소수이건, 다수이건 다르지 않다는 것입니다. 한 편이 다른 편보다 더 유익한 목적의식을 소유한 것이 아닙니다. 반정부주의자와 친정부주의자들은 더 이상 승리를 위한 빛과 어둠을 물리치는 치열한 전투를 치르지 않습니다. 역사적으로 양편에서 공통적으로 볼 수 있는 것은, 그을린 연기에 남아있는 오류의 잔재뿐입니다.

그러면, 국회의 역할은 무엇입니까? 의회를 축소할지 혹은 확장할지를 논하기보다 오히려 폐지에 대한 필요성과 유용성을 논하는 것이 낫지 않겠습니까? 페루의 상원과 하원은 일시적 직업을 넘어, 평생 고정 수입, 세습적 소유, 특정 가문에 속한 부를 축척할 수 있는 것을 의미합니다. 고위 관직에 30~40년 종사했던 이들은 자식과 손주에게 상원의원, 하원의원의 직위를 물려줍니다. 의석이 다른 행성으로 이동되지 않는 한 말입니다. 그들이 하는 일은 정부의 명령에 '아멘'으로 화답하는 일임에도 불구하고, 받는 대가는 비싸기 짝이 없습니다. 각종 추가 사례금과 특혜를 누리고, 자신의 후계자, 유권자, 가족 친지를 유지하기 위해 약탈을 일삼는 삶은 즐깁니다. 돈지갑의 깊이를 알 수 없습니다. 주변에는 언제나 무지하고 탐욕스러운 군단을 이끌고 있습니다. 이처럼, 입법부의 회원마다 거대한 기생 집단이 따라붙습니다. 이어서 거대한 규모의 하급 기생충들이 군집을 형성하고 있습니다. 국가의 생명의 원천을 빨

거래 계약을 맺었다. 이후 페루 국내의 기업가들은 이 계약을 약탈이라고 비난하였고, 계약을 폐기하여 드레퓌스 회사의 자리를 대신하려고 한다. 여러 논쟁과 법적 투쟁에도 불구하고 1870년 페루 정부는 드레퓌스 계약을 승인하였다. 그러나 1876년 드레퓌스 회사는 조약을 준수하지 않았고, 페루가 쇠약한 틈을 이용해 계약 내용을 조작했다는 혐의를 받게 되면서, 마침내 드레퓌스 계약은 파기되었다.

3 그레이스 계약은 1889년 10월 카사레스 대통령 집권기에 페루와 영국 채권회사 간에 체결된 계약이다. 페루 정부가 누적된 채무를 갚기 위해 선택한 유일한 방책이었다. 영국 채권단의 대표자이던 마이클 그레이스(Michael Grace)의 이름을 딴 이 계약은, 66년 동안 페루의 철도사업을 영국 채권회사에 맡긴다는 조건으로 페루의 외채를 면제해준다는 내용이었다. 1869년의 드레퓌스 계약과 마찬가지로 경제 파탄의 위기에 처하자 외채 문제를 해결하기 위해 해외 자본가의 힘을 빌리게 된 경우이다.

아먹는 잡식동물로 이루어진 거대 집단을 형성합니다.

현 재무부 장관은 입법 의원들 앞에서 외쳤습니다. "긴급하게 필요한 공공사업이 무제한적으로 연기되었습니다. 그에 할당된 예산이 국회 자금으로 사용되기 때문입니다." 명예로운 의원의 피부는 채찍질로도 상하지 않습니다. 작은 상처도 내기 힘듭니다. 마치 두꺼운 하마의 가죽을 양모 뭉치로 때리는 격입니다. 국민의 비판이 그들의 식욕을 감퇴시키기는커녕, 오히려 배고픔을 자극시킬 수 있습니다. 도리어 복수심을 느낀 나머지, 연간 삼천육백 솔[4]에 해당하는 비밀별장을 사들일 수도 있습니다. 곧 예민했던 분노의 감정은 원래의 월급을 되찾는 것으로 평화롭게 마무리됩니다. 은퇴 이후를 위한 더 큰 해택을 계획합니다. 의회의 모임은 완벽한 속임수이며 사기극입니다. 의회 내부에서는 관심도 없는 논쟁을 벌입니다. 의회 외부에서는 연금 삼천육백 솔에 대한 계획을 세우며 요란스러운 술잔치를 즐깁니다.

헛된 말뿐인 국회를 설립하는데 낭비한 돈을 생각해 보십시오. 이로써 얻어지는 긍정적인 결과는 무엇입니까? 국가주요체제인 국회를 유지함으로써 얻게 되는 이득은 무엇입니까? 차라리 양이나 소를 돌보는 것이 나을 것입니다. 질 좋은 양털이나 신선한 우유 한 리터의 가치가 상원 의원이 작성한 질문 청구 서류나 하원 의원이 작성한 답변 문서보다 낫지 않을까요? 수다스러운 의회라고 했지만, 사실 페루의 입법자의 말과 행동은 꽤 일치합니다. 마치 말하는 로봇이나 연설을 뿜어내는 펌프와 같습니다. 소망하기를, 어느 집요한 조사자가 그들의 토론원문을 조심스럽고 반복적으로 읽고 또 읽어주었으면 좋겠습니다. 그들의 언변은 무한한 허섭스레기가 모여서 만들어진 거대한 산과 같습니다. 집요하게 조사하면, 얼마나 많은 금화와 재물이 숨겨져 있는지 알려질 것입니다.

4 솔(sol)은 페루의 화폐단위이다.

II

앞의 질문을 반복해 봅시다. 의회의 역할은 무엇입니까? 바로 대중의 무지가 불치병 수준이라는 것을 명확하게 증명해 주는 역할을 합니다. 의회는 정부에 의해 설득되기 쉬운 사람들로 구성된 소수의 조직입니다. 이들은 사회를 개화하고 심지어 문맹인을 교화하려 하지만, 정의와 선한 가치에 대한 열망은 조금도 없습니다. 오직 명성과 돈을 추구할 뿐입니다. 쉽게 말해서, 지푸라기와 밀가루 냄새를 추적하는 본능만을 소유하고 있습니다.

페루는 아직도 1860년에 세워진, 즉 반세기나 후퇴한 헌법 아래 살고 있습니다. 또한 국회는 선거법과 군법을 선언했습니다. 선거법에 의하면, 정부, 즉 대통령은 선거에 관한 모든 절차를 장악합니다. 군법이란, 국가는 발생 가능한 모든 불의에 대해 처벌할 수 있다는 선언입니다. 즉, 국가의 손에 사형부터 재산의 몰수에 이르기까지 모든 책임을 영구히 양도한 것입니다. 이것은 논쟁이 불가능한 계엄령의 상태를 의미합니다.

페루뿐 아닌 문명화된 대부분의 국가는 입헌제가 진정한 자유주의 시대를 열었고, 국민의 권리를 보장해 줄 것이라는 환상을 가지고 있습니다. 아메리카 헤니사로족[5]과 러시아 카자크족[6]은 힘에 의한 절대 권력을 행사합니다. 다르지 않게, 페루의 입헌주의 대통령도 국가를 독재적으로 지배하고 있습니다. 돈과 권력으로 고용된 비열한 의원들의 지지를 받으며 말입니다. 페루의 의회는 헤니사로 군대나 카자크 지배계급과 다르지 않습니다. 개인적 차원이건, 공동체적 차원이건, 독재는 독재일 뿐입니다.

국회의 전통은 구성원이 변해도 계승됩니다. 국회는 상, 하원과 웅변술을

5 헤니사로(Genízaro)족은 멕시코와 미국 국경 지대에 거주하는 원주민 후예이다.

6 카자크족은 러시아 남쪽에서 사회, 군사 공동체를 형성하며 존속한 부족이다. 특히 탁월한 군사기술을 소유한 부족으로 알려져 있다.

대대로 전수합니다. 마치 낙타가 곱사등이를, 돼지가 꿀꿀거리는 소리를 물려주듯 말입니다. 우리의 입법자들은 끊임없이 법률을 제정할 것입니다. 사람들에게 존경을 사는 법일지, 경멸을 일으키는 법일지 고려하지 않습니다. 국가가 수용 가능한 법인지도 생각해 보지 않습니다. 그들의 유일한 관심은 대통령의 공식적 허가를 받는 것과 위대하신 각하의 자비심과 호의의 미소를 받는 것입니다. 이러한 태도는 대표 선거에 대한 상대적인 명예의식 혹은 충성심이라고 할 수 있습니다. 국민에 의해서가 아닌, 주인의 조작에 의한 선출이었던 만큼, 입법부는 자신의 주인에게 봉사와 만족을 제공해야 합니다. 입법부여! 더 이상 우리 시민을 고려하지 말고, 당신들 내키는 대로 법을 제정하고, 폐지하고, 새로 만드십시오. 당신은 끝없는 후손을 확보했으니, 친척들, 유권자, 후계자들과 함께 살찌우고 번성하십시오!

그러나 의회만 법을 제정하는 것이 아닙니다. 페루에서는 모든 이가 법을 만듭니다. 마치 로마제국의 자식들처럼 말입니다. 따라서 우리 모두는 잠정적인 입법자입니다. 누군가가 다음과 같이 말한 바 있습니다. "페루에서는 등기소에서도 법을 만듭니다. 그리고 주정부, 최고교육위원회, 사법부와 법관도 법률을 제정합니다. 또한 정부도 매일 법을 만들고 있습니다."

법 중독에 빠진 페루 정치인이여! 당신들은 법을 강제로 시행하기 위해 필요에 따라 사람들을 조작하려 합니다. 덕분에 페루에는 유기적인 조직체가 형성되지 못했습니다. 단지 정부는 필요한 기능을 명령합니다. 비유컨대, 눈은 없고 망원경만 존재하는 격입니다. 손이 부재하고 장갑이 손을 대신하는 것과 같습니다. 어쩌면, 대통령 후보자, 법관, 의원, 전문가, 서기, 심지어 건물의 수위조차도 그의 머릿속에는 헌법, 법률, 각종 기본법, 포고문 등을 보관하고 있을지 모릅니다. 모든 사람이 조국의 구원을 어느 곳엔가 보관만 해두고 있습니다. 산처럼 쌓아둔, 수많은 계획과 수고로 범벅이 된 서류들의 더미 속에 숨겨두고 있습니다. 얼마나 많은 페루의 정치인들이 격세유전에 대한 열망을 가지고 사는지 상상해 보십시오! 조부의 수위 직을 물려받고자, 아버지처럼 의원의 대리인이 되고자 애쓰는 페루의 정치인들이여! 또한, 얼마나 많은 이들이 단지 콩트[7]의 이름을 들어보고, 스펜서[8]와 푸예[9]의 존재를 안다는 이유로 사회학자라고 자칭합니까! 이런 정치가와 사회학자는 국가를 구원의 길로 인도하는 척하지만, 실제로 모기 한 마리를 구하려다 지구 전체를 망가뜨리는 결과를 초래하곤 합니다. 저는 다음과 같이 강력하게 간청하고 싶은 욕구를 느낍니다.

"새로운 기획과 개혁도, 말싸움과 혼란도 이제는 충분합니다! 80년이 넘는 세월 동안, 당신들이 한 일이 무엇입니까? 의회는 잡담하며, 장관들과 함께 멋대로 행동하고, 입법부는 천박한 허세를 부리며, 행정부는 아부와 거만을 먹고 살았습니다. 여가 시간에는, 선박을 수리하고, 광물鑛物을 정리하거나, 청과물을 손질하고, 사제의 제복에 자수를 놓으며, 금잔화를 가꾸고, 잡초를 정리하며, 혹은 아내의 애인에게 호통을 치면서 보냈습니다."

페루의 수치는 패배를 안겨준 칠레와의 태평양 전쟁에 기인하지 않습니다. 어느 민족이 상처와 패배를 겪지 않았던가요? 본질적인 페루의 수치와 모욕은 이전과 동일한 멍에를 참고 살아간다는 사실에 기인합니다. 페루의 멍에는 웅변술 없는 웅변가, 윤리 없는 교화자, 지혜 없는 학자로 채워진 역사가 가져다준 결과물입니다. 이런 의미에서 입법부에 종사하는 당신들은 페루의 불명예이며 좀 벌레입니다. 당신들은 사회학자의 머리를 깎는 이발사이거나, 그들의 어금니를 뽑는 치과의사의 행세를 하는 사람들입니다. 정치에 있어서는 송충이와 전갈에 비유할 수 있습니다. 우리 사회의 모든 병폐를 치료하고 예방할 수 있는 마법과 같은 약품을 제조하겠다는 사기꾼들입니다.

오랜 시간이 지난 후 먼 미래에, 새로운 세대가 페루의 역사를 진실한 관

---

7 오귀스트 콩트(Auguste Comte, 1798~1857)는 프랑스 실증주의 철학자이자 사회학자이다.

8 허버트 스펜서(Herbert Spencer, 1820~1903)는 영국 철학자, 생물학자, 인류학자, 사회학자로, 빅토리아 시대를 대표하는 자유주의 정치이론가이다.

9 알프레드 푸예(Alfred Fouillée, 1838~1912)는 프랑스 철학자이자 사회학자이다.

점으로 평가할 것입니다. 우리 후손은 매우 감탄할 것입니다. 어떻게 페루가 광대와 범죄자를 섬기는 불행한 나라로 전락했으며, 그럼에도 불구하고 이렇게 존속할 수 있었는가를 경탄할 것입니다.

1906년

6. 우리의 귀족[1]

I

예수회 신부들(부유한 자의 소유를 독점하려는 경향을 가진 이들입니다)은 단상에서 교회는 귀족계급에 속한다고 설교합니다. 즉, "예수는 다윗 왕의 자손입니다", "신에 대한 불신은 스스로 평민 출신임을 밝히는 것입니다", "가톨릭 신자가 되는 것은 귀족의 피를 증명하는 것입니다"라고 떠듭니다. 이제 리마 사람들은 귀족 행세를 하기 위해 선량한 가톨릭 신자가 될 것입니다!

페루에서 귀족계급이란 무엇입니까! 일간지의 사회면에 기록된 마티네[2] 혹은 케르메세[3]에 관한 기사를 읽으면 웃지 않을 수 없습니다. 리마 귀족사회에서 가장 선별된 사람들이 참석한다는 문화행사입니다. 페루에서 귀족을 정의하는 유일한 방법은, 오직 재산의 규모를 측정하는 것입니다. 즉, 페루에 존재하는 유일한 귀족 신분은 국채, 구아노, 초석으로 부를 획득한 고리대금업

---

1 저자 곤살레스 프라다는 라틴아메리카 귀족 계층에 속했으나, 스스로 신분을 포기하였다. 이 글에서 비판의 대상으로 강조되는 계층은 흑인의 혈통을 가진 귀족들과 그들의 교권주의이다.

2 마티네(matinée)는 아침이라는 뜻의 프랑스어 마탱(matin)에서 나온 말로, 오전 시간대의 연극이나 오페라 공연을 뜻한다.

3 케르메세는 네덜란드, 벨기에, 프랑스 북부 지방에서 유래한 수호성인을 기리는 축제를 일컫는다. 케르미스라고 부르기도 한다.

자들과 그의 자손으로 이루어진 친목 단체입니다. 아, 제가 잠시 다른 부류의 귀족 신분을 잊었습니다. 바로, 사탕수수를 재배하는 대농장주도 포함됩니다. 고리대금업자는 커다란 손으로 시민의 주머니를 약탈했기 때문에 귀족의 신분을 획득할 수 있었습니다. 사탕수수 지주는 잔인한 회초리로 원주민의 엉덩이에 마구 채찍질했기 때문에 귀족이 될 수 있었습니다.

정통 에스파냐의 혈통은 사라지고 있습니다. 실제로 신분이 다른 남녀가 연합하고, 수많은 은폐된 사랑 이야기가 난무하고 있습니다. 페루의 젊은 귀족층 가운데, '흑인화'를 부인하고, 백인의 혈통을 확신하는 자들이 있습니다. 그러나 창백한 납 가루 속에도 10퍼센트의 검정 역청은 섞여 있습니다. 반대로, 민스트럴 쇼[4]에서 흑인으로 분장한 사람은 검은 역청으로 얼굴을 가렸어도 앵글로색슨의 피가 흐르고 있습니다. 페루 하급 귀족의 하얀 커버 밑에는 북아프리카 바르바리[5] 지역에 사는 사람의 피가 흐릅니다. 단지 원래의 색소가 바래고, 곱슬머리 유전자를 잃어버렸을 뿐입니다. 어떤 경우는 흰 밀가루가 검은색 자루에, 또 다른 경우는 흰 자루 안에 검정 석탄이 들어있습니다.

페루에서는 12명 남짓한 귀족이 모인 자리에서도 "이 자리에 계신 수많은 인종과 수많은 계급을 대표하는 여러분께 인사를 드립니다"라고 스스럼없이 말할 수 있습니다. 페루는 다양한 색깔이 한데 섞인 팔레트입니다. 다양한 원산지의 다양한 포도주를 한곳에 담아놓은 커다란 항아리입니다. 노아의 세 아들이었던 샘, 함, 야벳의 씨앗들이 리마의 커다란 나무통 속에서 함께 자라고 있습니다. 이런 뒤범벅 혹은 혼합의 과정 가운데, 혹시 좋은 유전자만 살아남고, 나쁜 유전자는 제거될 수 있습니까? 이는 불가능할 뿐 아니라 오히려 종합적 인종이 탄생하는 길을 막는 일입니다. 전통적인 것과 현대적인 것

---

4 민스트럴쇼(Minstrel Show)는 19세기 중반에 미국에서 유행한 코미디 풍의 쇼이다. 백인이 얼굴을 검게 분장하고 흑인풍의 노래와 춤을 선보이며, 흑인 노예의 삶을 희화화했다.

5 바르바리는 베르베르인이 살던 지역을 부르던 명칭이다. 특히 북아프리카의 중서부 해안인 모로코, 알제리, 튀니지, 리비아의 해안 지역을 말한다.

을 뛰어넘는, 훨씬 더 우월한 종족이 창조될 수 있는데 말입니다. 오늘날 리마의 이미지는 어떻습니까? 도시의 야망으로 들끓는 촌 동네입니다. 또한 리마의 주택은 어떻습니까? 궁전을 흉내 낸 오두막집 같습니다. 그리고 리마의 주민은 또 어떻습니까? 흑인종, 혼합 인종, 백인종을 막론하고 모두가 일요일마다 실크 모자에 검정 예복을 입고, 금 손잡이가 달린 지팡이를 들고, 거만하게 거리를 활보합니다. 스스로를 우월한 인물이요, 중요한 위인으로 착각하면서 말입니다.

우리의 증조할머니는 삭발 머리와 산양 가죽에 집착한 것 같습니다. 그래서인지, 현재 페루 사람 중에는(특히, 수도 리마 사람) 승려와 마부 출신이 많습니다. 한편, 우리의 증조할아버지는 후손에게 다음의 원리를 열심히 가르쳤습니다. "백인 여성은 합법적 부인으로 적합하고, 흑인과 혼혈 여성은 애인으로 적합하다"고 가르쳤습니다. 많은 재물을 소유할수록, 많은 수의 하인을 거느리게 됩니다. 결과적으로, 주인의 자식과 흑인 하인의 자식 간의 접촉도 증가했습니다. 아! 옛 선조가 부활해서, 침실에 대한 증언을 해준다면 좋겠습니다. 난잡한 잡혼雜婚의 결과 탄생한 자식들이 초래할 소동을 막기 위해 '깨끗한 복부, 더러운 복부'라는 유명한 이론을 만들기도 했습니다. 예를 들어, 흑인 부부(살아있는 석탄에 대한 아름다운 예화입니다) 사이에 태어난 아이가 검은 석탄이 아닌 흰 눈과 같은 피부를 갖게 되었습니다. 남편은 부인을 의심하며 눈살을 찌푸렸습니다. 그러나 산부인과 의사는 남편을 위로하며 납득시켰습니다. 산부인과 의사는 "당신의 부인은 단지 깨끗한 복부를 소유한 것입니다"라고 설명해 주었습니다. 반대로, 에스파냐 백인 부부에게 초콜릿색이나 벽돌 빛깔의 피부를 가진 아이가 태어났습니다. 산부인과 의사의 설명에 의하면, 후작부인은 단지 불결한 복부를 가지고 있었던 것입니다. 의사의 설명을 듣고, 후작으로 보이는 아버지는 금세 환한 미소를 지었고, 자신의 아이로 인정했습니다.

촐로나 물라토(일반적으로 백인 남성과 원주민 여성 혹은 백인 남성과 흑인 여성 사이에 태어난 후손)는 아버지에 대한 자부심을 가지고, 귀족 혈통임을 자랑합니다. 동시에 어머니에 대한 경멸감을 가지고 있습니다. 리마에서 최고의 명문가를 자랑하는 사람은 모두 위선적인 백인들입니다. 그들에게 가장 큰 수치는 원주민, 혹은 아프리카의 피가 자신의 정맥 속에 흐르고 있다는 사실입니다. 이에 대한 증거로, 리마 사람이 말다툼할 때 사용하는 욕설을 주의 깊게 들어보십시오. 원주민과 흑인의 혼혈을 뜻하는 삼보zambo와 백인과 원주민의 혼혈을 뜻하는 촐로cholo라는 욕설이 끊이지 않을 것입니다. 말싸움에서 삼보와 촐로라는 단어는 다이너마이트와 같은 공격성을 내포하고 있으며, 상대방에게 모욕감을 주는 효과를 지닙니다.

이집트의 거룩한 신은 정원과 과수원에서 탄생했습니다. 반면, 페루 귀족의 출생 장소는 어디입니까? 아마 모두가 짐작하듯, 세균이 번식하는 곳입니다. 악독한 세균은 근대 공화주의 운동과 함께 감소하는 것이 아니라 오히려 증가했습니다. 국가 전체를 위협하는 전염병입니다. 나폴레옹 전쟁 당시, 세탁하는 여인과 요리하는 여인이 갑자기 여장군이나 육군 소장으로 지원했다고 합니다. 파리의 튈리그 왕궁의 소파에 깊숙이 앉아 격앙된 기분으로 “우리는 왕녀가 되었습니다”라고 외쳤다고 합니다. 가까운 미래의 리마도 비슷한 경우를 겪을 것입니다. 시멘트를 바르는 후작의 딸과 고기잡이 백작의 딸이 왕궁의 안락의자에 앉아, “우리는 귀족이 되었습니다”라고 자랑할 것입니다. 페루는 이탈리아와 비슷해질 것입니다. 어느 프랑스 여행객에 의하면, 이탈리아는 귀족이 난무한 곳입니다. 이탈리아 사람은 여관집 청년에게, “젊은 왕자! 저기 지나가는 후작에게 전하게. 내 구두를 닦고 싶으면, 나를 백작으로 부르라고 말일세”라고 소리친다고 합니다.

미서전쟁[6]이 발발했을 때, 페루의 일부 흑인들은 ‘양키’의 반대편에서 총을

6 미서전쟁(Spanish American War)은 1898년 쿠바의 아바나항에 정박 중이던 메인호가 의문의 폭발로 침몰하자 미국이 에스파냐에 선전포고함으로써 시작되었다. 이 전쟁에서 승리한 미국은 에스파냐의 식민지 쿠바, 푸에르토리코, 괌, 필리핀을 넘겨받았다.

겨누며 싸웠습니다. 자신들에게 미서전쟁은 인종 전쟁이라고 주장했습니다. 그때, 페루는 어느 해학극을 떠올리며 비웃었습니다. 그리고 극 중의 대사, "스스로 에스파냐의 편에 선 사람이여, 에스파냐로 인해 불행하게 될 것이다"고 속삭였습니다.

II

언젠가 작가 하신토 옥타비오[7]는 자신의 소설에 근심스러운 말을 남겼습니다. "에스파냐에는 더 이상 성직자의 혈통을 가진 사람이 없습니다. 저는 언제나 부정적인 생각을 하곤 합니다. 제 머릿속에는 기억, 혹은 연상 작용이 일어납니다. 길가는 늙은 성직자를 보면, 나의 할머니와의 비밀스러운 관계를 상상합니다." 로드리고 소리아노[8]는 『붉은 꽃』에서 인상적인 글을 남겼습니다. "에스파냐 사람은 반대파 카를로스파[9]를 제거하고 나면, 또다시 무어인을 제거하려고 나설 것입니다. 결국엔, 언제나 내전으로 귀결됩니다. 카를로스파 전쟁이든, 무어인 전쟁이든 상관없이 말이죠." 위의 에스파냐 작가들에 의하면, 에스파냐의 엘시드[10] 자손은 순수 게르만의 푸른 혈통이나, 순수 프랑스의 붉은 혈통의 후손이 아닙니다. 에스파냐는 성직자의 사각모자를 썼을 뿐, 수많은 이방인의 혈청과 적혈구의 조합일 뿐입니다.

---

7 하신토 옥타비오(Jacinto Octavio, 1852~1923)는 에스파냐의 작가이자 화가이다.

8 로드리고 소리아노(Rodrigo Soriano, 1868~1944)는 에스파냐 정치가이자 문인이다. 1901년에 『붉은 꽃 *Las flores rojas*』을 펴냈다.

9 카를로스파(Carlista)는 에스파냐에서 돈 카를로스(정식 이름은 카를로스 마리아 이시드로 데 보르본) 왕자를 지지하는 정파를 가리킨다. 19세기 에스파냐의 대표적인 보수파로, 가톨릭교회와 왕정을 옹호했다.

10 엘시드(El Cid, 1043~1099)는 중세 에스파냐에서 뛰어난 전술과 지도력을 보인 장군이다. 엘시드라는 말은 당시 이베리아반도에 살던 무어인이 붙여준 존칭이고, 본명은 로드리고 디아스 데 비바르(Rodrigo Díaz de Vivar)이다.

역사를 통해서, 무분별한 혼혈 현상은 호전되기보다 가톨릭 종교로 인해 더욱 악화되었습니다. 우리 사회에서 가장 엄격하다는 기사와 수녀들이 모인 수도원을 살펴봅시다. 성직자와 수녀는 함께 성구보관실로 갑니다. 각종 형제단과 종교 연합회에 참석하기에 바쁩니다. 오래된 악습을 그대로 유지합니다. 누군가 선한 양심과 도덕관념은 종교와 함께 성장한다고 주장하면, "아, 당신의 조상은 성직자였군요"라고 이해할 것입니다. 또한, 혁명가는 무자비하게 말살되어야 한다고 주장하면, "아, 당신의 선조는 야만족이군요"라고 비난할 것입니다.

흔히, 타민족 흑인이 가톨릭으로 개종할 때, 그의 신앙적 순수성을 높이 평가합니다. 이것은 매우 비논리적인 현상입니다. 일반적으로, 무지하고 원시적인 인간이 급진적이고 과격한 변화에 적응한다는 것은 불가능합니다. 특히, 종교적 변화를 감내하는 것은 더욱 어렵습니다. 선조부터 내려오는 종교는 한 인간을 강하게 구속합니다. 따라서 원시적인 두뇌에 전통적 믿음을 제거하고, 문명인의 새로운 사상을 주입시키는 것은 매우 어렵습니다. 미신숭배자가 자유사상가로 쉽게 바뀌지 않는 것과 같습니다. 그런데 타민족 흑인 노예가 주인의 종교로 쉽게 개종한다는 사실은 다른 점을 시사해 줍니다. 즉, 가톨릭 성직자의 교리가 아프리카 종족의 미신과 매우 흡사하다는 사실을 입증합니다. 아프리카 민속신앙이 가톨릭 종교로 대체될 때, 급진적이고 도약적인 변화나 내적인 갈등이 일어나지 않습니다.

신실한 가톨릭 신자는 귀족 태생이 아니라 오히려 아프리카 태생에 가깝다는 사실을 폭로하고 싶습니다. 종교적 열정은 어두운 피부 색깔의 강도에 비례하여 증가합니다. 순수 흑인종은 25퍼센트의 혼혈인종보다 강한 신앙심을 소유합니다. 25퍼센트의 혼혈인종은 12퍼센트의 혼혈인종보다 더 강한 종교인입니다. 12퍼센트의 혼혈인종은 백인보다 더 종교적입니다. 리마 수녀의 신앙심을 측정하면, 동시에 아프리카 혈액의 분량을 잴 수 있습니다. 열정적으로 가톨릭 행진과 행사에 참가하는 신자의 피부색을 보면, 또다시 확인할 수 있습니다. 종교는 인간의 머리에서 탄생해서, 발밑에서 죽음을 당합니다. 이단

종교가 대중의 신뢰를 잃을 때면, 오래전에 학자의 머릿속에서 소멸한 상태입니다. 다른 이단 전통과 마찬가지로, 이미 가톨릭은 학자와 사상가의 인정을 받지 못합니다. 결국 대중의 버림을 받을 것입니다. 겨울철의 나무와 흡사합니다. 뿌리에 저장해둔 수액으로 간신히 버티는 나무는 결국 생명을 잃어버립니다.

에밀 뷔르누프[11]는 다음의 이론을 주장했습니다. "특수 지식인 계층이 개화하는 순간, 종교의 정통성은 무너지기 시작합니다. 앎은 인간을 종교에서 해방시킵니다. 지식을 소유한 인간은 소수의 특수 계층으로 구별됩니다." 뷔르누프의 이론에 따르면, 종교적 광기에 사로잡힌 대다수는 열등하고 천박한 계층에 속합니다. 사회적으로는 상류 계층에 속해도, 지적으로는 평민 계층에 속합니다. 빈곤한 흑인과 원주민이 수준 높은 교육을 받고 광신주의에서 벗어났다면, 무지하고 미신적인 백인 상류층보다 더 우월한 계급에 속합니다. 인간은 외적인 기준으로 측정될 수 없습니다. 동물적 본능과 무지에서 벗어나, 고양된 의식을 소유한 자가 위대한 인간입니다. 페루의 부유한 귀족 계층은 여전히 침팬지와 고릴라에 가깝고, 스펜서와 톨스토이와는 먼 거리를 유지합니다.

결론적으로, 페루의 가톨릭 신자는 신앙심에 대한 자부심보다 수치심을 느껴야 마땅합니다. 가톨릭은 인종적, 신분적 열등함을 증명해 주기 때문입니다. 가톨릭 신자는 검은 피와 지적 하층민을 상징합니다.

1904년

---

11 에밀 루이스 뷔르누프(Émile Louis Burnouf, 1821~1907)는 19세기 프랑스의 동양종교학자이자 인종학자이다. 그의 사상은 신지학(神智學)과 아리안 인종의 우월주의를 발전시켰다. 대표적인 저서는 『종교의 과학 *La Science des religions*』(1876)이 있다.

7. 우리의 베두인[1]

페루 정치인은 키케로[2]의 언변을 모방하고, 타키투스[3]의 문체를 따라 합니다. 그러나 실제로는 국가에 해악을 끼치는 사람들입니다.

페루의 기조[4]와 비스마르크[5]가 이 나라를 어떻게 망가뜨렸습니까? 정치인들이여, 이 나라의 신용도를 직접 측정해 보십시오. 터키에 비교해서 페루의 신용도가 높습니까? 페루라는 이름은 명예로운 이름입니까, 아니면 비난받을 이름입니까? 이웃 나라들은 페루를 부러워하며 동경합니까, 아니면 안타까워하며 동정합니까?

---

1 베두인은 아랍어로 '사막의 주민'이란 뜻이다. 특정 거주 지역 없이 사우디아라비아, 시리아, 이라크, 이스라엘, 아프리카의 건조지대에 넓게 퍼져서 유목하는 종족이다. 이 장에서 마누엘 곤살레스 프라다는 베두인의 끈질긴 존속성과 유목민적 산재성을 페루의 사회악으로 뿌리 깊게 퍼져있는 기득권자에 비유하고 있다.

2 마르쿠스 툴리우스 키케로(Marcus Tullius Cicero, 기원전 106~기원전 43)는 로마시대의 정치가, 웅변가, 문학가, 철학자이다.

3 푸블리우스 코르넬리우스 타키투스(Publius Cornelius Tacitus, 56~117)는 고대 로마의 역사가이다.

4 프랑수아 피에르 기욤 기조(François Pierre Guillaume Guizot, 1787~1874)는 프랑스의 정치가이자 역사가이다.

5 비스마르크(Otto Eduard Leopold von Bismarck, 1815~1898)는 1866년 프로이센–오스트리아 전쟁과 1871년 프로이센–프랑스 전쟁에 승리를 거두고, 1871년 2월 베르사유 궁전에서 독일 수상이 되었다.

페루의 정치인에겐, 다시 말해서 우리의 베두인에게(그들에게 가장 어울리는 정확한 이름을 붙여줍시다) 국가 전체는 제2의 사우디아라비아 사막에 지어진 낡은 상점일 뿐입니다. 야만적인 페루 정치인은 주인의 상점을 습격하고 약탈합니다. 원래의 베두인과 다른 점이 있다면, 페루의 약탈자는 다른 장소로 이동하지 않습니다. 페루에서 취할 거대한 이득이 남아 있기 때문입니다. 다른 상점을 공격해 도적질할 생각은 하지 않습니다.

레토라는 비평가는 "영국의 절반은 150명의 소유물이고, 스코틀랜드의 절반은 10~12명의 몫입니다"라고 주장했습니다. 불행하게도, 페루는 단지 몇몇 기득권자의 소유물입니다. 페루는 언제나 동일한 사람들, 동일한 식구, 동일한 친척 간의 공유물일 뿐입니다.

중세의 연금술사는 현자의 돌을 발견하는 사명감을 후손에게 대대손손 전했습니다. 마찬가지로, 페루의 베두인족도 국민의 땀과 피를 금화로 바꾸는 일을 선조에서 후손으로 대물림합니다. 가족 전체는 거대한 문어와 같습니다. 국고로 접근하는 수만 가지의 좁고 험소한 길을 구석구석 만들어 놓았습니다. 시민을 압착기의 롤러로 납작하게 압연하고, 증류기 통 안에 넣고 증류시킨 후, 숯가마에 넣어 금속을 태우듯 탄화시킵니다. 고작 몇 밀리그램의 금을 가난한 시민의 땀과 피에서 채취하기 위해서 말입니다.

베두인과의 싸움은 길고, 어렵고, 잔인한 유혈 전쟁이 될 것입니다. 지금 당장 우리의 피를 희생시킬 준비가 되지는 않습니다. 다만 우리는 다음 세대를 위해 언젠가 페루의 베두인과 정면으로 대항해 목숨을 바쳐 싸우는데 필요한 준비를 하고 있습니다. 베두인은 비겁하고 교활하며 꾀만 부리는 존재입니다. 칠레와의 태평양 전쟁[6] 때, 그 비열함이 여실히 드러났습니다. 페루의 구

---

6 태평양 전쟁(Guerra del Pacífico)은 1879년 4월 칠레, 페루, 볼리비아 세 나라가 아타카마(Atacama) 사막의 초석 지대와 구아노 지대를 놓고 갈등을 겪다가 비화된 전쟁이다. 이 때문에 '구아노 전쟁' 또는 '초석 전쟁'이라고 부르기도 한다. 볼리비아가 칠레의 초석 수출 회사에 과세를 강화하자, 칠레는 볼리비아의 리토랄 지역을 점령하였고, 이어서 타라파카 지역의 초석을 획

아노와 초석을 지켜낼 용기도 없었습니다. 정치적 위기에 처해 있는 오늘날에도, 간교한 태도를 고수하고 있습니다. 대부분의 경우, 페루의 베두인들은 동경의 대상이 아닌, 증오의 대상이 되고 있습니다. 퇴비장에 피는 곰팡이 같고, 바위틈에 서식하는 굴과 흡사하며, 장에서 기생하고 번식하는 촌충을 닮았습니다. 아주 좁은 틈새라도 파고들어 번식하는 세균과 같은 존재입니다. 게다가 수소와 같은 미세함과, 금과 같은 유연함도 갖추었습니다. 한 명이 등장하면, 천 명이 미끄러지듯 합류하고, 결국 모두가 같은 방향으로 흘러갑니다. 동일한 예복을 입고 위세를 떨며, 삼류 프리메이슨 집단을 형성합니다. 이름과 겉모습을 바꾸긴 해도, 결국 같은 사람들입니다. 예를 들어 설명하겠습니다. 다른 사람을 대신하여 공문서를 작성하는 대서사代書士를 사법대서사, 법원서기, 비서, 공증인, 법무사라는 다양한 직함으로 부릅니다. 명칭은 다양하지만 모두 동일한 대서사 일을 합니다. 마찬가지로, 모든 베두인은 고유의 본성을 유지합니다. 이름을 그대로 반영하듯 말입니다. 즉, 본질적인 책임을 저버리고, 깃발만을 앞세워 명목만을 유지합니다. 페루의 의회는 베두인들이 장악했습니다. 정부도 그들의 것입니다. 사법부도 마찬가지 입니다. 세관, 자선단체, 시청, 공사관, 영사관, 은행, 신문사 역시 베두인의 손안에 있습니다.

페루의 베두인은 정부에 최면을 걸어, 자신만의 이득을 취했습니다. 나무 밑에서 대통령을 위해 묘기를 부리는 비겁한 여우와 흡사합니다. 이득은 가장 먼저 취하고, 위험에는 가장 나중에 접근하는 사람입니다. 저주받은 땅에 비유할 수 있습니다. 마치 씨를 심고, 물을 주어도, 결코 열매를 맺지 못하는 땅입니다. 또한 민간설화에 등장하는 뱀을 떠올려 보십시오. 사악한 뱀은 국가

득할 목적으로 페루에도 선전포고를 했다. 1880년 타카나 전투에서 칠레는 페루·볼리비아 동맹군에게 결정적 타격을 가한 후에, 두 나라에게 1884년 강화조약을 강요한다. 이후 칠레는 볼리비아의 안토파가스타와 리토랄를 병합했고, 페루의 타라파카 또한 병합한다. 태평양 전쟁 후, 볼리비아는 바다로 이어지는 영토를 잃어 내륙국이 되었고, 페루는 타라파카와 아리카를 빼앗겼다.

의 젖꼭지를 물고, 피가 날 때까지 빨아들입니다. 쓸모없는 꼬리의 끝부분만 을 국민에게 떼어줍니다.

베두인의 업적 가운데 사악하지 않은 것이 있었습니까? 아틸라왕[7]이 즐겨 타던 말에 관한 유명한 일화가 있습니다. "아틸라왕의 말발굽이 지나간 자리에는 풀이 자라지 않습니다"라고 말했습니다. 악한 영향만을 남긴 베두인을 묘사하는 표현이기도 합니다.

페루의 악은 위에서부터 내려옵니다. 모든 악덕은 가장 높은 곳에서 번성합니다. 전염성을 가진 부패한 고름은 신사의 예복과 코트 밑에 숨겨져 있고, 평민의 작업복과 원주민의 망토에 감추어져 있지 않습니다. 사실 페루의 부패는 다른 나라와는 정반대 방향으로 퍼집니다. 가령, 문명국가들을 살펴보면, 부패한 하층민이 존재합니다. 사회의 미개한 요소는 하층민에서 상류층으로 올라오는 현상을 볼 수 있습니다. 반면 페루의 경우는, 우선 부패한 고위계층이 존재합니다. 고위계층은 두꺼운 껍질층을 형성하며 견고하게 존재합니다. 그 아래 하급 층에는, 온갖 종류의 빈궁, 매춘, 악습의 배아가 분열 증식하여 비참한 서식지를 이루고 있습니다. 수많은 페루의 혁명은 실패했거나, 오히려 역효과를 초래했습니다. 왜냐하면, 고위계층의 껍질이 일시적으로 침몰했다가, 언제나 다시 표면 위에 떠올랐기 때문입니다. 이전의 혁명은 대통령을 퇴위시키고, 불행한 이들의 피를 희생시켰지만, 사회를 완전히 전복시키지는 못했습니다. 현재까지, 진정한 사회 청산은 이루어지지 않았습니다.

과거의 실패는 현재에도 반복됩니다. 수많은 해를 거듭하며 반복될 것입니다. 우리 국민은(사상과 교양을 갖추었다는 오만한 지식인까지 포함해서) 비판하지 않습니다. 오히려 박수와 휘파람으로 사악한 정치인을 환호하고 있습니다. 적어도 로마의 노예는 최소한의 권리를 표현합니다. 사투르누스 신 축제 때, 술에 취한 노예는 주인을 비판할 수 있었습니다.

---

7 아틸라(406~453년)는 훈족 최후의 왕이며 유럽 훈족 가운데 가장 강력한 왕이었다.

페루는 그 어떤 나라와도 비교할 수 없을 정도로 경멸을 당했고, 짓밟혔으며, 피투성이로 붉게 물들었습니다. 칠레와의 태평양 전쟁도 페루를 깨우치지 못했습니다. 그 어떤 악습도 수정하지 못했습니다. 칠레의 습격은 일종의 병발증竝發症처럼 왔다가 사라졌습니다. 페루의 만성적인 질병은 고스란히 남겨둔 채 말입니다.

곧 대통령 선거가 다가오고 있습니다. 우리의 대통령 선거는 죽어가는 마비된 조직입니다. 그저 생명체의 겉모습을 흉내 내고 있을 뿐입니다. 서로 다투는 후보자들은 피로 물든 죽은 병사의 머리를 뜯고 있는 사마귀들을 연상시킵니다. 정치인들은 흥분합니다. 페루의 기생충들은 사체의 내장 속에서 꿈틀거리며 거칠게 요동칩니다. 때를 맞추어 기자들은 논쟁거리를 벌입니다. 광장에 고여 있는 물웅덩이 안에서 더러운 진흙탕 싸움을 합니다.

페루의 시민은 파렴치하고 메스꺼운 광경을 자주 목격합니다. 베두인이 등장해, 자신은 신뢰할만할 정치인이라고 큰소리칩니다. 길 한복판에서 진흙을 반죽하다가 상대방의 얼굴에 마구 던지곤 합니다. 마치 페루의 광장에는 매독과 나병환자의 온갖 종류의 오물을 전시해 놓은 것 같습니다. 페루에 필요한 유일한 것은 거대한 양의 소독용 페놀입니다.

페루 국민 또는 대중은 우둔한 무감각 상태에 빠져있습니다. 사악한 정부가 나라를 다스려도 관심이 없습니다. 돌발 사태가 발생해도 신경을 쓰지 않습니다. 모든 것을 참고, 모든 것을 받아들입니다. 페루라는 나라는, 길 한복판에 세워진 기둥에, 쇠사슬로 묶여 있는 불운한 여인입니다. 산적, 우둔한 천치, 광인, 오랑우탄, 그 어떤 존재의 폭행에도 묵묵히 견디는 불행한 여인입니다.

아직도 페루 시민은 소시지와 빵을 영원토록 분배해 주겠다는 정치인에게 반가운 환호성을 보냅니다. 그러나 페루 광장에서 외쳐야 할 유일한 함성은, "베두인이여, 물러가라!"입니다.

1889년

8. 우리의 호랑이

I

페루에는 매우 주목할 만한 사회 현상이 있습니다. 사회적으로 가장 품위 있고 고귀한 신분 가운데 살인, 강도, 다양한 부패와 타락이 만연해 있다는 사실입니다. 이 사실을 의심하는 분들께 묻습니다. 촌스러운 망토를 걸치고 짚신을 신은 원주민 가운데 구아노와 초석 약탈자를 본 적이 있습니까? 문서 위조자, 마을에 불을 지르는 방화범, 농장의 벌채업자, 전쟁의 패자와 포로를 총살하는 잔인한 사람들의 이름을 기억해 보십시오. 그 가운데 키스페Quispe나 마마니Mamani와 같은 원주민 성을 가진 경우를 보셨습니까? 설령 술에 취한 원주민이 분노에 이기지 못해 위에 언급한 모든 악을 저질렀다고 합시다. 그럼에도 불구하고 원주민의 손에는 집행권이 없습니다. 원주민의 머릿속에는 대중을 선동할 사상이 부재합니다.

과거에는 '4연발' 대령이 허세부리는 인간의 전형이었습니다. 오늘날에는 찾기 힘든 인물 유형이 되었습니다. 4연발 대령은 폭발하는 분노를 이기지 못해서 사람들에게 총살을 맹세하고 떠나곤 했습니다. 결국에는 그가 한 맹세도, 약속도 지키지 못하는 사람이었습니다. 반면, 현재 유행하는 인물 유형은 정반대의 성향을 가졌습니다. 때론 유창한 대화로, 때론 종교적 온유함으로 가엾은 상대방을 대우해 줍니다. 호의적인 태도로 선행을 베푼 후, 직책을 빼앗고, 체포하고, 십자가에 못 박아 죽입니다. 전자가 사납게 짖다가도 물지 못하는 개라면, 후자는 부드럽게 핥다가 갈기갈기 난도질하는 호랑이에 해당합니다.

하층민 출신이 사형집행인으로 돌변하여 권력을 남용하는 일은 세계 어디서나 흔히 볼 수 있습니다. 그러나 페루의 일상은 좀 더 독특합니다. 정직하고 선했던 사람이 권력의 자리에 앉는 순간, 사악하고 부도덕하게 변하는 것을 날마다 보게 됩니다. 페루의 온순한 양은 밤에는 하급 관리의 신분으로, 아침에는 교활한 약탈자로 새롭게 깨어납니다. 카지노에 가면 유순한 젊은이가 말끔한 차림으로 춤추고 있습니다. 젊은이들은 클럽에서 저녁 식사를 하고, 고급 술집에서 칵테일을 마십니다. 때때로 문인협회나 문학동호회에 참가하여 떨리는 목소리를 가다듬으며 전원시를 낭독하기도 합니다. 이제 그 유순한 젊은이에게 주지사나 부지사나 경찰관의 직책을 맡겨보십시오. 최소한의 권력의 맛을 경험하도록 하십시오. 그 즉시 부르주아영화에 나올 법한 온실 속의 삶을 청산할 것입니다. 야생적 욕망을 찾아 나설 것입니다. 과거의 깔끔하고 유순했던 그 젊은이는 날마다 속임수를 쓰고, 거짓말을 꾸미고, 담배꽁초를 짓밟는 행위를 할 것입니다. 나아가, 국고 함에 자유롭게 손을 넣을 것이며, 마을에 불을 지르고, 사람들을 고문하며, 폭행과 살인을 일삼을 것입니다. 따라서 두 가지 원칙을 유도해 낼 수 있습니다. 첫째, 정직한 사람도 국가의 공적 자금을 취급하다 보면, 부정한 계산서를 제출하게 됩니다. 둘째, 고귀한 혈통의 신사라도 권력을 쥐게 되면 사악한 범죄행위를 저지르게 됩니다.

예컨대, 1872년을 기점으로 발생했던, 역사상 가장 혐오스러운 범죄자들을 기억해 봅시다. 1872년은 혁명에 실패한 구티에레스 형제[1]의 대학살과 시

1 구티에레스 4형제는 1872년 7월 22일 리마에서 호세 발타(José Balta) 정권에 대항하는 군사 반란을 일으켰다. 육군과 해군부장관을 역임한 토마스 구티에레스(Tomás Gutiérrez)를 선두로 4형제는 쿠데타를 일으켜 발타 대통령을 암살하고, 대중반란을 선동하는 데 성공한다. 그러나 1872년 7월 26일, 구티에레스 4형제 가운데 3명이 반대파의 총격으로 사망했다. 시신은 거리와 대성당에 전시되었고, 결국 혁명은 실패로 돌아갔다. 이후 시민당(Partido Civil)을 창당한 마누엘 파르도(Manuel Pardo)가 1872년 8월 2일에 대통령으로 즉위했다. 최초의 시민당 출신의 대통령이며, 이후 과두지배 정치를 펼쳤다.

민당 출신의 독재정권의 도래를 의미하는 해입니다. 또한, 페루 사회의 잔혹함을 눈으로 확인했던 해입니다. 대다수는 온순하고 인간애가 넘치는 가족에서 태어났습니다. 게다가 훌륭한 교육을 받고, 대학 학위까지 소지한 사람들입니다. 모든 면에서 인간의 외모를 하고 있지만, 언제든지 호랑이의 발톱을 내보일 수 있습니다. 때로는 가장 온순하며 교양 있는 사람이 최고의 공포심을 야기할 수 있습니다. 페루의 '영국 공원'이나 '파세오 데 콜론Paseo de Colón'에 가보십시오. 만일, 단정한 옷차림을 한 청년이 한가롭게 미소를 짓고 있다면, 방심하지 말고, 이렇게 외치십시오. "무명 셔츠와 무성한 담배연기에 숨겨져 있는 것은 무솔리노[2]의 뼈와 살이다! 호랑이 조직에 속해있는 사람이다!"라고 되새겨 기억하십시오.

페루 지도자의 한쪽 머리에는 신학적 이론이, 다른 쪽에는 실증주의 이론이 들어있습니다. 그러나 페루 지도자의 심장에 인류애는 없습니다. 이기적인 인간이 인류애를 실천하기란 불가능합니다. '살아 숨 쉬는 내 육체의 고유성'을 욕망하는 인간이 '찢겨지고 사라질 유한한 인류'를 품는 것은 불가능한 일입니다. 그러나 이웃의 고통과 죽음에 대해 무감각한 것은 매우 야만적인 일입니다. 머릿속에 플라톤의 철학과 아리스토텔레스의 사상을 저장했지만, 실천하지는 않습니다. 약 24세기 전, 그리스의 한 철학자가 "완벽한 삶이란 자비를 의미한다"고 말했습니다. 반면, 19세기 동안 기독교의 가르침을 받은 오늘날의 실태를 보십시오. 교만한 가톨릭 신자에게 다음과 같이 외쳐야 합니다. "잔인함만큼 비합리적이고 비생산적인 것은 없습니다. 정의와 긍휼함의 기초 위에 나라를 세워야 합니다. 진실이 부재한 문명은 허수아비입니다. 정서가 결핍된 지혜는 속임수에 불과합니다. 개인과 민족의 삶의 가치를 향상시키기 위해 두뇌의 활동을 측정하기보다 심장 박동 소리를 들어야 합니다. 아우스테를

2 주세페 무솔리노(Giuseppe Musolino, 1876~1956)는 이탈리아 칼라브리아 지방의 산적으로, 탐관오리를 벌하였기에 민중의 우상이 되었다.

리츠 전투[3]에서 승리를 거둔 나폴레옹보다 고아를 돌보는 빈첸시오 드 폴 신부[4]가 더욱 위대합니다."

머릿속에 지혜의 등불을 소유한 지배자가 국민을 선한 길로 인도하지 않는다면, 어떤 결과를 초래할까요? 이러한 교육은 허위입니다. 자비와 긍휼함이 부재한 문화를 창출하는 지도자는 마치 흰 장갑을 낀 야만인에 비유할 수 있습니다. 페루의 이러한 실상은, 주민의 평화를 측정하는 과정에서 밝혀집니다. 우리 주민의 평화는 정치 권력가와 지방 관료층과 멀리 떨어질수록 증가한다고 합니다. 원주민의 만족도는 농장주와 봉건영주의 영향권에서 멀어질수록 증가합니다. 소위 지도 계층이란, 악의 길을 걷는 무리를 의미합니다. 대표적으로, 성직자, 군사지배계층, 시민권력 단체, 농업 지주, 광산업 지주, 상업 지주들이 악의 무리에 속합니다. 백인과 혼혈 메스티소는 원주민 가정에 접근하여 아내를 빼앗고, 땅과 재산을 약탈하고, 광신주의와 알코올 중독을 유행시키며, 필요에 따라 혁명에 가담시킵니다. 페루 사회에서 원주민은 가장 연약하고 소외된 계층입니다. 지식인 계층은 원주민의 이야기를 팔고, 지배자 계층(페루의 호랑이)은 원주민의 피와 살을 희생시킵니다. 페루의 원주민은 과거 터키 제국의 아르메니아인[5]에 비유할 수 있습니다.

한 국가의 법이 정의를 세우고 공익을 실현하지 못한다면, 어떻게 유지될 수 있습니까? 태양광선이 가장 먼저 도달하는 곳은 산의 정상 부분입니다. 그

---

3 아우스테를리츠(Austerlitz): 체코슬로바키아 중부 지역. 1805년 나폴레옹 1세가 러시아와 오스트리아의 연합군을 격파한 곳.

4 성 빈첸시오 드 폴(San Vicente de Paul, 1581~1660)은 프랑스의 사제로, 농민과 평민을 위한 구제 단체와 프롱드 난의 희생자들을 위한 구호소를 설립했다. 1885년 교황 레오 13세가 자선단체 수호성인으로 선포했다.

5 아르메니아인은 아르메니아 고원에 거주한 토착 민족이자, 최초로 기독교를 공식 종교로 인정한 민족이다. 19세기 말과 20세기 초반, 두 차례에 걸쳐(1894년, 1896년) 터키 정부가 소수 민족인 기독교계 아르메니아인을 집단적으로 살해한 바 있다. 일부 역사가들은 이 사건을 아르메니아인 집단살해라고 부른다.

런데 페루의 법은 오직 하층민의 머리를 내리찍으며, 온갖 부담을 가합니다. 페루의 범죄자는 마땅한 벌을 받지 않습니다. 무지한 대중은 비판하지 않습니다. 모든 일이 급하게 결정되고, 또 금세 잊힙니다. 격동적인 페루의 역사를 보면, 지배층의 일시적인 붕괴는 있었으나, 완전한 침몰은 없었습니다. 메살리나[6]는 치명적인 명예의 손상을 입고 덧없이 패망했지만, 얼마 지나지 않아 새롭게 정치적 순수성을 자랑하며 부활했습니다. 페루에는 도덕적 법률이 존재하지 않습니다. 실제로, 페루는 얻을 명예도, 잃을 명예도 없습니다. 베르길리우스[7]가 차카야사[8]와 동일하게 평가되고, 마리아노 아메사가[9]와 흉악한 사자가 동일하게 인식됩니다. 절도죄나 살인죄를 범해도 사회적 명성을 잃지 않습니다. 마약 밀매자의 뇌물을 받고 몇 주 만에 부자가 된 공인을 가리켜, '훌륭한 두뇌의 소유자, 뛰어난 사업가'라고 평가합니다. 네로 황제처럼 무자비하고 산토끼처럼 비겁한 정치인을 '열정적인 성격의 소유자'라고 칭찬합니다. 반면, 정의롭고 청렴한 신사는 호랑이와 맹금류의 혐오대상자가 됩니다. 페루의 호랑이는 정의롭고 청렴한 사람을 꿈꾸는 이론가, 이상주의자, 혹은 미치광이라고 부릅니다. 온갖 무시와 모욕을 받아 마땅한 부류로 간주합니다.

II

페루보다 더 문명화된 유럽 국가도 혁명을 경험합니다. 마찬가지로 부패한

---

6 발레리아 메살리나(Valeria Messalina, 25~48)는 로마 제국의 황제 클라우디우스의 세 번째 아내이자, 악명 높은 황후로 알려져 있다. 로마제국의 역사가이자 정치가였던 카시우스 디오가 편찬한 『로마사』에는 '호색적이며 음탕한 여자'로 묘사되었다.

7 푸블리우스 베르길리우스(Publius Vergilius, 기원전 70~기원전 19)는 서사시 『아이네이스 *Aeneis*』의 저자이다. 로마의 시성(詩聖)이라 부를 만큼 뛰어난 시인이었다.

8 차카야사(Chacallaza)는 19세기 중반 페루에서 악명 높던 도적이다.

9 마리아노 아메사가(Mariano Amézaga)는 19세기 페루의 급진적인 반교권주의자이다.

사건들을 접하게 됩니다. 다른 국가들도 태평양 전쟁과 같은 피의 전투를 경험합니다. 그러나 인간성이 존중되는 사회(어떤 경우에서도 폭력을 합리화하지 않는 정상적인 사회)는 기본 원칙을 존중합니다. 어떤 경우에도 온순한 주민의 삶과 소유를 약탈하거나, 이를 법적으로 승인하지 않습니다. 페루 기득권자의 범죄행위는, 마치 잔잔하고 청아한 오후에 내리는 천둥과 같습니다. 예측이 불가능한 상태에, 돌발적으로 일어납니다. 갑작스럽게, 결백한 사람을 감옥으로 끌어다가, 채찍질로 고문합니다. 감옥의 간부는 여성을 폭행합니다. 상사는 지원병을 괴롭힙니다. 길 한복판에서 총살되는 경우도 있습니다. 특권층은 행정권과 사법권을 행사합니다. 규모가 큰 범죄뿐 아니라 사소한 분쟁거리에도 개입합니다. 갑자기 가축이나 농작물이 도난당한 경우, 서민을 부정한 권력의 희생자로 만듭니다. 자백한 도둑에게 총살을 가합니다. 범인이 취한 재산을 자신이 탈취하기 위해서입니다. 반대로, 자백하지 않는 사람에게도 사형을 가할 수 있습니다. 범죄의 유무에 상관없이 대농장 지주가 요청했기 때문입니다.

종교재판의 후예들은 선결문제라는 관습을 따릅니다. 힘없는 서민에게 자백하라고 강요합니다. 때로는 상관없는 죄를 범했다고 인정하도록 협박합니다. 공기도 빛도 없는, 습하고 악취 나는 좁은 공간에 많은 사람을 가두어 놓습니다. 한밤중에는 차가운 물을 부어 잠을 깨웁니다. 삼복더위의 햇빛이 한창일 때, 옷을 벗기고, 동물의 등에 묶어 마을을 산책시킵니다. 발에는 족쇄를 채우고, 목에는 또 다른 족쇄를 채워 공중에 매답니다. 집게로 살점을 조금씩 떼어내는 고문을 가하고, 두개골은 밧줄로 조이며, 엄지손가락이나 성기를 잘라 매달아 놓습니다.

이와 같은 끔찍한 만행은 정부의 손길이 닿지 않는, 깊은 산속에서 일어나는 일이 아닙니다. 대통령, 장관, 고위공직자의 사무실과 가까운 수도에서도 흔히 일어나고 있습니다. 불과 몇 해 전에, 몇몇 죄수들이 국장 사무실의 지하에 위치한 유치장에서 고문을 받으며 목숨을 잃었다고 합니다. 그 죄수들의 비명소리는 감독자가 있던 거실에까지 들렸다고 합니다. 또 얼마 전에, 마을 사람들이 국장 사무소를 습격했던 적이 있었습니다. 희생자들의 피로 얼룩진 사형집행 기구들이 발견되었다고 합니다. 우리 주변에서는 흔히 볼 수 있는 모습들이 있습니다. 경찰서에서 모진 고문을 받은 불쌍한 여인이 절뚝거리며 나오는 모습을 볼 수 있습니다. 1895년에는 혁명의 승리자들[10]이 스파이 혐의를 받은 사람을 까맣게 태웠다는 소문이 있었는데, 아마 사실일 것입니다. 가장 인간적이고 자비로운 사람이라는 평을 받던 이들이 무고한 서민을 총살하고 매장할 수 있습니다. 오히려 마누엘 파르도의 친차오 사건[11], 모랄레스 베르무데스의 산타 카탈리나 사건[12], 카세레스의 테베스Tebes 사건, 피에롤라의 과야보Guayabo 사건, 로마냐의 파술Pazul 사건은 비교적 인간적이고 관대한 사건으로 평가될 정도입니다.

일반적으로, 사람들은 과민한 신경과 과도한 혈기에 의해 폭발한, 감정적인 범행에 대해서는 이해하고 또 납득합니다. 이러한 범행에 대해서는 그다지 큰 공포심을 느끼지 않고, 관조할 수 있습니다. 반면에, 고요하고 조직적으로 계획된 만행이 있습니다. 이를 주관하는 사람의 내면에는 사나운 거인의 잔인함과 폭력성이 숨겨져 있다는 사실을 알아야 합니다. 근본적으로, 인간성을 포기한 사람들입니다. 총살과 매질을 쉽게 명령합니다. 한편, 칠레 여인과 춤

10 여기서 얘기하는 혁명이란 1894년~1895년 페루 내전(Guerra Civil Peruana de 1894~1895) 또는 1895년 피에롤라 혁명(Revolución Pierolista de 1895)을 가리킨다. 태평양 전쟁(1876~1883) 직후인 1894년, 니콜라스 데 피에롤라(Nicolás de Piérola)는 민주당을 창당하고, 1895년에는 시민당과 연합하여 국민연합(Coalición Nacional)을 만들었다. 국민연합의 지지를 받은 피에롤라는 당시의 대통령인 안드레스 카세레스(Andrés Cáceres)의 군사정권에 대항하여 혁명을 일으켰다. 그 결과, 1895년 3월 카세레스 군사정권은 막을 내리고, 피에롤라는 단일 후보자로 대통령에 당선되었다.

11 마누엘 파르도(Manuel Pardo)가 집권한 1872년, 브라질 국경 근처의 친차오(Chinchao)에 주둔하던 장교들이 반란을 일으켰다. 반란 주모자들은 피살되었고, 이 사건으로 마누엘 파르도는 국민들의 비판에 직면했다.

12 모랄레스 베르무데스(Morales Bermúdez)가 대통령에 취임한 직후인 1890년 피에롤라의 지지 세력이 산타 카탈리나(Santa Catalina)에서 일으킨 반란 사건이다.

을 추며, 사탕수수와 크리오요[13] 요리로 배를 가득 채우며 삽니다. 비슷한 예로, 밤바마르카[14] 지역에 거주하는 신부들은 광적인 범죄행위에 대해 사죄나, 변명도 하지 않습니다. 이처럼 잔혹한 사람들이 페루의 지배층을 형성하고 있습니다. 페루의 호랑이는 무자비한 냉혈인간, 최악의 범죄자입니다.

이토록 강력한 잔인함은 도대체 어디에서 유래하는 것입니까? 유전일까요, 문화적 습득일까요? 아마도, 인간이 호랑이의 피를 물려받았다고 할 것입니다. 범죄의 실상을 보십시오. 단지, 산발적으로 발생하는 사건들이 우리를 비통하게 만드는 것이 아닙니다. 보다 본질적인 문제입니다. 페루 지도자들 사이에는 '붉은 신경쇠약증'이라는 거대한 전염병이 흐르고 있습니다. 붉은 피가 머리부터 발끝까지 흐르고 있음에도 불구하고, 아무도 행복하지 않습니다. 도대체 페루 호랑이들이 원하는 것은 무엇입니까? 마치 누군가가 국가 전체를 바닷물에 침몰시키고 질식시키는 것을 소망하는 듯합니다. 칠레에 복수할 능력이 없다는 것을 깨닫고, 서로에게 총대를 겨누고 있습니다. 칠레 주민을 해칠 수 없으니, 국내에서 서로를 학살하고 있습니다. 페루만큼 정의롭고 인간적인 영웅의 도래를 필요로 하는 국가는 없습니다. 감옥에서 마른 빵과 탁한 물로 수많은 날을 연명한 죄수가 신선한 음식과 음료를 갈구하듯 말입니다. 페루에서는 다양한 통치방식이 실행되었습니다. 그러나 한 번도 정의와 진실에 준한 통치를 한 적이 없습니다. 대통령은 부정과 거짓말의 화신이 되어, 페루를 망가트렸습니다. 피를 묻히지 않은 대통령은 거의 없었습니다. 과부와 고아를 기만하지 않은 대통령은 거의 없었습니다.

현재 평화로운 날을 보내고 계십니까? 진정한 평화가 아니라 다가올 혁명의 전주곡일 뿐입니다. 중간 휴식기에 해당합니다. 죽은 자를 매장하고, 살아있는 자들끼리 농장을 분배하는데 필요한 휴식기를 보내는 것입니다. 호랑이

---

13 크리오요(criollo)는 유럽 혈통의 라틴아메리카 사람을 지칭하는 말이다.

14 밤바마르카(Bambamarca)는 페루 북부 카하마르카주의 도시이다.

무리는 언제나 공포의 순간을 준비하고 있습니다. 오늘날에도, 페루의 호랑이는 주민을 감시하고, 체포하며, 습격할 기회를 노리고 있습니다. 언젠가 그들도 몰락할까요? 내부적 분쟁을 계기로, 스스로 파탄과 자멸의 늪에 빠지게 될까요? 잔인한 동물들이 서로를 삼켜버린다면, 언젠가는 우리 눈앞에서 사라질까요? 과연, 희망을 품고, 행복을 다짐할 수 있을까요? 그런 행복은 존재하지 않을 것입니다. 왜냐하면 의인을 습격한 악인은 죽지 않고 부활할 것이기 때문입니다. 한 명의 악인이 죽는다면, 백 명, 천 명의 악인이 재탄생하는 법입니다.

우리나라는 시민당파[15]와 민주당파[16] 사이에서 갈팡질팡하고 있습니다. 페루는 피와 진흙으로 범벅이 된 벽을 사이에 두고, 간신히 좁은 길을 따라 걸어가고 있습니다. 오른쪽 벽에 붙어서 걷다가 피범벅이 되면, 왼쪽 벽으로 기울여 걷습니다. 민주당파는 무수한 시체로 만든 새로운 산을 세우겠다고 주장합니다. 산의 정상은 자유와 빛을 위해 싸우는 적군의 무덤이 될 것입니다. 반면, 시민당파는 과거 이탈리아 공화국을 모델로 삼아, 페루를 변화시키겠다고 위협합니다. 과거 이탈리아 공화국은 약탈을 문제 삼지 않고, 오히려 신성한 가치로 생각했습니다. 결국 처참한 전투와 함께 역사에서 사라졌습니다. 페루는 정의가 부재한 나라입니다. 시민당파가 선전하는 평화 속에도, 민주당파가 말하는 혁명에도 정의는 존재하지 않습니다. 페루에서 군사 쿠데타는 악을 선으로 바꾸는 것을 의미하지 않습니다. 오히려 악을 더욱 부추기며, 악인을 더욱 악하게 만들 뿐입니다. 이제까지 페루의 모든 혁명은 각자의 이득을 위해 싸우는 두 당 간의 내전이었습니다.

오늘날 리마에는, 대통령 선거를 계기로 특수한 현상이 일어나고 있습니다. 페루 민족이 두 부류로 나뉘게 되었습니다. 걸어 다니는 민주당파 무법자

---

15 시민당은 마누엘 파르도(Manuel Pardo)가 1871년에 창당한 정당이다.

16 민주당은 1884년 니콜라스 데 피에롤라(Nicolás de Piérola)가 창당했다.

와 승용차를 탄 시민당파 상습범입니다. 시민당파 단체가 모이는 곳마다 민주당파 단체가 들이닥칩니다. 시민당파가 "연합당은 물러가라"[17]라는 유명한 구호를 외치면, 민주당파는 시민당파를 향해 돌멩이 세례를 퍼붓고, 서둘러 빠져나옵니다. 또한, 민주당파 단체나 그와 비슷한 군중이 모인 곳에 가보십시오. 품위 있어 보이는 시민당 신사들이 "민주당파여 자폭하라!"를 외치며 나타납니다. 각자의 승리를 외치며 상대편 적과 구경꾼을 향해 총격을 가합니다. 공통적인 면은, 민주당파나 시민당파 모두 돈으로 매수할 수 있는 존재라는 것입니다. 비유하자면, 일반 셔츠를 2~4솔에 살 수 있다고 합시다. 고급 예복 역시 같은 가격으로 살 수 있습니다. 불가능하다면, 영국 화폐로 2~4파운드를 지불해 주면 됩니다. 사실 가장 역겨운 것은 판매도, 그들의 파렴치함도, 또한 잔인한 공격성도 아닙니다. 그들의 거짓말과 경솔함입니다. 민주당파와 시민당파는 같은 방식으로 거짓말을 합니다. 예복을 입은 백인이든, 재킷을 걸친 혼혈이든, 상관없이 말입니다. 세상에서 가장 혐오스러운 것은 이렇게 비열한 두 집단이 벌이는 싸움입니다. 한 사람은 아래층에서 다른 사람은 위층에서 벌이는 싸움을 상상해 보십시오.

페루인의 두뇌는 혁명에 대한 강박증으로 균형을 잃은 상태입니다. 돈키호테가 기사소설을 대표하듯이, 미래에 발생할 잠재적 혁명을 미리 상징하는 사람들이 있습니다. 페루 정부는 박사 학위를 산처럼 쌓아 둔 교수들을 대기시키고 있습니다. 혁명이 일어난다면, 교수들은 자신의 정당 편에 서서, 중요한 방어벽의 역할을 담당할 것이기 때문입니다. 페루의 교수는 학위 수료증과 함께 대령의 직위와 사무실을 추가로 받습니다. 나폴레옹이 술과 마약을 추가로 받는 것처럼 말입니다. 반드시 교수일 필요도 없습니다. 누구라도 혁명을 통한 국가재건의 가능성을 백분의 일 퍼센트라도 확신하면, 주저하지 않고 소총

---

17 "연합당은 물러가라, 시민당파는 자폭하라!"라는 말은 1885년 페루 내전 때 카세레스 정부를 지지하던 시민들이 피에롤라의 시민당과 민주당 연합에 대항하여 싸울 때 사용하던 구호이다.

을 꺼낼 것입니다. 주민이 거주하는 마을뿐 아니라 황량한 페루 사막 전체를 배회할 것입니다. 국가재건의 의무가 끝나면 은퇴합니다. 은퇴 후, 애국자를 위해 비축된 국고의 맛을 조금씩 즐기면서 편한 여생을 보냅니다. 세계적인 생산 지역은 훌륭한 농부, 해양업자, 광산업자들로 넘쳐 납니다. 그러면 페루는 어떻습니까? 자신을 방어하기 위해 사병을 조직하는 사람들로 넘쳐나고 있습니다. 작은 평야와 부대를 소유하면, 가족의 미래를 보장하고 사회적 명성을 유지할 수 있다고 확신합니다. 사실 누구라도 게릴라 부대를 구성할 수 있습니다. 일반인 여섯 명과 소총 다섯 대를 한 곳이 모을 수 있다면 가능합니다. 누구라도 혁명을 시도할 수 있습니다. 페루 혁명에 필요한 것은 대령 직위를 표시하는 모자, 3~4명의 음악가로 구성된 밴드, 그리고 알코올 두 병뿐입니다.

이런 나라를 국가 혹은 공화국이라고 부를 수 있습니까? 그렇다고, 애가를 부르거나, 비관론에 빠지지 맙시다. 반란과 폭동이 잦다는 이유로 비통해하는 대신, 이러한 불행이 매월, 아니 매일 일어나지 않는다는 사실에 자축합시다. 세 명의 대통령이 한꺼번에 등장했습니까? 여섯 명이 아닌 것에 감사합시다. 백 번의 혁명으로 고통을 겪어야 했습니까? 이백 번이 아닌 것에 감사합니다. 국토의 절반이 황폐해졌습니까? 나라 전체가 붕괴될 수도 있었습니다. 소수의 원주민이 정육점에서 일하는 것을 보셨습니까? 다행으로 여깁시다. 원주민 전체가 말살될 수도 있었습니다. 태양 아래서 가까스로 호흡하는 그대여, 이 모든 선행을 베풀어 준 페루의 호랑이들에게 감사하며 삽시다.

1904년

9. 우리의 식충이

I

칠레 집권기에 우리의 동지가 공개 태형을 받으러 갔습니다. 얼마나 많은 회초리를 맞았는지는 모릅니다. 원인이 무엇인지도 알 수 없습니다. 그저 흔하고 일상적인 절도 행위라고 짐작됩니다. 커다란 규모의 범죄행위를 일삼는 칠레 사람들은 타인의 사소한 잘못에는 조금도 관대하지 않습니다. 범죄에 대한 경쟁심리가 발동하는 것 같습니다. 그런 모욕적인 죄과를 감내했던 것을 보면, 죄인은 평범한 시민이 아닌 고귀한 신분에 속하는 인물임이 틀림없습니다. 여전히 귀족의 예복을 입은 채로, 자신의 명예가 급격하게 실추되는 상황을 받아들여야 했습니다.

처형은 산토도밍고 광장에서 일어났습니다. 리마에서는 새로운 광경이기 때문에 많은 관객이 공개 태형을 구경하기 위해 몰려들었습니다. 우리의 고귀했던 페루 신사는 집행 대리인의 명령에 순종하며, 바지를 내리고 몸을 바닥에 눕혔습니다. 북소리에 맞추어, 할당된 형을 조용히 기다립니다. 그리고, 다시 일어나서 바지를 고쳐 입고 주변을 살펴봅니다. 금욕주의자의 냉정함을 유지한 채, "생각했던 것보다 고통스럽지 않다"고 중얼거립니다.

어떤 정치인은 거리 한복판에서 카스티야 대통령[1]에게 따귀를 맞기도 했습니다. 그는 대통령에게 존경을 표하며, 모자를 벗고, 신음소리를 참아가며 말했습니다. "존귀하신 각하, 저는 벌을 받아 마땅합니다. 저의 비천함이 감히

각하의 심기를 언짢게 하다니요." 한 번은 페루의 저명한 관직자가 무수한 참가자들 앞에서 같은 대통령으로부터 발로 차이는 수모를 당했습니다. 그는 겸손하게 몸을 굽히고, 탈레랑[2]과 같은 외교 수안을 발휘하며, 다음과 같이 말합니다. "각하의 격분은 참으로 정당한 것입니다. 폐를 끼쳐드려서 진심으로 죄송합니다."

우리에겐 산토도밍고 광장을 지켜줄 진정한 영웅이 필요합니다. 에머슨[3]에 견줄 만한, 리마뿐 아닌 페루 전체를 대표할 수 있는 진정한 사상가가 필요합니다. 과거에 존재했던 부패한 이념은 잊고, 새로운 페루를 위해 진심으로 고민하는 영웅이 필요합니다. 사실상, 우리를 고통스럽게 하는 것은 굴욕적인 공개 처형이 아닙니다. 심지어 칠레인의 채찍을 그리워하는 페루 사람이 있을 정도입니다. 왜냐하면 칠레 정부의 공격이 멈추자, 페루 사람들은 시민전쟁을 일으켜 서로에게 매질을 가하기 시작했습니다. 이러한 현상을 체계와 질서를 갖춘 정부를 설립하기 위한 과정이라고 합리화했습니다. 그러나 실제로 페루 정부는 독재체제만을 발전시켰습니다. 페루인은 서로에게 총을 겨누는, 기이한 수평적 척추동물로 퇴화했습니다.

그렇습니다. 페루는 서로에게 해악이 되는 제도를 발전시켰습니다. 과거에는 원시적인 쇠망치로 위협했다면, 오늘날에는 한층 더 악화되었습니다. 마치 채찍질 자체를 즐기는 것 같습니다. 그들이 생각하기에, 채찍질은 위생적이며

---

1 라몬 카스티야(Ramó Castilla, 1797~1867)는 군인이자 정치인으로 시작해 두 차례(1845~1851, 1855~1862) 페루의 대통령이 된다.

2 샤를 모리스 드 탈레랑 페리고르(Charles Maurice de Talleyrand-Périgord, 1754~1838)는 흔히 탈레랑이라고 부르며, 프랑스의 정치가, 외교관, 로마 가톨릭교회 성직자이다. 나폴레옹을 정계에 등장시키고 외무장관을 지냈으며, 영국 주재 대사가 되어 개신교 국가였던 네덜란드로부터 벨기에의 독립을 도왔다.

3 랠프 월도 에머슨(Ralph Waldo Emerson, 1803~1882)은 미국의 시인이자 사상가이다. 종교적 독단과 형식주의를 비판했다. 개인주의적 사상, 범신론적인 초월주의 철학을 내세워 '문학적 철인'이라고 추앙받기도 했으며, 19세기 미국 자유주의 사상에 큰 영향을 끼쳤다.

건강한 것입니다. 특히, 날씨가 너무 춥지 않고, 채찍의 할당량이 적당 선에서 머물렀거나, 집행관이 지나치게 매정하지 않을 때에는 더욱 그렇습니다. 지혜롭게 통제된 구타는 사랑과 성욕을 촉진하는 역할을 한다고 믿습니다. 실제로 식욕 촉진제의 역할도 하는 것 같습니다. 칠레의 매질이 증가한 후로, 페루에는 광적인 폭식 현상이 눈에 띄기 시작했습니다.

II

에스파냐 부왕[4] 시절에, 마드리드 출신의 한 청년이 다른 외국인과 신대륙에 관한 이야기를 나누었습니다. 대화 중에, 마드리드 청년이 질문했습니다. "지금 리마 사람들은 어떤 일을 하고 있을까요?" 그러자, 다른 외국인이 "화약을 터트리고 있습니다"라고 답했습니다. 당시 리마 사람들에 대해 잘 알고 있다는 표현이었습니다. 오늘날 지구 어느 편에서 리마에 대한 같은 질문을 한다면, 우리는, "현재 리마 사람은 식사 중입니다"라고 답하기를 주저하지 않을 것입니다.

점심 후에 점심, (색다른 표현을 부여하며) 런치 후에 런치, 음식 후에 음식, 저녁 후에 저녁이 잇따릅니다. 단단한 음식은 씹지 않고 삼켜버리며, 음료수는 신문을 펴자마자 마셔버립니다. 신문 기사 중, 사회생활 혹은 문화상식 부분을 읽습니다. 수저, 포크, 술잔에 관한 다양한 내용이 소개됩니다. 상업 부분도 읽습니다. 요리에 관한 광고가 체계적으로 소개됩니다. 리마의 신문 편집부는 주민의 장바구니를 조사해, 누가 닭을 소유하고 있는가를 조사하는 부서인 것 같습니다. 각 가정의 화로의 냄새를 맡으며, 누가 탁월한 음식을 요리하는가를 탐지하는 것 같습니다. 음식 소개는 투우와 같은 문화 행사나 종

4 식민지 시대 에스파냐는 라틴아메리카를 부왕령으로 나누고, 부왕령마다 부왕(副王)을 두었다. 부왕은 임기제였으며, 임기는 보통 2년이었다.

교적 행사만큼 중요한 위치를 차지합니다. 그러므로 유능한 기자의 책상 위에는, '기독교의 해', '투우술'이라는 서적과 함께 '요리학'이라는 책이 놓여 있습니다.

일간지 기자는 요리에 대한 정보를 스스로 수집할 필요가 없습니다. 독자의 신분의 차이를 고려하거나, 서민의 경제 수준에 맞는 요리를 소개할 필요도 됩니다. (하층민은 넓은 식탁보만을 바라보고, 고소득 계층은 전골 요리를 날마다 즐길 수 있습니다.) 연회의 주최자는 음식과 요리 관한 정보를 신문사 측에 직접 전달해 줍니다. 여섯 명의 가족이 모인 가운데, 칠면조 요리를 먹고 샴페인 뚜껑을 열며, 자축하는 모습을 소개합니다. 리마에서 가장 품위 있는 사회구성원의 모습을 소개합니다. 이렇게 화목한 가정을 공개하는 문화 덕에, 리마 주민은 부 총독의 아들의 첫 치아가 언제 나오기 시작했으며, 장관의 장모가 언제 칠순 생신을 맞이했는지를 기억하게 되었습니다.

페루에서 연회는 계속됩니다. 진정한 위인에게 베푸는 연회이건, 거짓된 인물을 위한 진수성찬이건 말입니다. 많은 경우에, 믿을 수 없을 만큼 경이로운 연회 장면을 목격할 수 있습니다. 페루는 불쌍한 칸다모[5]에게 폭식을 권했습니다. 그러자 성급하게 사후세계로 떠났습니다. 메넨데스 피달[6]은 페루에서 에스파냐의 콩 요리와 가스파초 수프보다 더 난해한 소화 기술을 요하는 음

---

5 마누엘 곤살레스 데 칸다모(Manuel González de Candamo, 1841~1904)는 두 차례(1895년, 1903년~1904년)에 걸쳐 페루 대통령을 역임했다. 페루에서 손꼽히는 재벌가문 출신으로, 1872년 시민당에 가입하여 당의 지도자로 활동하며 페루 은행을 창설에 앞장섰다. 카세레스 정부가 붕괴되고, 국민연합당이 승리를 거두자 1895년 대통령으로 취임하였으나 곧바로 페에롤라 세력에게 정권을 빼앗겼다. 1903년에 대통령에 당선되었으나 8개월 후에 병사했다.

6 라몬 메넨데스 피달(Ramón Menéndez Pidal, 1869~1968)은 에스파냐 언어학자, 역사학자, 민속학자, 에스파냐 중세연구가이다. 에스파냐 문헌학을 창시하였고, 98세대 지식인 운동에 참여하였다. 1900년, 페루와 에쿠아도르의 법적 영토 문제를 중재하는 총 감독자로 임명되면서, 중남미 각국을 여행하는 기회를 얻는다. 이후 중남미의 다양한 구전문학과 노래를 수집하여, 고대 문헌학 연구에 발전을 기했다.

식을 접하게 되었습니다. 사엔스 페냐[7]는 페루의 요리도구가 슈네데르 카네 무기[8]와 견줄 만큼 위험하다는 것을 깨달았습니다. 반면, 가까스로 구출되었던 룻[9]은 다행히도 장염으로 쓰러지진 않았습니다. 우리 페루는 카마초의 결혼식[10]에 영원토록 머물러 있습니다. 이 세상에서 가장 바쁜 사람은 페루의 클럽과 호텔에서 일하는 견습 요리사입니다. 수많은 사람의 턱뼈는 쉬지 않고 움직입니다. 태평양보다 더 깊은 내장을 자랑합니다. 어떤 사람은 촉수가 딸린 소화기관으로 변한 것 같습니다. 어떤 이는 머리 없는 괴물로 돌변하기 직전의 단계에 있습니다. 두개골에는 단지 기계적으로 회전하는 뇌가 있을 뿐입니다. 과거 대통령을 위한 연회, 미래 대통령을 위한 연회, 당선된 의원을 위한 연회, 미래의 예심 판사를 위한 연회, 최근에 은퇴한 위원장을 위한 연회, 어제 승격한 군사령관을 위한 연회, 투자가를 위한 연회, 여행을 준비하는 대리 공사를 위한 연회, 복권당첨자를 위한 연회, 영웅주의 신화를 만들기 위한 영웅을 위한 연회, 각종 연회를 즐깁니다. 여성들은 연회에 참석할 수 없습니까? 마찬

---

7 로케 사엔스 페냐(Roque Sáenz Peña, 1851~1914)는 아르헨티나 변호사, 정치가이다. 태평양 전쟁 때 페루의 군대에 속해 지원병으로 싸우기도 했다. 페루의 패배로 사엔스 페냐는 칠레 정부의 포로로 잡혔으며, 1880년 아르헨티나 정부의 도움으로 부에노스아이레스로 귀국한다. 그 후 아르헨티나 시민권을 회복하였고, 1910~1914년에는 아르헨티나 대통령으로 취임하였다.

8 슈네데르 카네는 프랑스의 귀스타브 카네(Gustave Canet, 1846~1913)가 슈네데르 회사(Schneider et Cie)를 위해 개발한 대포 등의 무기를 가리킨다.

9 룻(Root)은 풍요로웠던 소돔과 고모라의 땅이 타락하여 신의 저주를 받고 멸망할 때, 아브라함의 도움으로 간신히 구출된 인물이다.

10 '카마초의 결혼식'은 세르반테스의 『돈키호테』 2부에 등장하는 반전이 눈에 띄는 에피소드다. 주요 등장인물은 마을에서 부유한 카마초, 절세미인 키테리아, 키테리아를 사모하던 가난한 바실리오이다. 바실리오는 키테리아와 같은 마을에 살면서 그녀를 사랑하지만, 그녀의 부모는 가난하다는 이유로 바실리오를 거절하고, 부자 카마초와 서둘러 혼례를 성사시킨다. 결혼식이 시작되려는 순간, 바실리오가 식장에 나타나 자살극을 꾸미고, 마지막 소원이라며 키테리아에게 결혼 서약을 해달라고 청한다. 결혼 서약이 끝나자, 자살극이 사실은 꾀 많은 바실리오의 속임수였음이 밝혀진다. 모두들 혼돈 속에 갇히고, 카마초의 결혼식장이 복수의 아수라장으로 변하려는 순간, 돈키호테가 나서서 바실리오의 속임수는 좋은 의도로 꾸민 것이니 속임수가 아니라며 하객들을 진정시킨다.

가지로, 여분의 이득과 진수성찬을 함께 누릴 권리를 만끽하고 있습니다. 교황청 대사, 교황 대리인, 성직자, 수도사, 가톨릭 임원 등과 상호관계를 형성하면서 말입니다. 초대받은 여성들은 가톨릭 연합공동체가 인정하는 합법적 자식들을 돌보며, 신선한 우유를 공급해 주는 자애로운 존재로 인정됩니다. 반면에, 헐벗은 서민의 갓난아이는 인류의 원죄 가운데 탄생한 죗값을 치러야 합니다. 신선한 우유나 깨끗한 물도 마실 수 없습니다.

리마의 연회 문화는 (엄밀히 말하면, 리마의 소수 계층의 문화) 다수를 이루는 빈곤계층의 문화와 대조를 이룹니다. 페루의 뼈아픈 현실 속에서 벌어지는 유쾌한 축제는 위선적이고 잔인한 풍경을 고발하고 있습니다. 수천 명의 불행한 서민은 볶은 옥수수 한 줌과 코카 한 잎을 유일한 음식으로 삼고, 간신히 연명하고 있습니다. 소수 권력자의 번영과 공모자들이 취하는 이득을 보십시오. 민족의 번영과 이익은 고려하지 않습니다. 리마는 각지에서 흐르는 더러운 물과 깨끗한 물을 한꺼번에 취하는 거대한 용기입니다. 또한, 리마는 국가 전체의 피를 빨아들이는 거대한 통풍기에 비유할 수 있습니다. 소수 지배층의 저택, 빌라, 궁전 같은 별장, 승용차, 비단옷, 화려한 장신구는 국민의 살점에서 떼어져 나왔습니다. 국가의 재정과 세금 관리의 부조리를 드러내고, 잔인한 약탈을 일삼는 행정 방식을 그대로 보여줍니다. 익명성이 보장되기에, 악순환의 체제가 유지됩니다. 소수 권력자의 이득을 유지하기 위해 모든 것이 독점화된 단일 체제로 운영되었습니다. 페루의 상업과 정치에는 이러한 독점화 현상이 두드러집니다. 소수 권력자 이외의 다른 계층은 설 자리를 잃고, 가치를 인정받지 못합니다. 물론, 신념과 존엄성을 버리고, 굴욕과 복종을 미덕 삼아 살아가는 성직자 계층은 예외이지만 말입니다.

III

어느 철학자는 "육체를 소유한 것이 수치스럽다"고 말했다고 합니다. 이처럼 극단적일 필요는 없지만, 인간이 언젠가 육식에 대한 욕망에서 벗어나기를 소망합니다. 현재 인간은 호랑이나 독수리와 흡사한, 잔인하고 무자비한 동물로 전락하고 있습니다. 혹시, 채식주의 운동이 우리의 거칠고 야상적인 습관을 약화시킬 것이라 생각하십니까? 베르틀로[11] 박사가 창안한 이상적인 음식 이론도 인류에 커다란 변화를 주지 못했습니다. 혹시, 우리 인류가 진정한 초인을 배출할 것이라고 믿으십니까? 『미각의 생리학』의 저자[12]는 "당신이 무엇을 먹었는지 말씀해 보세요. 당신이 누구신지 알려 드리겠습니다"라고 확신했다고 합니다. 인간은 변하지 않고, 인간일 뿐입니다. 현대 문명을 자랑하는 우리 세대는 고대의 카르타고 용병을 따르던 배고픈 군중과 매우 유사합니다. 플로베르[13]가 '오물을 즐겨 먹는 사람들'이라고 칭했다던 야만적인 대중과도 닮았습니다. 그러니, 인간을 생각하면 혐오스럽지 않을 수 없습니다. 깨끗하지 않은 음식을 씹지도 않고 통째로 삼킵니다. 식충이의 삶에 충실할 뿐입니다. 두 손은 포크를 쥐기 위해 아래턱뼈는 음식을 씹기 위해 또 위장은 음식 덩어리를 보관하기 위해 존재합니다.

과거의 페루의 정치 체제에는, 과학적 사고와 고상한 도덕관념이 필수 조건으로 포함되지 않았습니다. 단지, 시끄러운 도약판이나 공중재주 넘기와 같은 묘기가 판을 쳤습니다. 오늘날 정치도 거의 같은 상황입니다. 단지, 튼튼한 위장이 필수 요건으로 첨가되었습니다. '먹는다'는 의미는 '국가를 통치한다'와 같은 의미를 갖게 되었습니다. 따라서 대통령이 되기 위해 갖추어야 할 요소는 두뇌 속의 구름 형체를 띈, 건강한 잿빛 물체가 아닙니다. 왕성한 소화액

---

11 마르슬랭 베르틀로(Marcellin Berthelot, 1827~1907)는 프랑스 화학자이다. 에틸렌에서 에틸알코올을 합성해내는 등 유기화학에서 다양한 업적을 남겼다.

12 장 앙텔므 브리아 사바랭(Jean Anthelme Brillat-Savarin, 1755~1826, 파리)은 프랑스의 법관이자 미식가였다. 프랑스와 미국의 사법계에서 법관으로 활동했으나 미식평론가로서 더 명성을 얻었다. 그의 저서 『미식예찬』(원제는 『미각의 생리학 *Physiologie du goût*』)은 널리 알려져 있다. 『미각의 생리학』은 식도락 에세이라는 장르를 세웠다고 평할 정도로, 미식 담론의 고전서가 되었다.

13 귀스타브 플로베르(Gustave Flaubert, 1821~1880)는 프랑스 출신의 19세기 소설가이다.

과 소화기관입니다. 지도자 자신도 이에 동의하는 바입니다. 페루의 지도자는 근본적으로 원리와 원칙을 비웃습니다. 머리보다 복부가 우월한 기관이라고 말합니다. 그가 주장하는 유일한 국가 정책은 국민을 노예집단으로 만드는 것입니다. 정부에게 국민이란 무릎은 땅에, 입은 음식에 붙인 채 살아가는 존재입니다. (물론, 국민의 입에 들은 음식이란 엄격하게 제한된 최소량의 배급을 의미합니다.)

페루에서 우스꽝스러운 광경을 보는 것은 어렵지 않습니다. 포도주잔을 들고, 석쇠 요리를 즐기는 인간으로 넘쳐나고 있습니다. 걱정 없이 행복하게 삽니다. 군 제복을 입은 위협적인 외부 세력이 우리의 옷을 벗기고, 총격을 가해도 걱정하지 않습니다. 야만적인 세력이 총으로 위협하고, 성수聖水의 깊은 물 속으로 질식시켜도, 조금도 신경을 쓰지 않습니다. 언제나 평화로운 모습을 유지합니다. 통치자의 시민정신을 예찬하고, 국가를 이끄는 선두세력을 격찬하며, 위대한 평화를 기념하고 있습니다. 충분히 포식하면, 완벽하게 평안한 삶을 살 수 있습니다. 그러나 충분히 배부르지 않을 경우에는, 상태가 점차 나빠질 것입니다. 최악의 상태로 치달을 수 있습니다. 페루의 상류층은 세균에 비유할 수 있습니다. 기생하는 물질의 조건에 의해, 자신의 생존이 결정되는 세균들입니다. 그들이 기생하는 물체는 커다란 수프에 비유할 수 있습니다. 우리의 상류층은 때론 고기가 많은 수프, 때론 내용물이 적은 수프에 몸을 담고 살아갑니다. 완벽한 기생충입니다.

오늘날 한 정당이 설립되는 것은 중요하지 않습니다. 반대 정당이 생기는 것도 중요하지 않습니다. 더 이상 한 정당이란, 뜻이 맞는 개인들이 모인 연합체를 의미하지 않습니다. 오히려, '배고픈 위장들이 서로 접착한 상태'라는 개념이 어울립니다. 두뇌와 두뇌가 연합한 모임이 아닙니다. 내장과 내장이 결합된 것입니다. "하나의 당을 위해 삼백 명의 위인들이 모였습니다"라는 표현보다 "부자가 되기 위해 삼백 개의 위장들이 모였습니다"라는 표현이 더 적합할 것입니다. 친정부파와 반대파 간의 갈등을 표현할 때도, 음식에 빗대어 묘사해야 합니다. 성난 반대파의 당원에게 수저를 건네주며, 예산이 가득 담긴 냄비의 뚜껑을 열어보십시오. 몇 분 전까지도 스튜의 맛을 불평했지만, 갑자기 만족스럽게 먹을 것입니다. 완벽한 기생충이라는 단어가 이보다 더 잘 어울릴 수 없습니다.

도대체 진정한 인간은 존재합니까? 고상하고 의식 있는 인품의 소유자가 존재합니까? 관대하고 자유로운 영혼을 가진 지식인은 어디에 있습니까? 소설 속의 사악한 인물, 옥스 박사[14]도 리마의 공기를 지나치게 마셨을 것입니다. 리마의 해독성 가스를 지나치게 마신 탓에, 소문난 악인이 된 것입니다. 누군가가 흉악한 낯으로 지배 계층의 머리를 잘라 버린 것일 수도 있습니다. 단 하나의 머리도 남기지 않고, 모두 베어 버린 것입니다. 우리 페루는 두뇌 없는 난쟁이의 소동, 견습 요리사의 행렬, 기생충의 번식력을 구경하기에 좋은 나라가 되었습니다.

1907년

14 옥스 박사는 쥘 베른(Jules Verne, 1828~1905)이 1872년에 발표한 단편 『옥스 박사의 환상 *Une fantaisie du Docteur Ox*』에 나오는 주인공이다.

10. 우리의 이민자

I

검은 침입자들이 페루를 삼키고 있습니다. 무감각한 정부의 태만, 타협, 승인이 있었기에 발생한 일입니다. 카야오[1]로 입항하는 선박들은 성직자, 수도사, 수녀들을 가득 채우고 있습니다. 반면, 먼 이웃 나라에는 종교적 탄압이 시작되었습니다. 그러나 페루에서는 종교적 극성이 부활했습니다. 외국은 펜촉을 바쁘게 세우고 있는데, 페루는 비처럼 쏟아지는 모기떼를 받아들이고 있습니다. 신부와 수녀들이 페루를 찾고 있습니다. 수벌이 떼를 지어 벌집에 몰려드는 광경입니다. 포도 수확자가 포도원에 마음대로 들이닥치는 광경입니다.

직업이나 일자리를 구할 목적으로 페루를 찾는 이민자들은 많은 어려움과 난관에 부딪혀 싸웁니다. 결국 정착하지 못하는 경우도 있습니다. 반면, 가톨릭 삭발식과 약간의 라틴어를 구사하려고 페루를 찾는 이민자들은 언제든지 숙박할 수 있는 넓은 공간과 경작할 수 있는 풍요로운 땅을 부여받습니다. 실제로, 외부 교육자는 국내 교육자를 경쟁자로 간주합니다. 외국 의사는 국내

1 카야오(Callao)는 페루의 수도 리마 서부에 위치한 최대 항구 도시로 리마와 함께 리마 도시권을 형성한다.

의사를 경계합니다. 마찬가지로, 이민 출신의 상인과 수공업자는 국내출신 상인과 수공업자를 견제합니다. 그러나 성직자와 수도사의 경우는 예외입니다. 어느 곳을 가더라도, 경쟁심을 느낄 필요가 없습니다. 시민의 저항심에 대해 걱정할 필요도 없습니다. 왕권의 절대 보호 하에 있기 때문입니다. 동시에 필요한 여권, 추천장, 귀족증명서, 무제한의 권력을 상징하는 허가증을 발급받을 수 있습니다.

리마는 어떤 곳입니까? 죽은 사해와 같습니다. 페루의 사해 위에는, 교회와 사원밖에 보이지 않습니다. 마치 물과 식물이 자라지 않는 섬과 같습니다. 거리가 포장되는 즉시, 예수회 기관이 세워집니다. 가로수 길에는 살레시오 수도회 건물이 길을 막고 있습니다. 인원이 부족한 국내 수도회가 폐쇄할 위기에 놓인다고 해도, 즉시 외국 성직자들로 가득 메울 수 있습니다. 이렇듯 페루의 수도회는 쇠퇴를 극복하고, 금세 부활합니다. 때론 국왕의 특명에 따라, 수도원을 학교로 개조시킬 수 있습니다. 페루 정부는 예배와 교리를 페루 전역에 퍼트리기 위해 수백 개의 건물을 지었습니다. 주민은 거대한 건물들 속에 갇혀 있습니다. 반면, 국가의 문명을 대표할 수 있는 시립학교는 찾아볼 수 없습니다. 최근에 시의회는 과달루페 거리에 학회 건물을 세웠습니다. 그러나 웅장한 부속성당을 세움과 동시에, 학회는 장신구이며, 성당이 주요 건물임을 한 번 더 입증했습니다.

1895년 이후, 우리는 성직자와 연합한 정부의 권력 아래서 살았습니다. 대통령부터 복지부 장관에 이르기까지, 입법부 위원에서 대법원 검찰까지, 모든 국가 공무원은 성직자의 종으로 교회를 섬기고 있습니다. 성모 마리아에게 입맞추고, 교회 축제일 행사에 참여하는 것으로 끝나지 않습니다. 공직자는 자신의 소유를 바치고, 종교단체에 금전적 원조를 보내야 합니다. 의원, 장관, 그리고 사회 전체는 성직자와 수녀의 권력에 의지하고 있습니다. 시 당국에 필요한 보조금도 성직자와 수녀의 허락이 있어야 받을 수 있습니다. 가톨릭에 치우친 편파주의는 리마를 진실성이 결여된 사회로 만들고 있습니다. 우리 사회는 몇 푼의 솔[2]을 들여 소방관을 지원해 줄 수 없는 형편에 있어도, 백 단위의 영국 파운드를 들여 각종 종교단체를 성대하게 접대합니다. 각종 병원, 정신병원, 세비야 공공기관, 산타 로사 공장, 산토 토마스 감옥은 종교단체의 소속입니다. 정부는 국가의 모든 기관을 '선한 목자'라는 이름 아래 설립하도록 승인했습니다. 바스티유 감옥[3]을 연상시킵니다. 흉악한 남자가 부인을 모독하고, 폭행하며, 산 채로 매장하는 잔인한 결혼 생활을 상상해 보십시오. 종교기관이 교육을 담당하면서, 페루의 공교육은 성직자와 수녀의 손에 넘겨졌습니다. 국가 고위기관이 종교사도단과 연합하면서, 국가 전체는 에스파냐 성직자의 독재적인 지배 아래에 놓이게 되었습니다.

우리가 할 수 있는 일이 있을까요? 프리메이슨과 자유주의자들조차 대주교구를 설립하도록 도왔습니다. 앞장서서, 종교단체를 지원하는 보조금 제도를 합법화하고, 수도원과 연합하는 위원직을 자원하고, 성전건축을 후원하고 있습니다. 가장 최악의 경우는, 자식의 교육을 산 호세 데 클루니 신학교, 레콜레타 신학교, 산토 도밍고 신학교, 성 아구스틴 신학교, 예수회 신학교와 같은 종교 기관에 맡긴다는 것입니다. 위선적인 자유주의를 표방하면서, 궤변적이고 형식적인 관용을 주장합니다. 게다가 불신자와 합리주의자들이 가정에서 반드시 지켜야 할 원칙이 있습니다. "남편은 종교에 관여하지 말라"는 원리를 철저히 고수해야 합니다. 이러한 원칙에 의거해, 어머니는 아이들을 신부와 수녀가 주관하는 학교에 등록시킵니다. 아이들은 집에서 자유주의 신문을 읽을 수 없습니다. 페루의 중년 부인은 가톨릭 형제단체와 각종 종교기관의 회원으로 등록합니다. 남편의 동의는 구하지 않아도 됩니다. 군대식에 가까운 조직력을 갖추고 있습니다. 물론, 모든 체계는 성직자의 직접적, 간접적인 명령 하에 이루어집니다. 광신주의 여성 신도들은 창을 던지거나 말을 타지는

---

2 솔(sol)은 페루의 화폐 단위이다.

3 바스티유 감옥은 루이 14세 때 정치범을 가두던 곳으로 프랑스 전제정치를 대표하는 건물이기도 하다. 1789년 7월 14일 파리 시민이 바스티유 감옥을 습격하는 사건이 계기가 되어 프랑스 혁명의 도화선을 알리는 상징이 되었다.

않습니다. 그러나 금화가 있는 장소를 알아내고, 영향력을 행사하며, 세속주의 이단자를 비판하는 역할을 합니다. 광신주의자의 인생의 목적은 타다 남은 장작에 계속해서 불을 지피는 것입니다.

우리는 광신주의의 부활을 목격하고 있습니다. 페루의 광신주의는 아버지와 남편의 태만함과 연약하고 비겁한 태도로 인해 더욱 악화되었습니다. 페루의 아내와 딸들을 탓해야 하겠지만, 나약한 정신과 두뇌를 가진 아버지와 남편들을 비난해야 합니다. 여자들은 무지함과 신앙심 때문에 죄를 짓습니다. 그러나 남자들은 사악하고 교활한 마음 때문에 죄와 결탁합니다. 사악한 남자에게 가장 편안한 존재는 사제와 신비주의에 취해있는 여자입니다. 그러한 여성들은 스스로를 기도하는 존재로 낮추었습니다. 반항심, 의지, 심지어 여성스러움도 포기했습니다. 남편이 부인을 종교적 황홀경에 심취하도록 유인하는 경우도 있습니다. 꽃 한 송이를 급류 가운데 던져버리는 행위입니다. 가구를 화롯불에 던지는 행위와 같습니다. 페루에 애통한 일이 넘쳐나고 있습니다. 수많은 여인이 버려진 가구나 불운한 꽃의 운명을 받아들이고 있습니다. 무언의 타협을 맺고 불행하게 사는 부부들도 있습니다. 아내는 교회와 자애로운 단체에 충실하며, 남편은 놀음판과 사창굴, 첩의 사실私室에 거주지를 마련합니다.

페루 국민이 신앙을 버리고 사제로부터 독립하려는 경향을 보이는 반면, 지배계층은 미신으로 복귀하고 성직자에게 구속되려는 경향을 보이고 있습니다. 리마는 정치적 매춘 구역으로 변모하고 있습니다. 종교적 노예화의 중심지로 전락하고 있습니다. 페루 공화국 전체를 오염시키는 거대한 늪인 셈입니다. 칠레전쟁 이후, 리마의 지배 계층은 계속해서 몰락하고 있습니다. 정부는 생산적인 도약을 이루지 못했습니다. 정치적 음모로 국력을 낭비하고 있습니다. 근위대원 간의 분열과 불량배 간의 국지전으로 국력은 더욱 소진되고 있습니다. 황야와 산악지역에 사는 원주민은 식민시대의 야만성에서 벗어나지 못하고, 여전히 몽환적 과거 속에 살고 있습니다. 반면, 해안가에 거주하는 페루 주민은 어중간한 교육을 받고, 문명화가 야기한 부작용의 피해를 받고 있습니다. 위인들은 대학교수, 국회의원, 법원의 고위직, 정부의 주요 자리를 차지했습니다. 그러나 페루의 위인은 배운 내용을 뇌에 보관만 할 뿐, 실생활에 활용하지는 못합니다. 더욱 불행한 것은, 나은 미래를 기대할 수 없다는 것입니다. 고양된 의식과 열정을 발산하며 변화를 추구하기보다 수치스러운 현 세대의 몰락을 이어 갈 것입니다. 미래의 세대나 과거의 세대가 별반 다르지 않을 것입니다. 성직자와 사제의 교육을 받은 아이들에게 어떤 미래를 기대할 수 있습니까? 쇠퇴하고 몰락하는 종교에 이토록 강하게 집착하는 문화에서 어떤 발전을 기대할 수 있습니까?

검은 침입자가 페루를 공포스럽게 덮치고 있습니다. 게다가 페루는 에콰도르와 필리핀에서 추방된 성직자들을 받아주는 피난처가 되었습니다. 프랑스는 종교단체를 추방하는 반면, 남아메리카 국가는 추방된 사제들을 위해 피난처를 제공해 줍니다. 프랑스의 종교배척 운동이 페루 사회에 자각과 각성을 유도하기를 기대합니다. 프랑스는 세계적인 두뇌를 자랑하는 볼테르와 인류애적인 심장을 상징하는 빅토르 위고를 탄생시킨 나라입니다. 동시에, 프랑스는 '교회의 가장 충성스러운 맏딸'로 대표되기도 합니다. 지구촌의 종교화에 앞장선, 치명적인 재앙을 초래한 나라입니다. 역설적이고 이율배반적인 모습입니다. 만일, 프랑스 국민의 광신적 용기, 지혜, 힘이 없었더라면, 가톨릭은 지구상에 존재하지 않고 오래전에 소멸했을 것입니다. 프랑스는 전 세계에 다양한 남성, 여성 종교단체를 세웠습니다. 전 세계의 금화를 빼앗고, 미신을 전파하고 있습니다. 뿐만 아니라 전 세계의 문화를 오염시켰습니다. 부활절 주간, 십자가 고난 주간, 베르나데테 성녀상, 루드르 성수[4], 데텐테[5], 종교 우표, 카드, 묵주 등 다양한 종교 문화를 전 세계로 보급시킵니다. 그리스도 석고상, 도자

4 성녀 베르나데타(Sancta Bernadetta, 1844~1879)는 프랑스 루르드(Lourdes) 출신으로, 1858년 8차례 성모 마리아의 발현을 목격하였다. 성모 마리아가 발현한 곳으로 전해지는 루르드 동굴은 매년 수백만 명의 신자가 방문하는 성지가 되었다. 한때 루르드 동굴의 물은 치유의 기적을 일으키는 성수로 유명세를 탔다.

기에 새겨진 성모마리아, 각종 괴상한 성상들을 세계에 퍼트렸습니다. 그러나 동시에 주목할 것은, 프랑스는 인류를 구원할 인본주의 사상을 보급하고 확립시킨 나라이기도 합니다. 비유를 하자면, 인류의 오른팔에 광견병 바이러스를 주입하고, 왼팔에는 광견병 치료 항체 주사를 놓은 격입니다.

강베타[6]는 창백하고 심각한 얼굴을 하며, "반교권주의가 프랑스 국력을 약화시키는데 사용되어서는 안 된다"고 주장했습니다. 이 문구가 의미하는 바는, "우리 프랑스인은 자유사상가이며, 당신 야만인들은 가톨릭 숭배자입니다. 우리나라는 세속 교육가가 필요하며, 이웃 나라들은 예수회 신부와 그리스도 형제가 필요합니다. 또한, 우리에게는 과학이, 그 밖의 나라들은 교리문답서가 필요합니다"입니다. 이렇게 독특한 원리에 입각해서, 프랑스 공화주의자와 무신론자들은 주변 식민 국가들에게 국가 공무원과 함께 성직자 대리인을 파견했습니다. 예루살렘의 거룩한 무덤 성당[7]에서 국제성직자가 다음과 같이 기도한 적도 있었습니다. "신이여, 프랑스 공화국을 구원하소서! 애통하게도 십여 년 전부터 이집트의 수도 카이로에서는 우리 프랑스의 영향권을 약화시킬 목적으로, 프랑스 미사 대신에 오스트리아 관할 미사를 드리고 있습니다"라고 말입니다. 나아가, 리마 내부의 프랑스 관할 지역에서는 더 이상 7월 14일 프랑스 혁명을 기념하기 위해 과달루페 성당에 모여 웅장한 테데움[8] 찬가를 부르지 않습니다. 만일, 남아메리카에서 프랑스 종교 단체를 추방하거나

---

5 데텐테는 예수의 신성한 심장을 상징한다. 작은 천 위에 예수 형상이나 심장 모양을 새겨 가슴 위에 꽂아 사용했다. 1720년에 프랑스 마르세이유 지방에 전염병이 퍼지자 마을마다 데텐테가 널리 사용되었다.

6 레옹 강베타(Léon Gambetta, 1838~1882)는 프랑스 제3공화국 수립 당시 나폴레옹 3세의 전제 정치를 비판하여 공화파를 이끄는 데 중심적인 역할을 한 정치인이다.

7 거룩한 무덤 성당은 그리스도 부활 기념 성당이라고도 부른다. 성벽으로 둘러싸인 예루살렘의 옛 도시 안에 있는 기독교 성당이다. 그리스도의 시신을 묻은 곳이라고 하여 성지 순례의 중요 장소가 되었다.

8 테데움(Te Deum)은 4세기경에 창작된 기독교 성가로, 삼위일체를 찬양하는 노래이다.

성직자들의 재산을 회수하려 한다면, 프랑스 무신론자와 공화주의자들이 앞장서서 이에 반대하는 정치적 항의를 선동할 것입니다.

프랑스는 여전히 "반교권주의가 프랑스 국력을 약화시키는데 사용되어서는 안 된다"는 원칙을 지키고 있습니다. 문명국이 된다는 것은, 프랑스 영혼을 소유한다는 뜻입니다. 그러나 강베타, 카지미르 페리에[9], 드뤼몽[10], 데룰레드[11]의 영혼을 소유한다는 뜻은 아닙니다. 진정한 프랑스 문명을 상징하는 아나톨 프랑스[12], 귀요[13], 베르틀로, 클로드 베르나르[14]의 영혼을 소유해야 합니다.

II

성직자와 검은색은 깊은 상호연관성이 있습니다. 대표적으로 성직자의 예복, 손톱, 의식은 검은색으로 묘사할 수 있습니다. 오늘날 성직자는 페루 공화국의 수도원을 가득 메우고 있습니다. 성직자의 외면과 내면 모두 백조의 순백과는 거리가 멉니다.

페루에 거주하는 에스파냐 이민자들은 박학한 지식과 폭넓은 교육을 가

---

9 카지미르 피에르 페리에(Casimir Pierre Périer, 1777~1832)는 프랑스 은행가이자 보수파 정치가이다.

10 에두아르 드뤼몽(Édouard Drumont, 1844~1917)은 프랑스 기자이자 작가이다. 보수주의적 친교권주의자이며, 반유태주의와 반프리메이슨을 주장했다.

11 폴 데룰레드(Paul Déroulède, 1846~1914)는 프랑스의 극작가이자 시인이며, 보수 정치가이다. 1882년 우파의 모임인 애국자 연맹을 창설했다.

12 아나톨 프랑스(Anatole France, 1844~1924)는 프랑스 시인, 소설가, 비평가, 고전연구가이다. 1894년 드레퓌스 사건 당시, 에밀 졸라와 함께 드레퓌스의 무죄를 주장했고 반유태주의에 맞서 싸웠다. 1차 세계대전 후에는 평화주의를 강조하였고 1921년 노벨 문학상을 받았다.

13 장 마리 기요(Jean-Marie Guyau, 1854~1888)는 프랑스 철학자이자 시인이다. 플라톤, 칸트, 스펜서 등의 영향을 받았다. '프랑스의 니체'라고 부르기도 한다.

14 클로드 베르나르(Claude Bernard, 1813~1878)는 프랑스의 생리학자이다. 그의 대표적인 저서는 1865년에 저술한 『실험의학 서설』이며, 근대 실험 의학을 대표하는 고전이 되어 있다.

진 사람들이 아닙니다. 필리핀, 카탈루냐, 바스코 지방의 부랑자들로 구성되었습니다. 일반적으로, 수도원을 설립하고자 할 때, 공동체의 규모를 예상하고 계산합니다. 예컨대, 페루에 '맨발 성직자'[15] 교단을 설립하고자 할 때, 필요한 '원재료', 즉 '견습생'의 인원을 계산합니다. 리마 성직자 위원단은 필요한 인원을 채우고자, 필리핀의 마닐라, 바스크 지방의 빌바오, 카탈루냐의 바르셀로나로 해외 원정에 나섭니다. 탁한 물에서도 고기를 잡는 진정한 어부들입니다. 거리를 배회하는 사람, 플랫폼에서 고함지르는 사람, 절도범, 농작물을 약탈하는 수많은 청년들을 향해 그물을 던집니다. 황금기에는 기적적인 어획물을 거두기도 합니다. 젊은 청년들은 입대를 회피하고자, 신성한 낚싯바늘을 물고 떨어지지 않기 때문입니다. 수도원 설립에 필요한 '원재료'가 모이면, 그 다음은 '성화를 위한 수련단계'에 들어갑니다. 때로는, 부모가 어린 자식을 설득하고, 예복으로 꾸미고, 남아메리카 여행을 신청하고, 억지로 대형 선박에 태워 버립니다. 마침내, 청년들은 리마와 오코파 수도원의 정식 수련생으로 등록됩니다. 리마 성직자들은 '내가 너의 모든 죄를 용서하였고, 주님께서 너와 함께 동행하시리un ego te absolvo y un dominus vobiscum'라는 문구를 주입시킵니다. 수련생은 체계적인 수련과정을 거쳐, 마침내 미사를 인도하고, 신도에게 설교하며, 사람들의 의식을 주관하고, 가정을 통치하며, 그리고 대통령의 조언자가 됩니다.

에스파냐 성직자의 '원재료'의 고유성은 인위적인 수련 과정을 거쳐도 크게 변하지 않습니다. 그나마 영국, 독일, 프랑스 사제들은 비록 어리석고 천박해

---

15 맨발 성직자는 중세 이탈리아의 성 프란체스코(1181~1226)가 창설한 수도회로, 맨발로 수행한다. 맨발은 세속에서 벗어난 삶, 그리스도에 대한 순종, 하느님에 대한 절대적 믿음을 상징했다. 이후 유럽 각지에서 성 프란체스코 교단의 맨발수행을 따랐으며, 에스파냐에서는 13세기에 맨발 카르멜로 수도회가 설립되었다. 신비주의 시인이자 성직자로 알려진 산타 테레사(Santa Teresa)와 산 후안 데 라 크루스(San Juan de la Cruz)가 그리스도의 가르침을 따르는 징표로 맨발 수행을 택하였다. 신대륙으로 파견된 다수의 성직자가 맨발 수행을 대표하는 프란체스코 교단 소속이었다.

도, 진화할 가능성을 보여줍니다. 언제나 기본적인 인간성을 유지합니다. 반면에, 교양과 학식을 자랑하는 에스파냐 신부들은 놀라운 특징을 가지고 있습니다. 한순간도 성직자이기를 포기하지 않습니다. 어느 성자가 증언하기를, 진정으로 겸손한 사람은 지혜의 빛을 발산한다고 했습니다. 스스로 '이곳에 신이 거하신다'는 것을 입증한다고 합니다. 반면, 에스파냐 성직자는 잔인함과 음탕함의 속성을 보유합니다. '내 안에 토르케마다[16]와 산초[17]가 거하신다'는 사실을 증명합니다.

국적에 따른 성직자의 사회적 역할에 대해 알아보겠습니다. 프랑스 사람은 부드럽고 온순하며 공손합니다. 불쾌한 인상을 주는 경우가 극히 드뭅니다. 흠이 있다면, 취할 수 있는 온갖 권력과 부를 온몸에 휘두른다는 것입니다. 예컨대, 광부는 돌덩이를 줍는 광산에서 금을 취합니다. 농부는 엉겅퀴를 고르는 밭에서 잘 익은 밀을 수확합니다. 아첨꾼인 프랑스 성직자는 국가의 돈을 취하고 고갈시킵니다. 동전 한 푼도 남기지 않습니다. 진정한 빈털터리, 프란치스코 교단 출신의 흡혈귀들입니다. 사람들이 알아차리지도 못하게, 고요히 피를 빨아먹습니다. 케베도의 소설, 『부스콘의 삶』[18]을 보면, 악녀들이 '고통 없이 주머니를 터는 방법'에 관한 원칙을 만듭니다. 프랑스 성직자의 사악함은 부스콘의 악녀들과 견줄 만합니다. 프랑스 성직자들은 국가의 돈을 은밀하고, 조용히, 무감각하게 고갈시킵니다. 세상에서 가장 허영심이 많은 사람

---

16 토마스 데 토르케마다(Tomás de Torquemada, 1420~1498)는 에스파냐 산토도밍고회 소속의 성직자이자, 이사벨 여왕의 고해성사 신부였다. 1478년 종교재판소를 설립했을 때 최초로 임명된 종교재판관이었다. 1480년에 토르케마다는 타종교로 개종한 유대인을 탄압하는 정책을 시작했다.

17 라틴아메리카의 여러 국가에서 아내의 정부를 '산초'라고 불렀다. 이 명칭은 『돈키호테』의 "침묵할 줄 아는 의인을 산초라고 부릅시다"라는 속담에서 유래했다. 산초는 『돈키호테』의 등장인물 산초 판사(Sancho Panza)가 아니라 산초 2세(1065~1072)를 가리킨다.

18 프란시스코 데 케베도(Francisco de Quevedo, 1580~1645)는 에스파냐 황금세기의 시인이자 소설가이다. 풍자와 해악을 미학화한 피카레스크 소설을 발전시킨 작가이다. 대표작으로 『부스콘의 삶 *La Vida del Buscón*』(1626)이 있다.

들입니다. 루드르 마을과 사크레쾨르 대성당[19]을 자기 소유로 만들었습니다. 겉으로는 케베도의 '위대한 구두쇠'[20]에게 인심을 쓰고, 궁핍한 '테나사 기사'[21]에게 관용을 베푸는 체를 합니다. 실제로는, 가난한 국민을 과일로 생각합니다. 아무리 짜내도, 국민은 계속해서 충분한 즙을 제공해야 한다고 기대합니다. 부유하고 교양 있는 계층을 자기 뜻대로 조정합니다. 부자 앞에서는, 굳이 종교적인 엄격한 덕목을 설교하지 않습니다. 비단옷을 걸친 여인이 죄에 빠져 타락한 삶을 살아도, 너그럽게 용서할 수 있습니다. 예수회 도덕관에 의하면, 신은 인간이 여섯 번째 십계명(살인하지 말라)을 어길 때, 터키산 비단 소파에서 살인한 것보다 돗자리나 마구간에서 살인했을 때 더욱 무섭게 성을 낸다고 합니다. 요약하면, 프랑스 성직자는 사람들에게 부드러운 죄의식을 부여합니다. 매우 가벼운 윤리관을 요구합니다. 영혼보다는 주머니에 더 많은 관심이 있기 때문입니다.

반면, 이탈리아 사제는 프랑스 사제와는 구별됩니다. 부유계층이 아닌, 노동자계층과 소통한다는 점에서 그렇습니다. 그러나 세속 학술기관을 설립하거나, 대학을 세우지는 않습니다. 획일화된 교육으로 마을을 재배합니다. 예술과 종교 과목이 주를 이룹니다. 이탈리아 성직자의 장점은, 훌륭한 관용에 있습니다. 프랑스보다 더 큰 규모의 관용을 가졌다고 평가됩니다. 크고 작은 죄명에 놀라는 법이 없습니다. 게다가 죄인의 재산에도 관심이 없습니다. 성당 내부의 어린 소년, 소녀들과 매우 친밀한 관계를 유지하는 덕에, 굳이 외부 세계에서 미의 여신 아프로디테를 찾지 않아도 됩니다. 그러나 종종 용서받을

---

19 사크레쾨르 대성당은 프랑스 파리의 몽마르트르 언덕 위에 있는 대성당이다.

20 '위대한 구두쇠'는 케베도의 피카레스크 소설 『부스콘의 삶』(1626)의 부제이다. 이 작품은 익살스러운 주인공이 힘든 노동과 궁핍에서 벗어나고자 몰락한 기사의 삶에 동참하지만 오히려 더욱 빈궁한 삶을 경험하게 되는 과정을 그리고 있다.

21 테나사 기사는 케베도의 작품 『테나사 기사의 편지 *Cartas del caballero de la Tenaza*』(1625) 속의 주인공이다. 인색한 기사와 수단과 방법을 가리지 않고 돈을 탐하는 애인 간에 주고받는 해학적인 서간체 문학작품이다.

수 없는 죄를 범하는 경우가 있습니다. 정력과 바람기가 넘치는 이탈리아 사제들은 선한 동반자라는 이름으로, 어린 교우들에게 '가벼운 부담'을 감내할 것을 요구합니다. 그러나 아홉 달이 지나면, 그것이 매우 무거운 부담이라는 것을 깨닫습니다. 수도 리마는 주교님에 관한 생생하고 달콤한 추억으로 가득합니다. 주교님은 피아노에 맞추어 합창을 부르곤 합니다. 섬세한 손가락으로 비단옷을 다룰 줄 알며, 코르셋의 끈을 정확하게 맞추고 푸는 기술도 탁월하게 갖추고 있습니다.

그밖에 독일, 영국, 벨기에 사제들은 매우 소수이며, 눈에 띄는 특징도 없습니다. 특이한 면이 있다면, 앵글로색슨 성직자들은 페루에 와서 헌금을 모금합니다. 충분한 자금과 헌금을 걷은 후, 곧 증기선을 타고 떠납니다. 이후 보스턴이나 팀북투[22]에 가서 교회를 건축합니다. 성직자 생애에 관한 이야기는 흔적조차 남아 있지 않습니다. 마치 구슬처럼, 빛처럼, 민첩한 사람들입니다. 타지에 들어와서, 길목에서 발견한 금속조각을 줍습니다. 액체로 녹이거나 가스로 만들어 공기 중에 날려버린 후, 즉시 본토로 되돌아갑니다.

한편, 에스파냐 성직자들은 거칠고 투박합니다. 매 순간마다, 혈통의 천박함과 문화의 저급함을 드러냅니다. 당나귀나 군 단체를 훈련하는 거친 언어를 구사합니다. 수영 선수나 장작을 패는 사람의 투박한 동작을 합니다. 식사를 한다기보다 음식을 통째로 삼켜버립니다. 의자에 앉기보다 몸을 깊숙하게 밀어 넣고 길게 늘어뜨립니다. 설교를 하기보다 과격하게 파문 통고를 하고 화형 선고를 내립니다. 시주施主를 구한다는 명목으로, 시민의 돈과 값비싼 향신료를 약탈합니다. 탐욕의 한계를 알 수 없습니다. 임종을 앞둔 노인이 대교구장에게 전 재산을 넘기지 않겠다고 말하면, 험악한 저주의 말을 퍼붓습니다. 중

22 팀북투(Timbuktu)는 아프리카 말리 공화국의 통북투주에 있는 도시이다. 팀북투는 15세기와 16세기에 걸쳐 번성했던 아프리카의 이슬람 문화를 대표하는 유적들이 많이 남아 있는 도시이다.

세 봉건주의 잔재를 그대로 계승합니다. 사기꾼, 종교 재판관, 투우사들로 결성된 집단처럼 보입니다. 진정한 종교의 의미는 변질되었습니다. 사제의 삭발은 변발로, 성직자 예복은 만돌린 악기로, 십자가는 창으로 바뀌었습니다. 제단 앞에선 신부는 마치 황소 앞에 선 투우사를 연상시킵니다. 요약합니다. 외국 성직자들은 아무리 비정상적으로 보일지라도, 인간의 범주 안에 있습니다. 그러나 정통 가톨릭을 자랑하는 에스파냐 성직자들은 무지하며, 출신 배경도 필리핀, 카탈루냐, 바스코 지방 등 일정하지 않습니다. 어떤 지질학적 시대에도 속하지 않는 종족인 것 같습니다. 어떤 동물학적 계보에도 속하지 않습니다. 미개의 점성질 물체로 구성된 존재입니다. 인간에게 고통과 역겨움을 주는 존재입니다. 마치 매우 병적이고 궤변적인 세상에서 유래한 것 같습니다. 단세포 동물과 같습니다. 단지, 이기적이고 본능적인 쾌락만을 추구하며 살아갑니다.

리마에서는 맨발 성직자들을 볼 수 없습니다. 리마는 잘생긴 외모와 건강한 혈색의 인물들이 거주하는 곳입니다. 한편, 깊은 산과 고산지대의 마을에 가면, 맨발 성직자들을 만날 수 있습니다. 자연이 그대로 개방된 풍경과 넓고 자유로운 평원이 인간의 야만적인 본능을 더욱 자극하고 발달시킵니다. 이곳에 거주하는 성직자들은 흙과 땀으로 범벅이 된 의복과 커다란 지푸라기 모자로 자신의 모습을 감춥니다. 또한 커다란 십자가를 (가슴이 아닌, 위장 가까이에) 앖고 있습니다. 터무니없이 큰 막대기를 휘두르고, 어깨에는 윈체스터 기관총, 혹은 마우제르[23] 무기를 메고 있습니다. 위협적이고 정복자적인 태도로 행진합니다. 간혹 말을 할 때는, 투박한 감탄사와 욕설을 섞어 퍼붓습니다. 때론 증오에 불타 자유주의자들을 제거하겠노라고 외치기도 합니다. 사람을 폭행하고, 소유물을 약탈합니다. 농작 수확을 강탈하고, 가축동물을 가로챕

23 독일 총기제작자 마우제르(Mauser)가 만든 권총과 엽총을 가리킨다. 모제르 권총이라고도 부른다.

니다. 남자들을 학대하고, 아이들을 납치하며, 여인들을 강간합니다. 오코파 사건[24]을 기억하십시오. 성직자 자신이 오코파 성당에 불을 질렀을 것이라는 추측과 증거가 거론되고 있습니다. 사건에 대한 두 가지 이유를 추측할 수 있습니다. 첫째, 더 많은 정부 보조금을 획득하기 위한 것입니다. 둘째, 우앙카요의 자유사상가들에게 죄과를 전가하고 복수하기 위해서입니다. 성직자들은 고의적으로 화재를 유도하지 않았다고 주장합니다. 하지만 그들의 만행이 용서받거나, 무효화될 수는 없습니다. 아마도 종교에 적대적인 사람도 '신부들이 그런 잔혹하고 혐오스러운 일을 저지르진 않았을 것입니다'고 말하면서 그 사실을 믿기를 주저할 것입니다. 신을 경외하는 교회에서 고통으로 신음하는 주민을 대상으로 방화를 저지르다니요! 어떻게 그렇게 끔찍한 범행을 저지를 수 있습니까?

민족주의 사회학자들이 간과하는 사실이 있습니다. 종교 단체가 활성화될수록, 국가가 퇴보한다는 상관관계입니다. 예를 들어, 낭만주의는 패자와 노예를 위한 종교였습니다. 오늘날 가톨릭은 문명인을 야만인으로 퇴화시키는 종교입니다. 과거 기독교가 야만인을 문명인으로 진화시켰던 것과는 대조적입니다. 오늘날 페루 사람은 아시아 이민자들을 과소평가하고 있습니다. 유럽 성직자들의 권위에 가려, 아시아 이민자의 사회적 가치는 간과되고 있습니다. 중국인들은 근면하고 정직하고 평화롭습니다. 반면 에스파냐 성직자는 나태하고 포악하며 선동적입니다. 미래에는 중국인이 에스파냐 성직자보다 더 건강한 사회를 설계할 것입니다. 오늘날 병약하고 늙은 중국인들이 리마의 거리를 떠돌며 구걸하는 모습을 봅니다. 과거에 중국인들은 밭을 갈고, 물을 대고, 씨를 뿌리며, 젊음과 에너지를 소진했습니다. 우리의 동정심을 자극합니

---

24 오코파(Ocopa)는 페루의 콘셉시온 지방에 위치하고 있다. 1725년에 프란체스코 교단이 오코파 수도원을 건립하였다. 페루 정부는 오코파 수도사들에게 우앙카요(Huancayo)의 자유사상가를 추적하여 사살하라는 명령과 함께 기관총 및 각종 군수품을 보냈다. 자세한 내용은 이 글 말미의 '오코파 사건'을 보시오.

다. 중국 이민자들은 농장 지주의 희생물, 땅을 일구는 동물, 걸어 다니는 농기구 등으로 비유됩니다. 반대로, 에스파냐 성직자들은 가정에서 최고급의 요리를 즐기는 덕에 매우 건강합니다. 이민한 첫해부터 파종하지 않고 수확하는 법을 궁리합니다. 피곤할 일 없이 안락한 삶을 영위하고, 처벌 없이 범죄를 일삼을 수 있는 방법을 심사숙고합니다. 결코, 사랑과 존경의 대상이 될 수 없습니다. 자비라는 선한 이름을 남용해, 약탈을 일삼으며 살아갑니다. 진실의 외투 속엔 거짓이, 박학다식이라는 허영심 뒤에는 무지가 숨겨져 있습니다.

독일의 비스마르크는 여성이 정치에 개입하는 것을 못마땅하게 생각했습니다. 맥주와 양배추요리를 과하게 식사한 후, 거칠고 오만한 태도로 여성에게 다가서 '치마는 물러가라!'라고 외쳤다고 합니다. 오늘날 페루의 남성과 아버지들도 함성을 질러야 합니다. 비스마르크의 오만한 태도를 닮을 필요는 없지만, 함성에 대한 충분히 합리적인 이유를 제시할 수는 있습니다. 즉, 성직자들은 시민의 삶을 위태롭고 공포스럽게 만듭니다. 성직자들의 침략과 지배를 막아야 합니다. 따라서 "교회 성직자는 물러가라!"고 반복적으로 외쳐야 합니다.

▪ 오코파 사건

사회적 명성이 높았던 한 성직자의 일기를 소개합니다. 일기에서 다음의 내용을 확인할 수 있습니다. 앙헬 소르노사Angel Sornosa 소령과 리마의 헌병대 출신인 80명의 군인이 오코파 지역에 도착했습니다. 그들은 독일산 소총과 탄약을 비롯한 군수품이 든 두 개의 커다란 상자를 운반했습니다. 페루의 대통령으로부터 군수품이 든 상자를 오코파 성직자들에게 전달하라는 명령을 받았습니다. 또한, 우앙카요 출신의 자유사상가들을 추적하여 사살하라는 명령을 받았습니다.

우리는 맨발의 성직자가 소총의 가치를 매우 높게 평가하고 있다는 사실을 다음의 기록에서 확인할 수 있습니다. 다른 설명을 늘어놓기보다 가브리엘 살라 사제의『여행일지』[25]를 읽는 것이 좋겠습니다. 살라 사제의 여행일지의 일부를 소개하겠습니다.

> 두 강줄기가 모이는 지점에 도착했을 때, 주변에 많은 해안 강도들이 있었다. 이때를 기회로 삼아, 우리는 20개의 윈체스터 탄약을 발사해 보았다. 심지어 심심풀이로 발사해 보기도 했다. (144쪽)

> 모두가 사격연습을 해보았다. 12개의 탄알 중, 두발만 적중했지만, 나머지 탄알도 구멍을 뚫는 데에는 성공했다. 누구는 다소 높게, 누구는 다소 낮게 발사했을 뿐이다. 이 정도면 나쁘지 않은 편이다. 어떤 야만인을 상대로 겨냥할 때는, 시선을 중앙에 집중해야 할 것이다. 최악의 경우에도 발이나 머리는 맞출 수 있을 테니까 말이다. (81쪽)

> 선교사로 온 성직자는 원주민과(성경의 어린 양들을 의미한다.) 섞여서는 안 된다. 원주민은 군인과 무장된 군대의 호위 아래 있어야 한다. 인류애라는 이름을 걸고, 사제는 식인종의 잔인한 풍습을 금지하고, 이성적인 인간으로 만들어야 한다. 불가능할 경우에는 그들을 멸절시켜야 한다. 그러나 가능하다면, 적당한 징벌과 공포심을 이용해서, 자비로운 선교사의 명령에 순종하도록 만들어야 한다. (153쪽)

> 그들은 (춘초라고 불리는 밀림 태생의 원주민 집단) 얼굴색도 바뀌지 않고 거짓말을 일삼는다. 이런 점은 혼혈인과 닮았다. 이웃의 소유를 도둑질하고, 집을 파괴하고, 마치 동물과 흡사하다. 따라서 춘초란, 곧 '거짓말쟁이, 배신자, 배은망덕한 게으름뱅이, 게걸스러운 사람, 복수심에 찬 불안정한 인간'을 의

25 가브리엘 살라(Gabriel Sala)의『여행일지 *Apuntes de viaje*』는 1897년 리마에서 출판되었다.

미한다. 춘초 주민에게 무엇을, 어떻게 해주면 될까? 인간이 아닌 동물처럼 살기를 원하는 사람에겐 그저 동물처럼 대해주면 된다. 만일 우리의 생명과 행복을 파괴하는 위협적인 행동을 할 때는, 어제든지 총살을 가해야 한다. (158~159쪽)

·

한 시간가량을 걷고 나니, 인기리베니Inguiribení라는 마을에 도착했다. 그곳에 사는 호세라는 추장의 집에 가보았다. 나는 추장에게 화약, 군수물품, 폭약, 그밖에 신기한 물건들을 선물로 주었다. 그리고 우리와 함께 찬차마요Chanchamayo나 산 루이스 데 수아로San Luis de Shuaro마을까지 동행해 준다면, 칼, 손수건, 기타 물건들을 주겠노라고 설득했다. 추장은 우리의 요구에 흔쾌히 응했고, 관광안내원이 되어 주변 지역과 길을 안내해 주었다. 우리에게 마을의 언덕, 폐허가 된 땅, 전쟁터에서 전사한 자들의 뼈와 두개골까지 보여주었다. (128~129쪽)

호세라는 추장은 우리가 가져온 물건을 소유하길 원했다. 심지어, 성무일도서[26]와 사제를 위한 예복까지 갖고 싶어 했다. 나의 동료를 보자마자, 그를 마을에 남겨둘 수 없겠느냐고 물었다. 또한 산 루이스 데 수아로와 같은 예배당을 짓고 싶다고 말했다. 나는 만일 주민들의 품행이 올바르고, 또 충분한 인원이 모인다면, 이후에 예배당을 지을 수 있다는 긍정의 뜻을 표했다. 나의 불확실한 호의에도 무척 기뻐하는 듯했다. 그리고 우리와 함께 있는 것을 매우 즐거워했다. 만일, 그가 읽고 쓰는 법을 배운다면, 치명적으로 위험한 존재가 될 수 있을 것이다. 산토스 아타우알파[27]처럼 말이다. 우리는 추장을 교화시켜,

---

26 성무일도서(聖務日禱書)는 로마 가톨릭교회의 전례서이다. 매일 정해진 시간에 하느님을 찬미하는 찬미가와 시편, 전례 독서, 교부의 설교, 기도 등을 담고 있다.

27 후안 산토스 아타우알파(Juan Santos Atahualpa, 1710~?)는 1742년 케추아 원주민 반란을 주도한 지도자였다. 잉카제국의 부활과 백인과 흑인을 추방할 목적으로 봉기하였다. 페루의 에스

이용해야 한다. 그러나 만일 문명과 사회 복지 제도에 눈을 뜨게 된다면, 그 때는 그를 제거해야 할 것이다. (129~130쪽)

살라 신부는 맨발 성직자 교파에 속한 선교사였습니다. 정부의 경제적 후원으로 페루 여행을 착수했으며, 후에 국가의 도움을 받아 여행일지를 책으로 출판했습니다.

파냐 식민지 지배세력을 위협할 정도로 확대되었지만, 내부의 갈등 및 여러 이유로 실패하였다.

11. 우리의 투우애호가

I

에스파냐 정복자에게 받은 유산 중 가장 야만적인 전통은 투우 경기입니다. 투우처럼 잔인하고, 역겹고, 비극적인 감정을 유발하는 경기는 없습니다. 사실 투우 기술은 페루 사회에 정착하지 않았습니다. 그러나 최근에 와서, 투우에 대한 선호도가 증가했습니다. 투우 애호가의 열광이 더욱 심해졌습니다. 거대한 페루 역사 가운데 시대적 전환기가 도래한 것 같습니다. 이 시대는 불에 타는 작살, 창, 비수, 뒷다리 무릎뼈 절단하기, 개의 먹이가 될 황소를 요구합니다. 이러한 현상이 시사해주는 바는 무엇입니까? 비이성의 시대를 살고 있다고 말해주고 있습니다.

마크 트웨인[1]은 "인간에 대해 알아갈수록, 말이란 동물을 더욱 존경하게 된다"고 말했습니다. 한 인간에 대해 잘 모르면, 이해할 수 없습니다. 인간이 어떻게 동물을 학대하고, 피로 물든 경기장에 심취하는가를 모른다면, 본래의 도덕성을 정확히 파악할 수 없습니다. 투우 경기는 인류의 퇴보에 대해 시

1 마크 트웨인(Mark Twain, 1835~1910)은 미국의 소설가이다. 주요 작품으로는 『톰 소여의 모험』, 『허클베리 핀의 모험』, 『미시시피강의 추억』 등이 있다. 그의 말년에 출판한 『지구로부터의 편지』에는 반교권주의와 반노예제도의 사상이 포함되어 있다.

사해 줍니다. 인류 문명사를 볼 때, 지극히 소수는 진보의 길을 걷고 있지만, 대부분의 인간은 원숭이의 단계에서 벗어나지 못하고 있습니다.

인간은 동물의 비참한 삶을 연장시키며 자비를 베푼다고 착각합니다. 차라리 길고 고통스러운 고뇌의 시간을 신속한 죽음으로 바꾸어 주는 편이 낫습니다. 삶의 고통을 인지하지 못하도록, 마치 찰나의 섬광이 지나듯 신속하게 말입니다. 인간에게 가장 유익한 동물인 말을 생각해 보십시오. 물도 나무 그늘도 없는 사막을 통과하게 도와줍니다. 위험한 전쟁에서 용감하게 싸워줍니다. 불량배의 습격에서 우리를 구출해 줍니다. 평생 동안 하루도 쉬지 않고 노동합니다. 인간에게 필요한 양식을 공급해 주기 위해 힘든 노동도 참고 감내합니다. 그러나 인간은 동물의 인생을 존중해주지 않습니다. 때론 갑작스러운 사고에 의해 쇠약해지고, 때론 노화로 의해 여위고 수척해집니다. 이때는 안식과 평안한 죽음에 대한 권리가 요구되는 시점입니다. 반대로, 인간은 죽어가는 말에게 잔인한 형벌을 가합니다. 참으로 인간의 형상을 한 짐승입니다. 비운의 말은 창으로 고문을 받고, 성난 황소의 뿔을 들이받습니다. 관중을 위해 존재하는 버림받은 고깃덩어리가 됩니다. 비틀거리며 자신의 내장을 밟기도 합니다. 마침내 술과 피에 취한 천박한 군중의 휘파람과 야유 속에서 죽어갑니다.

창으로 찌르는 전통은 짐승의 삶의 가치를 전락시켰습니다. 말의 운명은 인간이라는 잔인하고 이기적인 존재의 억압을 참아내는 것입니다. 마크 트웨인은 인간이 만물의 영장이라 할지라도, 동물의 삶을 무자비하고 잔인하게 억압할 수 없다고 말했습니다. 미국 작가의 주장에는 충분한 타당성이 있습니다. 늙고 병약할 때까지 봉사한 말은 휴직이나 배상으로 보상해야 합니다. 말은 노동자로 간주해야 합니다. 법으로 보호받을 권리를 누리는 인간 노동자처럼 말입니다. 인간을 위한 권리뿐 아닌, 동물을 위한 권리도 필요합니다. 오히려, 우리 악한 인간은 권리를 주장할 가치도 없을지도 모릅니다. 인류에 최소한의 유익도 기여하지 않은 수많은 시민을 보십시오. 차라리 짐을 나르는 노새, 개, 소, 당나귀가 은퇴라는 권리를 요구해야 할 것입니다. 과거 아테네 사람들은 이것을 이해했습니다. 파르테논 신전의 건축을 마치자, 아테네 사람들은 가장 순종적이고 성실한 노새들에게 먹고 쉴 수 있는 해방과 자유를 주었다고 합니다. 특별히, 짐을 지고 아크로폴리스 언덕까지 올라가는 동물에게는 완전한 은퇴 자격과 퇴직금을 제공하였고 죽는 날까지 도시에 살며 보호받을 수 있는 조치를 내렸다고 합니다. 여기서 주목할 것은 아테네 사람이 가톨릭 신자가 아닌 이교도였다는 사실입니다.

자연이라는 위대한 공화국에서 동물과 인간은 동일한 시민입니다. 그러나 비인간적이고 이기적인 사회에서는 이러한 인식을 하기가 몹시 어렵습니다. 동물은 우리 인생의 여정을 동반해주는 동료입니다. 인간과 함께 고통과 죽음을 공감하는 존재입니다. 우리는 그들에게 빚진 자들입니다. 동물이 없이는 살아갈 수 없습니다. 동물이 소멸한다면, 바다의 심층구조까지 포괄하는 거대한 생태 조직 가운데, 매우 중요한 단계를 잃어버리는 것입니다. 이것은 결국 인류를 종말로 이끌 것입니다. 오늘날 우리 인류가 존재하는 이유는 과거에 점균류의 원형체가 있었기 때문입니다. 동물과 식물을 포함한 모든 생명체는 태초의 모세포에서 탄생하였으므로 같은 어머니를 공유하는 형제자매입니다. 개미와 코끼리, 잔디와 삼나무, 적충류滴蟲類와 이끼류는 인간과 우주라는 큰 틀 안에서 친척 관계를 형성한다고 할 수 있습니다. 따라서 헛되이 꽃잎을 뜯거나 식물을 파괴하는 자는 야만인입니다. 단순한 유희로 곤충을 죽이는 자 역시 야만인이라고 할 수 있습니다.

동물을 사랑하지도 동정하지도 않는 사람은 같은 인간을 불쌍히 여기지 않습니다. 만일 당신이 방문한 집에 동물을 위한 출입구가 없다면, 그 집에서 나오십시오. 즉, 새가 지저귀지 않고, 강아지가 뛰어놀지 않으며, 고양이가 기지개를 켜지 않는 가정에는 방문하지 마십시오. 어린이로 가득 차고 노인이 장수하는 가정일지라도, 동물이 없는 가정은 완전하지 않습니다. 한 번도 강아지를 키워본 적이 없는 사람과는 거리를 두십시오. 또한 자신의 강아지를 학대하며 즐거워하거나, 충동적인 분노를 강아지에게 퍼붓는 사람에게도 접근하지 마십시오. 우리는 산초가 돈키호테의 여위고 늙은 말, 로시난테에게 입을 맞추는 모습을 보고, 그의 모든 교활함과 탐욕을 용서할 수 있습니다. 심지어 사랑이 아닌 편의에 의한 행동이었어도 말입니다. 성 프란시치코가 비둘기를 자유롭게 놓아주고, 여우, 물고기, 제비를 형제처럼 돌보아 줄 때, 그를 따뜻하게 포옹하고 싶어집니다. 부처의 무한한 자비심은 우리에게 성스러운 존경심을 느끼게 합니다. 예수가 개와 함께 순례의 길에 나섰다면, 우리에게 더 큰 감동을 줄 수 있었을 것입니다.

동물들이 멸종한다면, 인간의 하급 친구들이 사라진다면, 새의 노랫소리와 나비의 날갯짓이 사라진 지구에 살아간다면, 인류는 더욱 고독하게 될 것입니다. 그처럼 고요하고 단조로운 공동묘지에서 살면서, 삶의 가치를 발견할 수 있겠습니까? 차라리, 죽음이 하나의 구원으로 인식될 것입니다. 우리 중 누군가가 대재앙에서 살아남는다면, 무엇을 소망하게 될까요? 오로지 무덤에서 장미꽃이 피어나고 꾀꼬리가 노래하기만을 기다릴 것입니다. 어느 유명한 독일 시인이 비슷한 생각을 했습니다. 죽기 전, 그는 모든 유산을 수도원에 양도하면서, 한 가지 부탁을 남겼다고 합니다. 돌로 만들어진 자신의 묘지에 네 개의 구멍을 뚫고, 날마다 새들을 위한 곡물로 채워달라고 간청했습니다. 얼마간 사제들은 유언자의 부탁을 들어주었습니다. 어느 날, 사제들은 서로를 바라보며 "우리가 새들보다 더 귀하지 않습니까?"라고 말하며, 더 이상 무덤에 곡물을 가져다 놓지 않았습니다. 유쾌한 가락이 가득했던 음악당이 어느새 고요하고 음산한 무덤으로 변했습니다. 죽은 시인은 지혜로운 아테네 시민과 무자비한 독일 사제들 간의 차이를 알았고, 그 차이를 없애려고 노력한 것입니다.

II

투우, 피카도르[2], 반데리예로[3], 투우사의 칼은 이베리아반도에서 유래한 스포츠 개념에서 꼭 필요한 요소입니다. 유럽에서 남쪽으로 갈수록, 동물과 관련된 잔인성이 증가하는 추세를 보입니다. 놀라운 일은, 우리 페루인이 유럽의 교육을 받았고, 저명한 사상가의 서적을 읽었으며, 또한 가장 문명화된 국가에서 온 이민자들과 친밀한 상업 관계를 발전시키고 있음에도 불구하고, 아직도 투우의 피를 제거하지 못했다는 사실입니다. 오히려, 투우 애호가라는 호칭을 커다란 명예로 생각하며, 투우 문화를 존속시키고 있다는 현실이 놀랍습니다. 투우는 이십 대의 퇴폐한 문맹 집단만이 즐기는 경기가 아닙니다. 가장 교양 있는 집단, 지식인, 심지어 사회의 최고위층이 선호하는 경기가 되었습니다. 일반적으로 리마 인들은 서로 상이한 의견을 주장합니다. 그런데 오락이나 유희에 대해서는 예외입니다. 자본가와 거래하는 이익 단체는 투우가 열리는 아초 광장[4]에서 거래를 합니다. 무기 회사를 소유한 사람들은 '돈에서는 결코 고약한 냄새가 나지 않는다'는 무언의 고백을 주고받으며, 금고에 접근하기 위한 방법으로 투우 경기를 개최합니다. 평화로운 인류를 위해 연설하는 대통령도 치명적인 근육통을 야기하는 투우사의 창 찌르기에 환호합니다. 리마의 일간지는 마드리드의 전보를 통해, "오늘 투우 경기장에서 패배자인 반데리예로가 그의 가슴에 소의 뿔을 받고 고통스러워합니다. 이것은 그의 다섯 번째 소입니다"라는 생생한 소식을 전합니다. 이후에, 경기에 관한 수많은 기사와 투우사의 생애에 관한 글과 사진들이 일간지를 도배합니다. 투우 기술에 대한 글도 끊임없이 소개합니다. 극소수의 애호가만이 이해하고 즐길 수 있는 어렵고 불쾌한 은어로 가득 채운 글이 난무합니다.

동물보호를 약속한 사회는 사실상 모순으로 가득 차 있습니다. 예를 들어 그라몽 동물보호법[5]을 자랑하는 사회에서 법을 실행할 능력이 있는 의회

---

2 피카도르(picador)는 말을 타고 작대기 창으로 투우를 찌르는 투우사이다.

3 반데리예로(banderillero)는 투우의 등에 작은 깃발이 달린 작살을 꽂는 투우사이다.

4 아초(Acho) 투우 광장은 페루의 수도 리마에 위치한 투우 경기장이다. 라틴아메리카에서 가장 오래된 투우경기장이자, 세계에서 가장 큰 투우 경기장 중 하나이다.

5 그라몽 동물보호법은 프랑스의 장군인 자크 델마 드 그라몽(Jacques Delmas de Grammont)의 이름에서 유래한 동물보호법이다. 그라몽은 1845년에 동물보호협회를 설립했고, 1850년에 애

는 없습니다. 리마의 젊은 사람들은 도서관이나 극장을 건축하는 대신 투우 협회와 투우 광장을 세웁니다. 그들의 머릿속에 들어있는 유일한 생각은 검은색의 소를 통제하고, 진흙으로 뭉개진 소의 목덜미에 깃발 달린 작살을 꽂고, 칼로 찌르는 행위뿐입니다. 에스파냐의 세비야 지방에서 비롯된 비열한 투우 문화는 리마의 젊은이를 더욱 나약하게 만들었습니다. 투우 시즌에, 일요일마다 거리에 나온 나태하고 연약한 젊은이들을 관찰해 보십시오. 안달루시아 청년의 늠름한 기세를 모방이라도 하듯, 건달패의 분위기를 조성합니다. 천박하고 거만한 말씨로 '최고'라는 감탄사를 반복하며 우쭐댑니다. 경기가 없는 날은, 코르도바 모자로 멋을 내기도 합니다. 감히 양복차림으로 외출할 수 없고, 또한 두 다리를 내보일 용기도 없기에, 엉덩이 부분만 드러난 재킷을 입고 나옵니다. 다소 도발적이기까지 한 대담한 젊은이들입니다. 여성은 과장된 인공 가슴을 자랑하고, 남성은 옷자락 끝으로 거만한 태도를 표현합니다. 리마의 젊은이들이 악수 문화를 엉덩이 때리기로 대체하지 않을까 걱정입니다. 아마 리마는 궁둥이 제국으로 재탄생할지도 모르겠습니다.

애호가들은 투우경기가 죽음에 대한 공포심을 극복해 주고, 삶의 가치를 숙고할 기회를 제공한다고 주장할 것입니다. 그들의 판단이 잘못되었다는 것은 태평양 전쟁이 증명해 줍니다. 칠레사람은 투우에 그다지 열성적이지 않습니다. 그러나 페루 땅이었던 산 프란시스코San Francisco부터 우아마추코Huamachuco까지 정복했습니다. 반면, 리마보다 투우에 열광하는 도시는 흔치 않을 것입니다. 과연 리마 시민과 아테네의 스파르타 시민이 동일시 될 수 있겠습니까? 땅에 쏟아진 투우의 피가 리마의 정신과 기운을 강화시키지 못했습니다. 언제 찬사가 필요하며, 어느 때에 비판이 필요한지를 분별하지도 못하고, 맹목적으로 예찬하는 리마의 시민을 보십시오. 과연, 리마 시민이 도덕

완동물 보호법을 만들었다. 애완동물을 공개적인 장소에서 부당하게 학대하는 경우에 대해 벌금, 투옥, 처벌이 가능하다는 내용이다.

적 가치에 대해 논할 자격이 있습니까? 만일, 인간의 도덕적 가치를 단순하게 붉은 가치(잔인한 도덕성)와 하얀 가치(선한 도덕성)로 구분한다고 가정합시다. 즉, 붉은 가치란 피투성이의 야만성을 의미합니다. 두 발 달린 인간이나 네 발의 짐승이나 구분 없이 각 개체의 야만성을 측정할 수 있습니다. 나폴레옹이나 호랑이, 혹은 석가모니나 세인트버나드 개[6]의 도덕성을 측정하는 기준이 될 수도 있습니다. 송아지를 죽이는 붉은 가치가 천연두 환자를 돕는 하얀 가치를 능가할 경우, 어떤 결과를 초래할까요? 알렉산드로스 대왕, 카이사르, 보나파르트, 몰트케[7]는 모두 야만족의 붉은 전통을 대표합니다. 원시 밀림 지역에서 출생한 이들이 각각 마케도니아, 이탈리아, 프랑스, 프로이센을 정복했습니다.

깃발이 달린 작살과 반돌라[8] 소리에 환호하는 투우 애호가들도 동일한 야만성을 대표하는 사람들입니다. 그들의 피부는 고운 섬유질로 덮여있습니다. 그러나 피부의 깊은 내부에는 야만적인 피가 거친 조직체를 타고 흐르고 있습니다. 리마 인은 지식인을 추앙하는 듯하지만, 사실은 야만인을 더욱 친숙한 존재로 간주합니다. 무감각한 조직체 안에 갇힌 명석한 두뇌가 무슨 쓸모가 있겠습니까? 마치 무덤 안에 든 램프에 비유할 것입니다. 인간이라는 호칭이 어울리기엔 너무 부족한 점이 많습니다. 무엇보다 우리는 진실한 자비심과 정의심이 절실하게 필요합니다. 인간과 유인원 사이에는 큰 차이가 있다고 생각합니다. 마찬가지로, 현재 인류의 모습과 미래에 완성될 인류의 모습 간에도 큰 차이가 있습니다. 완성된 인류란, 사랑과 자비의 마음을 소유하는 존

6 세인트버나드(St. Bernard)는 개의 한 품종이다. 17세기 스위스의 수도원에서 기르던 개였다.

7 헬무트 폰 몰트케(Helmuth von Moltke, 1800~1891)는 프로이센 및 독일 제국의 군인이며, 1857년 프러시아의 참모총장이 되었다. 1871년에는, 비스마르크와 함께 독일 통일과 독일 제국을 수립한다. 당시 북부 독일을 통일한 프로이센은 수상 오코 폰 비스마르크, 육군장관 알버트 폰 론, 참모장 헬무트 칼 폰 몰트케가 이끄는 이른바 삼두정치의 시대를 열었다.

8 반돌라(bandola)는 기타와 유사한 현악기로 라틴아메리카에서 많이 사용한다.

재를 의미합니다. 인류의 진화를 소망한다면, 우리는 먼저 가슴을 더욱 확장시켜야 합니다. 우주의 모든 생명체를 포용할 수 있는 무한한 가슴을 소유해야 합니다.

에스파냐의 투우 애호가는 어떻습니까? 리마 시민과 마찬가지로, 마드리드 시민은 유명한 투우사의 경기를 관람하고, "참으로 아름다운 오후입니다! 비 오는 날, 이처럼 수많은 말이 죽다니, 마치 광장이 피의 호수로 변한 듯합니다. 붉은색의 매력에 흠뻑 빠지게 하는 오후입니다!"라고 진심을 다해 최상의 만족을 표현합니다. 저는 이 세상의 안과 밖을 통틀어, 의인에게 보상해주고 악인에게 처벌을 가하는 정의가 존재한다고 믿지 않습니다. 그러나 샘슨 제독의 대포로 에스파냐의 세르베라 제독의 함대가 무참하게 패배했다는 소식[9]과 에스파냐 해군의 피가 쿠바의 해안을 붉게 물들였다는 소식을 접했을 때에는, 마드리드 광장의 황홀한 붉은 피를 기억했습니다. 저는 한 민족이 동물을 잔인하게 학대한 죗값에 대해, 일종의 속죄의식을 치르고 있다는 인상을 받았습니다.

어쩌면, 우리가 투우 애호가를 지나치게 비난하는 것일 수도 있습니다. 투우의 피와 함께 성장한 젊은 세대가 국가의 희망이 될 수 있을지도 모릅니다. 오늘날, 일부에서는 해군을 양성하고 군대를 조직하여 국력을 강화하자고 주장합니다. 1879년 태평양 전쟁에서 잃어버린 땅을 되찾겠다고 주장하고 있습니다. 국가 재건이 필요한 시기가 되면, 정부는 각 처소에서 지지 세력을 모집할 것입니다. 결국, 리마 정부는 사제의 조수, 복권판매자, 투우 애호가들로 구성된 군대를 소집하게 될 것입니다.

1906년

---

9 1898년 미서전쟁에서 미국의 윌리엄 샘슨(William T. Sampson) 제독은 에스파냐의 파스쿠알 세르베라(Pascual Cervera) 제독이 지휘하는 함대를 포격으로 격침하였다.

12. 우리의 영광스러운 예술

I

텐[1]은 노쇠한 코르네유[2]의 작품을 읽고, "예술가는 더 이상 창조하지 않는다. 공장의 물품처럼 생산할 뿐이다"라고 비판했습니다. '생산품일 뿐, 창의적 작품이 아니다'라는 문구는 오늘날 유럽 예술가들이 페루에 수출하는 작품을 묘사하기에 적합한 표현입니다. 패션업계와 마찬가지로 예술업계에는 남아메리카를 위한 수출용 품목이 따로 존재합니다. 아구스틴 케롤[3]은 이런 현실을 잘 알고 있던 예술가입니다. 즉, 자신은 걸작을 제작할 천재적 능력이

---

1 이폴리트 텐(Hippolyte Taine, 1828~1893)은 프랑스의 비평가이다. 『영국문학사』에서 시대, 인종, 환경이라는 비평 원리를 주창했다.

2 피에르 코르네유(Pierre Corneille, 1606~1684)는 17세기 프랑스 극작가이다. 대표적인 작품으로 『르 시드 *le Cid*』가 있다.

3 아구스틴 케롤(Agustín Querol, 1860~1909)은 에스파냐 조각가로, 1902년 페루의 국민영웅 프란시스코 볼로그네시의 조각상을 주문받아 제작하였다. 1905년 리마 광장에 조각상을 세웠으나 국기를 끌어안고 고개를 숙인 모습의 동상을 탐탁하게 여기지 않았다. 특히 곤살레스 프라다의 이 글이 대표적인 비판론이다. 마침내 1954년 페루 조각가 아르테미오 오카냐(Artemio Ocaña, 1893~1980)가 제작한 새 동상을 세우고, 케롤의 작품은 현재 박물관에 보관하고 있다. 프란시스코 볼로그네시(Francisco Bolognesi, 1816~1880)는 태평양전쟁 당시 대령으로 참전하여 아리카 지역을 방어하였다. "마지막 탄약을 쏠 때까지"라는 싸우겠다는 약속대로 영웅적으로 싸우다 전사했다. 페루에서는 국민 영웅으로 추앙하고 있으며, 1951년 페루 정부는 '페루의 군사 수호자'라고 공식 명명하였다.

있음에도 불구하고, 스스로의 재능을 축소해 페루 수출용 물건을 따로 제작했습니다.

케롤의 작품을 묘사할 때, 앞서 언급한 '수출용 물건'이라는 단어보다 적합한 표현은 없습니다. 화강암, 대리석, 청동을 조합해 조각품을 제작했습니다. 세 가지 재료를 불규칙하게 배합시킨 덩어리를 반죽하여, 투박하고 고풍스러운 형체를 만들었습니다. 트럼펫으로 자신의 명성을 온 천하에 알리고 월계수 잎으로 영광스러운 업적을 자랑하기 위해 권위적인 고전주의 전통기법을 흉내 냈습니다. 마치 사이비 고전주의 작가가 큐피드의 화살, 아폴로의 악기, 넵튠의 삼지창을 시의 소재로 사용함으로써 베르길리우스와 호라티우스의 영광을 취할 수 있다고 믿는 것과 같습니다. 문학에서는 관례적으로 그리스 로마의 상징을 사용합니다. 마찬가지로 조형미술에서도 주문자의 요청에 따라 이교 문화의 다양한 상징을 사용합니다. 주로 대리석이나 청동으로 제작한 공식적인 작품의 장식으로 사용하였습니다.

케롤의 최근 작품인 볼로그네시 조각상을 감상해 봅시다. 이 작품을 콜럼버스의 조각상과[4] 5월 2일 기념비와 비교해봅시다. 첫째, 콜럼버스 조각상의 상징을 해석하기는 어렵지 않습니다. 콜럼버스 조각상은 백인이 원주민을 도덕적으로 구원했다는 메시지와 유럽이 아메리카를 문명화했다는 메시지를 담고 있습니다. 둘째, 5월 2일 기념비[5]의 상징도 난해하지 않습니다. 기념비 둘레의 조각상은 서로 손을 잡고 있습니다. 즉, 볼리비아, 칠레, 에콰도르, 페루가 연합하여 에스파냐의 침략에 대항하는 메시지를 전달합니다. 그러면 볼로그네시 조각상이 전달하고자 하는 메시지는 무엇입니까? 물론, 예술 작품은 삼단논법을 거처 특정한 증명에 이르게 할 수는 없습니다. 명확한 문장으로 교

---

4 페루 리마의 콜럼버스 거리에 세워진 조각상을 일컫는다.

5 5월 2일 광장(Plaza de 2 de Mayo)은 페루의 수도 리마에 있다. 광장 중앙에는 '5월 2일 기념비'가 세워져 있다. 1866년 5월 2일, 페루 군대가 에스파냐 함대와 싸워 승리한 역사를 기념하는 것이다.

훈을 전달할 수도 없습니다. 그러나 예술은 생각하고, 느끼고, 상상하도록 유도해야 합니다. 작품과 의미를 해석하는데 익숙한 예술가뿐 아니라 문학과 예술의 양식을 전혀 모르는 무지한 대중도 작품 앞에서 느끼고 생각할 수 있도록 이끌어야 주어야 합니다. 위에서 언급한 텐은 "예술은 희귀성과 대중성을 동시에 소유한 독특한 창조물입니다. 예술은 모든 이에게 가장 고귀한 것을 계시하고 표현합니다"라고 말했습니다. 텐의 예술론에 따르면, 공공 기념비의 상징은 해석하기 쉬워야 하며, 대중의 시선에 호소할 수 있어야 합니다.

볼로그네시 조각상은 투박하고 어두운 인상을 줍니다. 날렵함과 기품이 결여되었습니다. 화려하고 우아한 기품을 기대하는 것이 아닙니다. 루브르 박물관의 멜포메네 여신[6]과 바티칸 박물관의 아폴로 신상에서 볼 수 있는 양성적 미의 평온하며 근엄한 기품을 뜻합니다. 타나그라 인형[7], 코르사바드 성문의 날개 달린 소[8], 폼페이의 프레스코 벽화에 나타난 미세하면서도 웅장한 기품을 의미합니다. 어느 시인은 관능적이고 자유분방한 언어를 예술적으로 승화하기 위해 "기품은 모든 것이다. 예술적 기품은 모든 약점과 허물을 덮어준다"고 말했습니다. 시인의 표현을 다소 변형해서, "기품은 예술의 모든 것이 될 수 없다. 하지만, 기품이 결여된 예술은 완벽할 수 없다"고 정리할 수 있습니다.

케롤의 조각상은 마치 투박한 거인이 땅에서 솟아난 것처럼 보입니다. 칙칙한 첨탑위에 힘없이 무게감만 주는 조각상이 세워져 있습니다. 화려함 없이 무게감만 강조된 이 조각상은 비만 환자가 누더기를 걸치고 있는 것 같습

---

6 멜포메네(Melpomene)는 제우스의 딸로, 예술적 영감을 상징하는 비극, 연극, 음악의 여신이다.

7 타나그라(Tanagra)는 그리스의 아테나 북부에 위치한 도시명이자, 이곳에서 대거 발견된 조각상을 통칭하여 타나그라 인형이라고 부른다. 자연주의 기법의 상류계층의 인물 혹은 여신상이 주를 이룬다.

8 코르사바드(Khorsabad)는 현재 이라크의 도시며, 고대 앗시리아의 유적지다. 이곳의 왕궁에서 머리는 인간, 몸은 날개 달린 소의 형체를 한 신화적 이미지의 조각상이 발견되었다.

니다. 이런 조각을 통해, 작가는 볼로그네시의 영웅성을 형상화하려고 했습니다. 파리의 방돔 광장에 서 있는 나폴레옹 기념비를 모방하는 듯합니다. 물론, 역동적인 나체상과 어색한 의복을 걸친 조각 사이에는 지나친 간극이 있습니다. 과도한 장식이 예술가의 능력을 반영하지는 않습니다. 저급한 수다와 농담이 문학적 표현력을 반영하지 않는 것과 마찬가지입니다. 반대로, 절제된 조형예술과 간결한 문체는 대가만이 소유한 응축된 힘에서 생산됩니다. 벨라스케스가 그린 그리스도의 이미지에는 부차적인 장식이 없습니다. 오직 십자가 위의 고독한 인물만이 부각됩니다. 로댕이 빅토르 위고를 조각할 때는 어떻습니까? 어떠한 의복도 필요하지 않았습니다. 오직 암석의 재질로 한 인물을 표현합니다. 사람들은 현대의 거대한 조각상이나 화려한 기념비보다 고대 이집트의 오벨리스크 나체상을 선호합니다. 상상으로나마, 현대 기념비에 부착된 장식들을 제거해 보십시오. 제거함으로써 잃는 것보다 오히려 건물의 기초, 기둥, 조각으로 간결하게 정리된 예술품을 볼 것입니다.

마찬가지로 케롤의 작품 중, 우스꽝스러운 요소를 제거해 봅시다. 예컨대, 한 여성이 다리를 강조하며 드러내는 장면입니다. 케롤의 조각상은 나체가 아닌, 옷을 걷어 올리는 상태를 표현합니다. 과거부터 현재까지 위선자들은 나체를 경멸했습니다. 실제로 훌륭한 나체 조각상은 예술가의 청렴한 정신과 국민 전체의 순수한 도덕성을 바탕으로 탄생합니다. 나체상은 위선적이고 오만한 예술가들이 판치는 부패하고 부도덕한 문화에서 탄생하지 않습니다. 에스파냐 사람들은 의복을 걸치지 않은 여인 앞에서 화내지 않습니다. 파리에서도, 나체 조각상은 문제시되지 않습니다. 유일하게 대주교 도시 로마에서는, 시체를 포도나무 잎으로 덮은 채 의과대학 학생들에게 전달합니다. 만일 고대의 프리네[9]가 나체로 법정에 부활한다면, 위선적인 현대 재판관들은 유죄판

9 프리네는 기원전 4세기 그리스에 살던 최고급 매춘부였다. 프랑스 화가 장 레옹 제롬(Jean-Léon Gérôme, 1824~1904)은 1861년에 〈배심원 앞에 선 프리네〉라는 그림을 그렸다.

결을 내릴 것입니다. 동시에, 프리네를 유혹할 목적으로 감옥을 방문할 것입니다.

또한 케롤의 기념비에 있는 날개도 제거할 수 있습니다. 조류 박물관을 연상시키는 과장된 날개 장식입니다! 격렬한 싸움 끝에 목숨을 잃은 말은 본래의 모습을 잃고 깃털 빠진 새의 형상을 하고 있습니다. 기념비에서 한 가지 요소를 더 제거할 수 있습니다. 날짜를 지적하거나 기록하는 듯한 형상을 한 여인입니다. 그녀는 누구일까요? 혹시 볼로그네시의 딸, 혹은 과부가 된 아내입니까? 혹은 역사나 국가를 대표하는 상징입니까? 그저 고함지르는 사람입니까? 부조 위에 이처럼 납작하게 구겨진 인물을 새겨 놓을 필요가 없었습니다. 육체의 유연함이나 부드러움은 느껴지지 않고, 단지 투박한 틀에 굳어진 석고 형체로 보입니다. 어느 부분에서도 혈액이 순환하는 것 같은 생명력을 느낄 수 없습니다. 누군가가 석고 마분지를 자르고 벽에 붙인 뒤, 특정 부위를 강조하며 형체를 만든 인위적인 물품으로 보일 뿐입니다. 그럼에도 불구하고 기념비의 부조에는 케롤의 이름이 새겨져 있습니다. 정작 우리는 '밀로의 비너스'[10]와 '라오콘 군상'[11]과 같은 대작을 탄생시킨 조각가의 이름을 모릅니다. 그러나 볼로그네시 기념비를 탄생시킨 조각가의 이름은 미래의 세대까지 오랫동안 기억될 것입니다.

II

케롤 기념비의 정수로 알려진 볼로그네시 조각상을 어떻게 평가해야 할까

---

10 밀로의 비너스(Venus de Milo)는 고대 그리스의 대표적인 조각상. 1820년 밀로 섬에서 발견되었으며, 기원전 130년에서 100년 사이에 제작된 것으로 추정된다.

11 라오콘 군상은 작자 미상의 조각 작품이다. 포세이돈의 저주를 받은 라오콘과 두 아들을 통해 인간의 고통을 잘 표현한 작품으로 유명하다. 1506년 로마에서 발굴되었으며, 현재 바티칸 박물관이 소장하고 있다.

요? 한 손은 권총을 쥐고, 다른 한 손은 깃발의 대를 잡고 있습니다. 어쩌면, 손으로 북을 치고, 입으로 나팔을 부는 인물로 묘사했어도 어울렸을 것입니다. 역사적 관점으로 평가할 때, 깃발을 쥐고 있는 볼로그네시는 신빙성이 없습니다. 상징적인 관점으로 평가할 때, 지나치게 평범한 인상을 줍니다. 차라리 평범한 에피날 판화[12]나 시민지침서의 삽화에 표현하기에 적합한 이미지입니다. 페루를 상징하는 영웅은 국가를 대표하는 방패, 봉홧불을 높이 든 깃대, 풍요를 상징하는 뿔 나팔로 묘사하는 것이 더욱 적합했을 것입니다. 한 국가의 영웅에게 방패 대신 깃발을 쥐여 평범한 인물로 전락시켰습니다. 볼로그네시의 태도에는 군인으로서의 결의와 저항심이 살아있지 않습니다. 목숨까지 기꺼이 희생할 남성적 용맹스러움이 보이지 않습니다. 오히려 양 같은 순종, 온순, 인내심을 강조했습니다. 부상당한 영웅이 죽음을 앞두고 가까스로 지탱하는 모습이 아닙니다. 대신, 잔치에 참석한 일개 군인이 술에 취해 비틀거리며, 상사의 총과 군단의 깃발을 마구 휘두르는 모습입니다. 다분히 우스꽝스럽고 비극적인 모습입니다. 땅에 쓰러지기 전에, 여인에게 총탄이라도 겨눌 그런 낭만적인 모습을 연출합니다. 아, 비극의 인물, 볼로그네시여! 칠레의 탄환은 그대의 생명을 앗아갔건만, 이제 케롤의 청동이 당신을 조롱하고 있습니다.

기념비에 조각된 군인들의 이미지도 수치스럽고 우스꽝스럽습니다. 전사라기보다 거만하게 용맹한 체하는 불량배로 보입니다. 말의 형상도 엉뚱하기는 마찬가지입니다. 마치 지나가는 통행인에게 손찌검을 하는 시늉을 합니다. 그런데 한 가지 생각해봐야 할 점이 있습니다. 전쟁에서 패배한 불명예스러운 민족이 도시 한복판에 비극, 고통, 고뇌의 정서를 표현할 필요가 있을까요? 공동묘지에는 고통과 죽음이 존재합니다. 그러나 도시는 희락과 생명력이 넘쳐야 합니다. 우리 민족이 어떻게 고통스러워하고, 어떻게 죽어갔는지 잘 알

12 에피날 판화는 성자의 그림, 나폴레옹군 병사 등을 대중적으로 묘사한 그림이다.

고 있습니다. 설령, 지금은 잊었더라도, 가까운 미래에 또다시 직면하게 될 것입니다. 그러나 현재 우리에게 필요한 것은 기쁨과 생동감입니다. 공공장소에 전시된 청동이나 대리석 조각을 통해 생동적인 삶의 자세를 배워야 합니다. 우리에겐 생명력이 넘치는 작품이 필요합니다. 다시 말해서, 진정한 이교도적 예술이 필요합니다. 진정한 영감을 가진 예술가는 호흡이 없는 대리석 덩어리에도 생명력을 불어넣을 수 있습니다. 대리석 표면으로부터 넘실거리는 생명의 에너지가 창조되며, 경직된 석고는 살아있는 섬세한 피부로 변합니다. 그리스 조각가가 제작한 대리석 조각을 보면, 마치 순백의 교향곡, 보이지 않는 색채감, 소리 없는 리듬감을 경험하게 됩니다. 호머의 시적 운율에 페이디아스의 순백의 작품이 조화를 이룬 것 같습니다. 페이디아스와 호머는 죽음을 예찬하지 않았습니다. 그리스의 어떤 위대한 시인과 예술가도 죽음을 노래하지 않았습니다. 이러한 신경증적 예찬은 기독교 문화에서 비롯되었습니다. 그러므로 우리는 이교도 예술의 확산을 위해 노력해야 합니다. 고통과 죽음을 숭배하는 기독교 예술과는 반대로, 삶을 예찬하는 이교도의 예술을 확산시켜야 합니다. 고통스러워하는 어머니와 고뇌하는 그리스도의 이미지는 신물이 날 지경입니다. 이제 더 이상 신음하고 죽어가는 인간을 형상화한 조각은 보고 싶지 않습니다.

케롤의 작품은 두 가지로 정의할 수 있습니다. 첫째, 슬피 우는 우울한 기념비입니다. 둘째, 수출용 물건입니다.

마지막으로, 작품과 위치는 조화롭지 못합니다. 광장에 무작정 기념비를 세웠습니다. 빛의 방향도 고려하지 않았습니다. 주변 건물과의 조화나 전망에 대한 숙고도 없었습니다. 페루인의 예술적 안목은 야만적인 수준에 머물러 있습니다. 야만적인 예술적 안목이 지배적이었기 때문에 콜럼버스의 조각을 원래의 자리에서 오늘날의 자리로 이전시켰습니다. 야만적인 페루인들은 산 마르틴[13]의 기념비를 최상의 가치를 지닌 선물이라고 확신하여 현재의 자리에 세웠습니다.[14]

우리는 기형적 모형에 도취되어 살고 있습니다. 산토도밍고 대성당과 메르

세드 대성당의 기형적인 탑의 모양, 관청의 정면에 새겨진 문양, 그밖에 공중 건물에 이르기까지, 모든 사물은 흉측한 형상을 하고 있으며, 작가의 기이한 취향을 반영하고 있습니다. 유일한 예외가 있다면, 전람회 건물뿐입니다. 일반적으로, 지나치게 과장된 장식과 색채는 고풍스러운 고상함이나 준엄함을 표현하지 못합니다. 마치 젊은이를 모방하고 싶은 늙은이의 우스꽝스러움을 유발할 뿐입니다. 사택의 외부에 장식된 과장된 문양은 부자의 이기심, 호사스러운 낭비벽, 비굴한 태도를 반영합니다. 한편에는 프랑스 루르드 마을과 몽마르트 마을에서 빌려 온 예수회 건축이, 다른 한편에는 유럽 도시에서 흔히 볼 수 있는 거만하고 불쾌한 이방 민족의 양식이 우리 시야를 가로막고 있습니다. 주변에는 수많은 주택들, 한곳에 집단을 형성한 동일한 패턴의 원추 기둥들, 빼곡히 밀집되어 있는 공장지대가 있습니다. 한 뼘의 지면까지도 아끼는 땅 주인의 인색함이 드러납니다. 이것이 리마의 호화스러운 거리의 모습이며, 불행한 도시의 풍경입니다.

리마에는 잿빛 하늘의 단조로움을 깨뜨릴 아름다운 기념비가 없습니다. 다채로운 수목과 풍성한 초록의 숲이 도시를 보호해야 합입니다. 반대로, 수많은 벽이 난잡하고 경멸스럽게 우리 눈앞에 펼쳐져 있습니다. 사람들은 나무를 뿌리까지 뽑아 없애고, 땔감에 사용했습니다. 시청은 공기를 정화해주는 나무의 이점을 무시하고, 과도하고 불필요한 개발을 위해 파괴했습니다. 아열대 기후의 거대한 수목은 건물의 아치형 문을 만드는데 사용됩니다. 떨기나무를 포함한 관목은 원뿔형 기둥, 의자, 분수대를 짓는데 사용됩니다. 크기나

---

13 산 마르틴(José de San Martín, 1778~1850)은 아르헨티나의 장군이며 페루의 정치가였다. 페루, 칠레, 아르헨티나의 독립운동을 성공시킨 인물이다. 1813년 아르헨티나의 산 로렌소 전투(San Lorenzo)에서 에스파냐 왕실군을 격파하였고, 1817년에 칠레의 차카부코(Chacabuco) 전투에서 승리하여, 1818년 칠레의 공식적인 독립을 선언하였다. 그 후, 1821년에 리마로 진격하여 페루의 독립을 선언한다.

14 산 마르틴 조각상은 에스파냐의 사실주의 조각가 마리나오 벤루레(Mariano Benlliure, 1862~1946)가 1887년에 제작하여 페루의 수도 리마에 세웠다.

장소에 상관없이 페루의 나무는 모두 병들었습니다. 카야오 도시에는 예전부터 오래된 포플러 숲이 있었습니다. 그러나 숲은 모두 파괴되었고, 정원은 조금씩 부패하기 시작했습니다. 불명예스러운 기상관측소와 위생기관이 세워지면서부터 아름다운 정원으로 지정되었던 명소는 점차 파괴되었습니다. 그러나 리마 사람은 넓은 가로수 길을 갈망하지도 않습니다. 우리 리마인은 벌거벗고 좁은 거리에서 엽총 소리를 들으며, 오염된 공기를 마시며 행복하게 살고 있습니다.

기형적 미에 대한 강박관념으로부터 해방되기 위해 이민의 길을 선택해야 할 것 같습니다. 적어도 산 크리스토발섬[15]이나 산 바르톨로메섬, 혹은 페루의 산 로렌소섬[16] 근처에 거주지를 마련하고 싶습니다. 기형적 사물을 영구히 보았기 때문에 페루인의 예술적 안목이 협소해졌습니다. 페루인의 눈앞에 아름다운 사물이 없기 때문에 페루인의 두뇌에는 고양된 의식이 부재하는지도 모릅니다.

1905년

---

15 산 크리스토발섬과 산 바르톨로메섬은 에콰도르의 갈라파고스제도에 속한 섬이다.

16 산 로렌소섬은 페루의 카야오(Callao) 해안에 있는 섬이다.

13. 우리의 유리 학사님[1]

I

정부는 1823년에 제정된 언론법을 폐지하고, 새로운 법을 만들고자 애쓰고 있습니다. 현재 국무총리는 "현 국가는 언론법 개혁을 요구합니다"라고 주장하며, 새로운 언론 정책을 입법부에 제출한 상태입니다. 대통령은 이러한 공적 의견을 존중한다고 말합니다. 대통령은 국민의 요구에 부합하기 위해 구제도를 폐지할 행정적 절차를 밟을 것이라고 말했습니다. 1823년 출판법을 평가하여, "지속되기 힘든 낡은 제도이며, 현재 페루 공화국에게 신뢰를 주지 못하고 있습니다"라고 말했습니다.

이러한 의견은 각종 신문, 토론회, 총회, 성명서 등에 소개되고 있습니다. 최근 선거기간 동안, 선거 위원회 내부의 분쟁이 신문 지면에서 기사화되기도 했습니다. 요즘 토론장에서는 페루인과 외국인이 특정 정치인의 뻔뻔한 태도를 공개적으로 비웃기도 합니다. 국민투표란 선거를 제외된 모든 것이 허용되는 제도라고 비웃고 있습니다. 총회나 성명서를 통해, 현재 페루 시민이 권력

---

1 글의 제목 '유리 학사님(Licenciado Vidriera)'은 세르반테스의 『모범 소설집 *Novelas Ejemplares*』(1613)에 수록된 단편소설 『유리 학사님』에서 따온 것이다. 유리 학사라는 말은 지나치게 소심하고 병약한 사람을 비꼬는 비유적 표현으로 사용된다.

의 남용에 대해 항의하고 있다는 현실을 밝히고 있습니다. 이처럼, 비판적 의견이 활성화되었습니다. 만일, 마누엘 칸다모[2]가 시민의 비판을 수용하는 사람이라면, 결코 대통령 직책을 욕심내거나 다른 후보자와의 불화를 일삼지는 않았을 것입니다. 그러나 오늘날 국무총리가 말한 개혁이 실현되고 있습니까? 정부는 여전히 자기의 측근을 옹호할 뿐입니다. 굳이 보호가 필요하지 않은 곳을 보호합니다. 뿐만 아니라 어느 날 갑자기 시민의 비판이 과도하다고 불쾌해합니다. 그리하여 테베스 사건과 친차오 사건[3]과 같은 무자비한 참상을 일으키기도 합니다.

마누엘 칸타모를 대변하는 시민당은 언론의 끊임없는 아첨 섞인 실언에 얼굴을 붉히는 수치스러운 삶을 살고 있습니다. 창녀의 붉은 홍조, 정부情婦 수치스러운 삶이란! 언론 기자들은 거만한 시민당과 연합하여 당의 대변인 역할을 합니다. 정부 앞에서 합창을 부르며, 정부의 감정에 맞추는 가식적인 삶을 삽니다. 기자는 페루 주간지를 합법적으로 장악해, 시민의 주인행세를 합니다. 신문지상에 논쟁의 방향을 통제하고, 무절제한 저급한 언어를 퍼트립니다. 페루 시민에게 6일 동안 읽을거리를 제공하고 토요일마다 복습하도록 합니다. 시민의 무례함에 화가 날 때에는, 예수 혹은 신부의 위치에 섭니다. 선량한 신부의 탈을 쓰고 시민을 향해 불편한 언성을 높이기 시작합니다. 동시에, 시민 누구도 자신의 권위를 모방하는 것을 허락하지 않습니다.

정부는 이 모든 것을 모른 척합니다. 따라서 아무도 1823년 언론법이 페루의 명예를 더럽혔으며, "공화국에게 더 이상 신뢰를 제공하지 못하는 낡은 폐

---

2 마누엘 칸다모(Manuel Candamo, 1841~1904)는 페루의 정치인으로 1872년에 시민당에 참여한다. 1895년 피에롤라의 국민연합이 카세레스 정권을 무너뜨리자 대통령 취임을 목표로 임시정부조직의 위원장이 된다. 그러나 1895년 피에롤라에게 정권을 빼앗기고, 마침내 1903년에 시민당 출신의 대통령으로 당선되지만 8개월 이후 병으로 사망한다.

3 마누엘 파르도(Manuel Pardo)가 집권한 1872년, 브라질 국경 근처의 친차오(Chinchao)에 주둔하던 장교들이 반란을 일으켰다. 반란 주모자들은 피살되었고, 이 사건으로 마누엘 파르도는 국민들의 비판에 직면했다.

물"이라는 주장을 의심하지 않을 것입니다. 의심할 여지 없이 이런 문구를 쓴 작가에게 뇌물을 주었거나, 또는 가까스로 질식사를 면하게 해주는 고문을 가했을 것입니다. 남아메리카 국가는 언론의 무질서에 대해 정치적인 책임을 지지 않습니다. 남아메리카는 이미 신용을 잃었습니다. 사람들은 우리가 한 말이 아닌, 우리가 하는 행동을 신뢰하지 않습니다. 이러한 남아메리카의 악명과 불명예는 다양한 원인에서 기인합니다. 구체적으로, 남아메리카에 존재했던 수많은 시민혁명과 국제적 위반행위는 더 이상 신뢰할 수 없는 국가임을 입증하는 것입니다. 귀스타브 르봉[4]은 저서 『사회주의 심리학』에서 다음과 같이 지적했습니다. "22개국의 라틴 아메리카 공화국은 유럽의 차관에 의존해서 살고 있습니다. 페루의 악한 정치 집단은 유럽의 경제 악당과 연합하여 부를 나누어 갖습니다. 연합하여 무지한 대중을 착취합니다. 이처럼 비참한 중남미의 공화국에서 약탈은 일상화되었습니다. 마치 모든 이가 범죄행위에 연루되어 있고, 시민혁명은 영원히 지속될 것처럼 보입니다."

페루에서는 도둑과 약탈이 국가적 유행병처럼 번져있습니다. 페루인과 금화가 공존하는 곳에는, 거의 확실하게 금화가 사라진다고 합니다. 재판관이 "페루는 누구입니까?"라고 묻는다면, "도둑이 누구입니까?"라고 질문을 바꾸어야 합니다. 정부가 공공건물을 건축한다거나, 특수한 재정적 임무를 완수할 계획이라는 기사를 주의 깊게 읽어 보십시오. 거의 모든 경우, 정치인의 사유재산은 국가의 금고에서 약탈해 온 것입니다. 따라서 정부가 소유한 전 재산을 일괄적으로 몰수하는 법이 마련되어야 합니다. 농장, 부동산, 동산, 의복, 심지어 가죽 허리띠마저 국가의 금고에서 횡령한 것입니다. 정치 망나니의 속임수로 피해를 입지 않은 사회기관이 존재합니까? 전 세계의 국가들은 세금,

4 귀스타브 르봉(Gustave Le Bon, 1841~1931)은 프랑스의 사회학자, 사회심리학자, 인류학자이다. 가장 잘 알려진 저서로는 『민족진화의 심리법칙 *Les Lois psychologiques de l'évolution des peuples*』(1894), 『군중심리 *La psychologie des foules*』(1895), 『사회주의 심리학 *Psychologie du Socialisme*』(1896)이 있다.

관세, 자선사업에 대한 토론을 합니다. 물론, 리마라고 다르지 않습니다. 하지만 리마의 정치인은 타크나 지방의 낙후된 학교시설에 대해 토론을 마친 후, 교육 개선을 위해 지급된 자금을 도둑질합니다.

우리의 악명 높은 평판은 국내뿐 아니라 해외에까지 알려져 있습니다. 런던과 파리에서 페루의 일반인, 금융 중개인, 영사관, 장관들의 악명은 높습니다. 심지어 파리의 여러 언론단체에서는 페루인의 출입을 금지하고 있습니다. (굳이 언론을 남용했다거나, 1823년 언론법을 옹호했다는 이유는 아닙니다.) 근본적으로, 페루 정치인에겐 도덕관념이 결여되었습니다. 페루에선 정치인이 아무리 권력을 남용하고 사기행위를 일삼아도, 직위를 빼앗기지 않습니다. 만일 정부가 부패한 정치인의 직위를 빼앗는다면, 더욱 주요한 직책을 부여하기 위해서입니다. 정의와는 무관한 사람에게 영사관이나 외교부 장관이라는 직책을 맡깁니다. 누적된 부정행위로 인해 국가 전체를 경제적 파탄으로 몰고 간 사람에게, 정부는 투자가로 임명함과 동시에 재무부 장관의 직위와 명예를 부여했습니다.[5]

혁명과 약탈로 점철된 페루의 역사는 진실과 결별했습니다. 만일, 국가의 역사를 한 단어로 정의한다면, 페루의 역사는 거짓말이라고 정의할 수 있습니다. 우리는 인류에 공헌하는 바가 없습니다. 독립 이후 현 정부까지 페루는 거짓말을 하며 살았습니다. 대주교부터 거리 청소부까지, 고상한 지식인부터 평범한 속인까지, 오늘날 페루의 모든 사람들은 거짓말을 일상화하고 있습니다. 거짓말은 우리의 법, 우리의 관습, 우리의 양식, 우리의 음료수, 우리의 어머니, 우리의 절대자가 되었습니다. 심지어 거짓말은 우리의 화폐에도 새겨져 있습니다. 페루인은 단 한 번도 삶의 견고함, 단결, 행복감을 누려본 적이 없습

5 1869년 호세 발타(José Balta)대통령은 해외 채권단과 해외 위탁판매인의 힘을 빌려 경제 파탄의 위기를 모면하고자, 니콜라스 피에롤라를 재무부 장관으로 임명하였다. 피에롤라는 프랑스의 아우구스트 드레퓌스 회사와 페루의 구아노 광물성 비료를 거래하는 드레퓌스 계약을 체결시켰다. 이후 많은 분쟁이 야기되었고, 페루의 국내 기업가들은 '약탈'정책이라고 비난하였다.

니다. 또한 거짓말은 방패에도 그려져 있습니다. 의지할 곳 없는 페루 시민은 풍요로운 삶을 누려본 적이 한 번도 없었습니다. 의회 법규에도 거짓말이 승인되어 있습니다. 따라서 우리 정부는 법 없이 통치합니다. 죄에 대한 책임도 느끼지 않습니다. 모든 시민법을 어기고 있습니다. 거짓말은 자유라는 이름에도 새겨져 있습니다. 원주민 전체가 종의 멍에를 가지고 살고 있습니다. 많은 이들이 감옥에서 생을 마감하거나, 수많은 세월 동안 수용소 벽을 바라보며 살고 있습니다. 거짓말은 평등이란 이름에도 새겨져 있답니다. 재판관과 법은 권력가의 부패를 합법화하고, 약자의 요구는 산처럼 쌓인 서류 속에 방치하고 있습니다. 형제애에도 거짓이 있습니다. 우리는 끊임없는 시민혁명의 연기 속에 질식하고 있습니다. 피사로[6]의 카하마르카[7] 사건으로 시작된 비극의 순환에서 벗어나지 못하고 있습니다. 결국 모두가 거짓입니다. 공화주의, 민주주의, 연합주의 모두 마찬가지입니다. 왜냐하면 이름은 변했지만, 실상은 동일하기 때문입니다. 사실상, 우리 역사는 식민시대의 잔재를 떨쳐 버리지 못했습니다. 현재의 정치 제도와 사회 풍습은 부왕령[8] 시대의 연장선에 있습니다. 식민지 시대의 재판소audiencia, 시장, 코레히도르[9], 분배제도[10], 무지한 성직자, 로사리오 기도문을 외는 여신도, 실력 없는 교사, 물라토 부왕[11], 프랑스

---

6 프란시스코 피사로(Francisco Pizarro, 1478~1541)는 에스파냐 귀족 출신으로 잉카제국을 몰락시킨 에스파냐의 정복자이다.

7 1532년 에스파냐 정복자 프란시스코 피사로는 카하마르카(Cajamarca)에서 잉카제국의 마지막 황제 아타왈파(Atahualpa)의 군대와 싸워 승리했다. 이로써 잉카제국은 몰락하게 되었다.

8 식민지 시대 에스파냐는 아메리카를 부왕령으로 나누어 다스렸다. 부왕령의 최고 통치자를 부왕이라고 불렀다.

9 코레히도르(corregidor)는 식민지에서 에스파냐 왕실을 대표하던 관리로 행정권과 사법권을 행사했다.

10 분배제도(repartimiento)는 식민지 시대 원주민을 일정 기간 동안 광산이나 농장의 일꾼으로 강제 동원하는 제도로, 비록 임금을 받았으나 사실상 노예나 마찬가지였다. 이 제도는 1632년 공식적으로 폐지되었으나, 페루에서는 미타(mita)라는 이름으로 20세기까지 유지되었다.

11 물라토(mulato)는 흑인과 백인 사이에 태어난 혼혈을 가리키는 용어이다. '물라토 부왕'이란 식

페리촐리[12]에 이르기까지 지금도 구체제가 그대로 지속되고 있습니다.

II

새로운 언론법을 제정하는 기획은 페루 정부의 속성을 보여주는 단적인 예라고 할 수 있습니다. 우리 정부는 은폐하기를 좋아합니다. 선으로 포장된 거짓 의도를 선전합니다. 사람들이 거짓된 언어를 의심할 것이라고 생각조차 못합니다. 그러나 우리는 가로등을 끄는 사람을 경찰로 믿지 않습니다. 아무리 시민의 안전에 대해 떠들어도 말입니다. 전통적으로 페루의 대통령은 어제와 오늘 사이의 간극을 임시적으로 메꾸는 중요한 역할을 해왔습니다. 그러나 최고의 권력을 차지하던 엄숙한 대통령이 맨 뒷자리로 밀리는 사례도 많았습니다. 당나귀 위에 앉은 베르톨디노[13]가 꼬리 쪽으로 밀리는 모습과 비슷합니다. 대통령은 사적이고 개인적인 이익을 기반으로 법을 제정하지만, 결국 자신이 만든 법에 의해 해임되는 수모를 당하고 맙니다. 누구는 특별법을 직접 제정하여 선거의 인맥을 견고하게 만들고자 했습니다. 그러나 특별법을 역으로 이용한 경쟁자들이 그의 행보를 가로막곤 했습니다. 또 다른 경우는, 반대세력을 억압하는 법규를 제정하기도 했습니다. 이는 오히려 스스로의 혁명적 잠재력을 약화시키는 역효과를 초래하기도 했습니다. 오늘 합법화된 언론법이, 내일 창시한 당사자를 위협할 것입니다. 법을 창시한 사람이 가장 먼저 규율과 법칙에 위반되는 행위를 할 것입니다. 국내외 정치가들은 한 가지 법칙

민지 시대가 끝나고 혼혈인이 부왕과 같은 권력을 누리고 있다는 비유이다.

12 페리촐리(Perricholi, 1748~1819)는 18세기 페루에서 가장 유명한 여배우였으며, 부왕 아마트(Amat)의 정부였다. 본명은 미카엘라 비에가스(Micaela Villegas)이다.

13 베르톨디노(Bertoldino)는 이탈리아 작가 지울리오 체사레 크로체(Giulio Cesare Croce, 1550~1609)의 작품 『베르톨도, 베르톨디노 그리고 카카세노 *Bertoldo, Bertoldino y Cacaseno*』에 등장하는 광대이다.

을 고수합니다. “정치가는 칼을 쥐었을 때 신랄하게 비판한다. 칼을 빼앗긴 후 육체만 남았을 때는 그저 화내고 고함친다.”

새 언론법은 경미한 실수에 대해 과도한 벌금을 부과합니다. 교활하고 부정한 절차를 고착화시킵니다. 인쇄업자와 편집자 간의 차이를 모호하게 만듭니다. 편집자와 작가 사이의 연대감을 강화시킵니다. 신문 편집자에게 페루 시민권을 요구합니다. 출판 법률 단체를 설립하여, “해국에서 발간된 출판물은 페루 정부의 내각 회의를 거쳐 금지될 수 있다”는 규정을 만들었습니다. 이것이 의미하는 바는, 지적인 검열 제도를 세워, 페루 사회를 식민시대로 퇴보시키겠다는 것입니다. 이제 페루 세관원에 ‘책 검열’을 위한 부서가 세워질 수도 있을 것입니다. 모든 서적을 쉴 새 없이 조사하고 검열할 것입니다. 이와 같은 사악한 발상이 어디에서 나왔습니까? 최고 권력자의 날카로운 두뇌에서 탄생했습니다. 초기 시민당 정권[14]은 독수리와 같은 용맹을 자랑했지만, 점차 날개 꺾인 타조로 변해갔습니다. 시민당의 화려한 역사는 천박한 이발사의 인생으로 전락했습니다. 시민당이 약속했던 모든 자유주의 정책은 “내일은 공짜로 이발해 드립니다.”라는 가벼운 아첨으로 변질되었습니다.

새 언론법에 대해 내무부 장관은 다음과 같이 말합니다. “다행히, 현 언론은 책임을 엄격히 완수하지 못한 공적인 인물을 비판하고, 징계하고, 과실에 대한 오명을 씌울 수 있습니다.” 또한, 다음과 같이 덧붙입니다. “그러나 신성한 영역인 개인의 사생활을 간섭할 수는 없습니다.” 즉, “공적인 인물의 사적인 권리를 침해할 수 없으며, 명예를 훼손한 자는 형벌을 면할 수 없다”는 원칙을 확립시켰습니다.

만일 우리 인류에 위선자, 아첨꾼, 비열한 자들이 존재하지 않는다면, 명

---

14 곤살레스 프라다가 이 글을 쓸 당시인 1903년에는 시민당 출신의 마누엘 칸다모(Manuel Candamo, 1903~1904)가 대통령이었다. 1899년 집권한 시민당은 1919년까지 내리 집권하는데, 이 시기를 가리켜 제2차 시민당 정권 또는 ‘귀족공화국’이라고 부른다.

예로운 자에겐 명예를, 악한 자에겐 악명을 부여할 것입니다. 정의에 대항하는 무력이나 법은 존재하지 않을 것입니다. 공식 회의에서 토론하지 못한 주제는, 일상 대화에서 토론할 것입니다. 신문 지상에 고발할 수 없는 사건은 삼류주간지에 소개할 것입니다. 국내에서 말과 글로 밝힐 수 없다면, 해외의 언론에 호소할 것입니다. 지리적 거리와 민족주의의 장벽을 허물면서, 모든 민족은 인류 보편적 정신과 정의 의식을 갖게 될 것입니다. 더 이상 정의 의식은 매수될 수 없으며, 인류 보편 정신은 거짓과 타협하지 않을 것입니다. 선진국의 고양된 정의 의식은 증기선, 기차, 전보 등의 기술로 인해 세계적으로 확산될 것입니다. 어떤 민족도 자국의 부정을 은폐할 수 없으며, 어떤 민족도 오랫동안 선진국의 정의의 안목을 무시하며 정부의 정책을 고수할 수 없을 것입니다. 부정한 언론과 부패한 공권력은 무익한 사람에게 명예를 보장하는 악한 문화를 생산합니다. 반면, 진실한 사람의 진실한 언어는 이러한 사악한 문화를 소멸시킬 수 있습니다.

우리 정부가 '신성한 사생활을 침범하지 말라'는 주장을 했습니다. 빛 가운데 나가기를 두려워하며, 투명한 삶을 부인하겠다는 뜻입니다. 페루의 정치인은 '푸른 늙은이'라는 표현이 어울립니다. 온몸을 화장으로 덧칠하여 본래의 모습을 감추었습니다. 정오의 태양을 피해, 외진 모퉁이의 희미한 불빛을 찾아다닙니다. 진정한 역사의 목적은 여신의 신비스러운 베일과 황제의 망토에 구멍을 뚫는데 있습니다. 장식 없는 완전한 나체를 볼 때까지 말입니다. 장점과 약점, 선함과 타락함의 양면을 모두 노출시켜야 합니다. 역사는 진실을 파헤치는 과정을 수반합니다. 이것이 보편적으로 통용되는 역사의 본질입니다. 따라서 우리는 정치가의 공식적인 활동과 사적인 생활 방식을 동시에 관찰해야 합니다. 예를 들어, 역사를 통해 알렉산더 대왕의 방탕, 카이사르의 퇴폐, 나폴레옹의 근친상간을 목격했습니다. 마찬가지로, 키케로의 사마귀 흉터, 오비디우스의 매부리코, 이솝의 곱사등, 네로 황제의 짧은 목을 보았습니다. 한 인물의 신체적 약점과 성적 문란함은 비정상적인 정치적 행동으로 이어집니다. 루이 14세의 말년을 보십시오. 왕의 치루痔瘻병과 정부를 빼면, 삶 전체를 설명할 수 없습니다. 인간을 깊이 이해하기 위해서, 해부학적, 생리학적 분석이 필요합니다. 인간은 살아있는 생물학적 유기체이기 때문입니다. 인간을 정신적인 존재로만 제한할 수 없습니다. 마치 금 구슬이 점토 항아리에 담겨져 있듯, 정신이 두뇌에 갇혀 있다고 착각합니다. 마치 성실한 마부가 마차를 조정하듯, 정신이 육체를 통제한다고 생각합니다.

공식적 활동과 사생활을 구분하는 것은, 집과 거리 사이에 뚜렷한 선을 긋는 행위와 같습니다. 가정에서는 악하고 혐오스러운 인간이, 외부의 공기를 마시는 순간 선하고 존경스러운 인물로 돌변하는 것입니다. 기름투성이 냄비가 마치 화롯가에서 멀어지자, 유약을 입힌 고귀한 자기 그릇으로 변한 것과 같습니다. 가정에서 폭력을 일삼던 남자가 주교의 신성한 모자를 쓴다고 합시다. 그럼에도 그의 내면은 여전히 사악할 뿐입니다. 아이스키네스[15]가 경쟁자 데모스테네스[16]에게 맹렬한 반격을 가하고자, 다음과 같이 주장했다고 합니다. "아테네 사람들이여, 자식을 사랑하지 않는 악한 아버지는 민족을 교화할 선한 지도자가 될 수 없습니다. 가장 가까운 혈통에게 애정을 베풀지 못하는 사람이 낯선 사람을 사랑할 수 있습니까? 가정에서 악한 사람은, 모범적인 행정관이 될 수 없습니다. 가족에게 악랄했던 사람이, 마케도니아 국민에게 덕행과 도덕성의 본보기가 될 수 없습니다. 장소가 바뀌어도, 개인의 습성은 바뀔 수 없습니다." 이것이 아이스키네스의 웅변이었습니다. 이에 비교하면, 페루 정부가 주장하는 "가정 불가침성, 신성한 사생활을 보호할 권리"라는 표현은 저급하기 짝이 없습니다. 인류는 불가침성의 가정법이나 영토 소유권과 같은 교활한 수완에 속지 않습니다. 악한 사람은 가정과 광장에서 처벌받아야 합니다. 정의로운 법으로 말입니다. 공적인 직책을 맡은 사람은 자신의 사

---

15 아이스키네스(Aeschines, B.C 389~B.C 314)는 고대 테네의 정치가이자 웅변가이다. 아이스키네스와 데모스테네스는 라이벌 관계였으며, 이들은 웅변으로 아테네인을 설득했다고 한다.

16 데모스테네스(Demosthenes, B.C 384~B.C 322)는 고대 그리스 아테네의 저명한 철학자이자 정치가이고 웅변가였다. 키케로는 데모스테네스를 가리켜 '완벽한 웅변가'라고 격찬했다.

적인 생활을 공개해야 합니다. 국민은 정치인의 생활 전반을 진단하고, 물리적 도덕적 생체해부를 할 수 있는 권리를 받아야 합니다. 달콤한 아첨에 도취된 사람은 국가의 재산을 털어, 옹호자의 찬사에 대한 보답을 합니다. 그런 사람은 반대편의 공격도 받기 마련입니다. 마치 깊은 숲으로 들어갈수록, 종달새의 노래와 함께 각종 곤충의 공격을 견디어야 하듯 말입니다. 정치적 분쟁이 격렬해지면, 전투대원들은 이성을 잃고 감정을 내세우기 마련입니다. 합리적인 토론을 거부하고, 인신공격적인 논쟁을 시작합니다. 공과 사를 구별하지 않고, 적을 쓰러뜨리기 위해 공격합니다. 상대방의 가장 은폐된 사생활까지 노출시킵니다. 마치 살아있는 가죽을 벗기듯, 적의 명예를 거침없이 훼손시킵니다. 고통을 극대화하여 상대를 쓰러뜨립니다. 이와 같은 현상은, 시공간을 초월해서 언제 어디서나 관찰할 수 있는 역사적 현상입니다. 페루도 예외가 아닙니다. 페루의 정부는 우선 시민의 존경심을 얻고자, 국가의 금고를 횡령합니다. 그리고 정부의 진정한 뚜쟁이인 기자들을 고용하여, 꾸며낸 거짓말로 주간지를 도배하게 만듭니다.

국회는 '가정 불가침성'을 주장합니다. 그러나 실질적인 헌법적 절차를 살펴봅시다! 최근에 국회는 인구조사를 실행했습니다. 시 당국은 모든 남녀를 대상으로 세밀한 가정사를 조사했습니다. 조사에 응하지 않을 경우, 엄중한 처벌과 벌금으로 대가를 지불해야 했습니다. 여자들은 합법적, 비합법적 출산의 횟수를 보고해야 했고, 남자들은 혼인신고를 해야 했습니다. 각자는 교회의 승인으로 이루어진 결혼인지, 자유연애에 의한 결합인지를 보고해야 했습니다. 정부는 주민등록 검열자들을 선정하여, 정보를 통제할 권한을 부여했습니다. 겸열자는 등록되지 않은 인원을 파악할 목적으로, 주민의 가정을 침범할 수 있는 권리가 주어집니다. 이처럼 정부는 국민의 사생활을 침해하고 성스러운 가정을 존중하지 않습니다. 이에 관련된 사례를 무한하게 나열할 수 있습니다.

가정보다 신성한 곳은 없습니다. 그러나 정부는 가정조차 존중하지 않습니다. 질병의 징후라도 보이면, 시 당국은 대리인을 파견하여 침실을 공격합니다. 침대에 가까이 접근합니다. 이불의 매듭을 풀어보기도 합니다. 주인의 몸을 자세히 수색합니다. 혹시, 신체 중 한 기관에서 페스트의 징후가 없는지 살펴봅니다. 아주 경미한 반응에도, 사람을 격리시킵니다. 그리고 감염자라는 판정을 내립니다. 악이 확산되는 것을 근절하고자, 위와 같은 절차를 밟는다고 주장합니다. 과연 신체적 감염만 위험한 것입니까? 우리 사회엔 도덕적 오염도 심각한 수준입니다. 우리의 몸에 곪은 가래가 있다면, 우리의 영혼에도 썩은 병이 내재되어 있습니다. 천연두와 콜레라 환자를 찾아내듯, 도둑과 살인자를 지목해야 합니다. 황열과 장티푸스 환자의 위치를 파악하는 것은 유익한 일입니다. 마찬가지로, 악당이 거주하는 곳과 강도가 호흡하는 곳을 파악하여, 처벌받을 곳으로 보내야 합니다. 도덕적으로 타락한 사람이 육체적인 병자보다 더욱 위험합니다. 이제, 도덕적 타락을 해결해야 할 때입니다. 악인을 격리하고, 범행자에게 접근 금지령을 내려야 합니다.

사생활의 불가침성이란, 가족의 가치를 높이 평가하지만, 가족 내부의 문제를 비판하지 않는다는 뜻입니다. 예를 들면, 장군이 신실하게 미사를 드리고, 20센타보를 자선단체에 기부한다면, 모두 장군을 칭찬해야 합니다. 반대로, 장군이 대통령 궁의 화장실에서 부인과 교제하거나, 당직 장교와 은밀한 입맞춤을 나누어도, 아무도 그를 비판할 수 없습니다. 도박장에서 밤을 지새운 상원의원도 비판할 수 없습니다. 장관의 부정행위가 노출된다 해도, 그의 행실을 폄하할 수 없습니다. 성직자와 결탁한 권력자의 부패된 삶도 은폐되고 맙니다. 채권자의 독촉을 회피하기 위해 도주한 영사의 삶에도 개입할 수 없습니다. 부인의 권력에 힘입어, 급속도로 영향력을 발휘하는 금융업자의 인생에도 침입할 수 없습니다. 게다가 이러한 불량배들은 미래의 안전을 보장받습니다. 즉, 국회의원은 탐욕스러운 사업가와 손잡고 금화를 덤으로 챙깁니다. 장관은 정부의 상여금을 받습니다. 순박한 지방 법관은 여섯 마리의 암탉과 두 마리의 양을 선물로 받고 평온한 삶을 누립니다. 리마의 대법관은 50파운드 이하의 수표는 인정하지 않습니다. 군인은 혁명의 첫 총성이 울림과 동시에, 무기를 내려놓고 금고를 안고 사라져 버립니다. 가톨릭 연합 소속의 저명한 인물의 사생활은 어떻습니까? 기독교의 일부일처제를 격찬하던 신도는 부인의 작은 무관심을 견디지 못해, 가정부의 싸구려 향수 냄새를 좇습니다. 요약하여, 국가를 교향악단에 비유할 수 있습니다. 비교적 소박한 정치인은 고급 바이올린 한 대를 은밀하게 받고, 최고의 권력자는 오케스트라 전체를 소유하는 격입니다. 역사를 지배하는 권력자의 인생은 어떻게 요약할 수 있을까요? 숭배의 단계, 시복諡福의 단계, 마지막으로 성화聖化의 단계에 이릅니다. 어쩌면 베다 베네라빌리스[17], 복자 마르틴 데 포레스[18], 성결한 막달라 마리아와 경쟁할 것입니다.

본래의 악행을 감추는 것과 거짓으로 위조된 선행을 칭송하는 언론 문화는 모범적이지 않습니다. 그러나 페루 정치인들은 반대로 생각합니다. 또한, 언어와 법의 체계에 정치적 상대주의 원리를 부여합니다. 즉, 권력의 기반이 흔들릴수록, 더욱더 억압적인 법을 강요합니다. 정치적 영역뿐 아닌, 일반 생활에서도 동일한 현상이 관찰됩니다. 원래 안정된 사람은 오히려 겸손한 인품을 소유합니다. 반면, 갑자기 벼락출세한 사람은 거대한 권력욕과 오만함을 가지게 됩니다.

또한 거대한 공포심을 가지고 있습니다. 공포심 때문에 정치인은 위험을 과대포장하며, 끊임없는 과대망상에 시달립니다. 썩은 음식의 악취를 엽총의 화약 냄새로 착각합니다. 빵 위에 발라진 크림에서 독약의 향을 음미하곤 합니다. 모기의 윙윙거림을 대포의 굉음 소리로 착각합니다. 안개 속을 헤치고 모습을 드러내는 떨기나무 가지를 삼나무 몸체로 잘못 인식합니다. 토끼를 황소로 오인합니다. 빵 속에 묻어있는 물질을 감지할 때마다, 총알을 연상하며

17 베다 베네라빌리스(Beda Venerabilis, 673~735)는 영국의 수도사이자 신학자이다. 흔히 성 비드라고도 한다.

18 마르틴 데 포레스(Martín de Porres, 1579~1639)는 도미니크 교단 소속의 페루 성직자이다. 부친은 에스파냐 하급귀족 출신이며 모친은 해방노예 출신으로, 아메리카 최초의 물라토 성인이다. 성품이 겸손하여, '빗자루 성인'이라고 불렸다.

무서워합니다. 신문학과 지망생들을 카이사르 황제나 알렉산더 대왕으로 착각하고 공포에 떱니다. 신문을 펼치는 순간, 공포는 더욱 가중됩니다. 두려움의 극단에 이르자, 모든 판단력을 잃고, 인간이 아닌 유리조각품으로 변해버립니다. 유리가 두려움에 떨며, "나를 건드리지 마세요. 나는 매우 연약하고 깨지기 쉬운 유리로 만들어졌습니다"라고 말합니다. 비슷하게, 토마스 로다하[19]가 돌멩이로 협박하는 아이들에게 다음과 같이 말했다고 합니다. "나를 건드리지 말거라. 내 방광은 매우 약해서 건드리면 파열될 수 있단다." 오늘날 우리 정부는 이와 동일한 표현으로 펜을 든 기자에게 자신의 약점을 덮어줄 것을 호소합니다.

1903년

---

19 토마스 로다하(Tomás Rodaja)는 세르반테스의 『유리 학사님』에 등장하는 주인공이다. 로다하는 이탈리아의 다양한 도시를 돌아다니던 중에 사람들이 비밀리에 사랑의 미약을 마신다. 이 약의 부작용으로 이성을 잃게 되며, 자신의 몸이 매우 약한 유리로 만들어졌고, 무수한 조각으로 깨질 수 있다는 강박관념에 시달린다.

14. 우리의 원주민

I

저명한 사회학자들은 사회학을 초창기 학문으로 생각합니다. 그래서 사회학에서도 뉴턴이나 라부아지에나 라이엘 같은 거장이 출현해야 한다고 주장합니다. 그러나 콩트의 영향을 받은 학자들이 쓴 책만큼이나 교조적이고 자의적인 주장이 난무하는 책은 없습니다. 그래서 사회학이란 옛것에 새 이름을 붙이는 기술에 불과하거나, 심지어는 모순적인 주장을 펼치는 학문처럼 보입니다. 저명한 사회학자가 어떤 명제를 주장하면, 어김없이 그와 동급의 다른 학자가 정반대의 명제를 내놓습니다. 몇몇 교육자를 보면 스크리브 희곡의 가정교사가 떠오르듯이, 많은 사회학자를 보면 몰리에르 희곡의 의사가 생각납니다. 이를테면, 르봉[1]과 타르드[2]는 디아프와뤼스나 퓌르공[3]과 별반 다르

---

1 귀스타브 르봉(Gustave Le Bon, 1841~1931)은 프랑스의 사회학자, 사회심리학자, 인류학자이다. 가장 잘 알려진 저서로는 『민족진화의 심리법칙 *Les Lois psychologiques de l'évolution des peuples*』(1894), 『군중심리 *La psychologie des foules*』(1895), 『사회주의 심리학 *Psychologie du Socialisme*』(1896)이 있다.

2 장 가브리엘 타르드(Jean Gabriel Tarde, 1843~1904)는 프랑스의 사회학자이자 범죄학자이다. 주요 저서로는 『사회논리학』(1895), 『여론과 군중』(1901)이 있다.

3 디아프와뤼스(Diafoirus)와 퓌르공(Purgón)은 몰리에르의 희곡 『상상병 환자 *Le Malade imaginaire*』에 등장하는 사이비 의사이다.

지 않습니다.

학자에 따라서 의견이 분분한 주제 가운데 하나가 인종입니다. 일부 학자는 인종을 사회 변동의 주요 동인으로 보고, 역사를 인종 간의 투쟁으로 파악합니다. 반면에 다른 학자들은 인종의 영향력을 지나치게 축소하고, 다음과 같은 뒤르켐의 명제를 되뇝니다. "인종에 명백하게 의존하는 그 어떤 사회적 현상도 우리는 알지 못한다." 노비코프[4]는 뒤르켐의 견해가 과장되었다고 판단했음에도 불구하고, "인종은, 종種과 마찬가지로, 어느 면에서 우리 정신의 주관적 범주로서, 외적 실재는 없다"고 서슴없이 말합니다. 그리고 인간애라는 관대한 정신에 입각하여, "황인종과 흑인종이 무능할 것이라는 추정은 병든 정신이 만들어낸 망상이며, 함부로 인종을 언급하는 사람은 '여기까지 오고 더 이상 나아가지 못하리니' 장님이거나 바보다"라고 주장합니다.

몇몇 사람의 수중에서 놀아나는 인종학은 얼마나 편리한 발명품인지 모릅니다. 인류를 우월한 인종과 열등한 인종으로 나누고, 백인이 우월하다고 생각하여 지상의 정부를 독점할 권리를 부여합니다. 그리고 아프리카 흑인종 말살, 미국 홍인종[5] 말살, 필리핀 타갈로그족 말살, 페루 원주민 말살을 아주 당연하게 여깁니다. 또 지고한 생명의 법칙이 약자와 부적응자 제거에서 실현되므로 이들을 폭력적으로 억압하고 배제하는 것은 느리고 게으른 자연의 작용을 촉진하는 것으로 여깁니다. 거북이의 걸음 대신에 말을 타고 내달린다는 것입니다. 물론 사람들은 이렇게 노골적으로 표현하지 않습니다. 그러나 행간의 의미는 그렇습니다. 피어슨Pearson이 "자연과 야만인에 맞서서 문명화된 유럽 인종들의 연대"를 주장할 때가 그렇습니다. 여기서 야만인이란 하얀 피부가 아니라는 뜻입니다.

4 자크 노비코프(Jacques Novicow, 1849~1912)는 러시아 출신의 프랑스 사회학자이다. 사회 진화론을 주장했다.

5 홍인종이란 아메리카 원주민을 가리킨다.

그러나 흑인종과 황인종의 말살만 주장하지 않습니다. 백인종도 위대한 민족과 퇴락한 민족으로 분류합니다. 드몰랭이 『앵글로색슨족의 우월성은 어디서 기인하는가? À quoi tient la supériorité des Anglo-Saxons?』를 출판한 이후[6] 앵글로색슨족을 찬양하고 라틴족을 멸시하는 풍조가 되살아났습니다(물론 몇몇 사람은 갈리시아인 같은 아타왈파, 프로방스인 같은 목테수마라고 부를 수 있습니다[7]). 우리는 유럽과 아메리카에서 트로이의 화재와 멸망을 예언한 카산드라 같은 인물들을 무더기로 볼 수 있습니다. 이 비관적인 사회학자들은 자신들이 다가올 대홍수에서도 살아남을 데우칼리온이나 니체의 초인이라고 생각한 나머지, 자신이 속한 인종이 소멸될 것이라고 주장합니다. 마치 선사시대의 인종이나 달나라 사람 얘기를 하듯이 말입니다. 문서화되지는 않았으나 공리 같은 게 여전히 존재합니다. 즉, 영국인이나 미국인의 범죄와 악행은 인류의 본질적인 속성으로, 이 종족의 쇠퇴를 의미하지는 않습니다. 반면에 프랑스인이나 이탈리아인의 범죄와 악행은 비정상으로, 이 종족의 퇴화를 의미합니다. 그러나 오스카 와일드와 맥도날드 장군[8]이 파리에서 태어나지 않았으며, 빌헬름 황제의 원탁회의도 로마에서 열리지 않았으니, 얼마나 다행스러운 일인지 모릅니다.

폴 부르제[9] 같은 딜레탕트나 모리스 바레스[10] 같은 사이비들은 코스모폴리

---

6 [원주] 빅토르 아레기네(Victor Arreguine)는 『앵글로색슨족에 대한 라틴족의 우월성은 어디에 있는가? *En qué consiste la superioridad de los Latinos sobre los Anglo-sajones*』(1900)로 드몰랭(Demolins)의 견해를 반박했다. 아레기네에 따르면, 드몰랭의 두꺼운 책은 이폴리트 텐의 영문학사 한 장을 확장한 것이며, 장점이라면 차분하고 공정하게 논의를 진행하는 대신에 강연을 하듯이 앵글로색슨족을 변호하고 있다는 점인데도 불구하고 수많은 라틴족 지성인들은 드몰랭의 견해를 참신한 이론으로 수용하는 우를 범했다고 한다.

7 아타왈파는 잉카의 마지막 왕이고, 목테수마는 아스테카의 마지막 왕이다.

8 오스카 와일드(Oscar Wilde, 1854~1900)와 맥도날드 장군(MacDonald, 1853~1903)은 둘 다 영국인이다. 와일드는 동성애의 혐의로 옥고를 치렀으며, 맥도날드 장군은 동성애자로 고발되자 자살했다.

9 폴 부르제(Paul Bourget, 1852~1935)는 프랑스의 소설가이자 비평가이다.

타니즘에 벼락을 내리치고 고귀한 프랑스 인종의 몰락을 애도하는데(매독에 걸린 백작과 폐병에 걸린 후작부인 사이에서 태어난 딸이 건강하고 활력이 넘치지만 귀족령이 없는 젊은이에게 유혹당했기 때문입니다), 이들의 말을 진지하게 받아들일 필요가 없다고 말해도 아무 소용이 없습니다. 르봉 얘기를 하자면, 박식하고 고매하여 존경받을만하나, 막스 노르다우[11]가 롬브로소[12]의 학설을 과장하고 헤켈[13]이 다윈의 학설을 과장했듯이, 스펜서의 학설을 과장한 대표적인 인물입니다. 르봉을 사회학의 토르케마다[14]나 헤롯왕이라고 부른다면 지나친 말이 될지도 모르겠습니다. 그러나 사회학의 보쉬에인 것만은 틀림없습니다. 그리고 흑광黑光[15]을 관찰한 공적으로 높이 평가받지만, 사회학 지식은 『질블라스』[16]에 등장하는 상그라도 박사의 의학 지식과 다를 바 없습니다.

르봉은 이렇게 말합니다. "무슨 일이 있어도 인류학적 의미에서 인종이라는 용어를 수용해서는 안 된다. 왜냐하면 순수한 인종은 야만인을 제외하고

---

10 모리스 바레스(Maurice Barrès, 1862~1923)는 프랑스의 작가이다. 대표작으로는 1914년에 출판된 『정오의 악마 *Le Démon de midi*』가 있다.

11 막스 노르다우(Max Nordau, 1849~1923)는 독일 출신의 유대인 의사이자 사회비평가이며, '세계 시온주의 기구(World Zionist Organization)'의 공동 창설자이다. 대표적인 저작으로는 1892년에 출판한 『퇴보 *Entartung*』가 있다.

12 체사레 롬브로소(Cesare Lombroso, 1835~1909)는 이탈리아의 범죄학자이다.

13 에른스트 헤켈(Ernst Haeckel, 1834~1919)은 독일의 생물학자이자 철학자이다. 다윈의 진화론을 독일에 소개하였다.

14 토르케마다(Tomás de Torquemada, 1420~1498)는 에스파냐의 종교재판소 소장이다. 1492년 유대인과 이슬람교도를 추방함으로써 한때는 "이단자에게는 철퇴요, 에스파냐의 빛"이라고 칭송받았으나 후대에는 가혹한 종교재판과 억지 주장의 대명사라는 이미지를 갖게 되었다.

15 1896년 르봉은 새로운 방사선을 발견했다고 발표하고, 이를 '흑광'이라고 명명하여 당대의 과학계를 놀라게 했다. 그러나 후일 '흑광'은 존재하지 않는다고 밝혀졌다. 현재 일반적으로 사용되는 '블랙라이트'(black light)는 자외선 근방의 전자기파를 일컫는 말로 르봉의 '흑광'과는 아무런 관련이 없다.

16 『질블라스 *Gil Blas*』는 프랑스 소설가 알랭 르사주(Alain Le Sage, 1668~1747)의 피카레스크 소설이다. 이 작품에 등장하는 상그라도 박사는 돌팔이의사이다.

는 오래전에 거의 사라졌기 때문이다." 그리고 우리가 다음과 같이 나아갈 확실한 길을 일러줍니다. "문명화된 민족에서는 역사적 인종, 다시 말해서 역사상의 여러 사건으로 창조된 인종밖에 없다." 르봉의 독단적인 생각에 따르면, 에스파냐어권 라틴아메리카 국가는 역사적 인종을 형성했으나, 이 인종은 너무나 독특해서 다른 인종이 3천, 4천, 5천, 아니 6천 년 동안에 주파한 역정을 불과 1세기 만에 주파해버렸습니다. 그 결과 유년기에서 급속히 노년기로 접어들었습니다. 또한 『사회주의의 심리학Psychologie du Socialisme』에서는 이렇게 말합니다. "라틴아메리카의 22개국[17]은 지구에서 자원이 가장 풍부한 곳에 위치하고 있으나 방대한 자원을 이용할 줄 모르며 […] 결국에는 원시적인 야만으로 회귀하였고, 오로지 미국만이 야만의 정복에 매진했다. […] 지구상 가장 풍요한 고장을 산토도밍고와 아이티 같은 흑인 공화국 수준으로 끌어내린 것이, 불과 1세기도 안 되어 라틴족이 행한 일이다."

이러한 르봉의 견해는 어린아이의 뾰루지를 아흔 살 먹은 노인의 괴저로 착각하고, 젊은이의 정신분열증을 노인의 살인광으로 착각하는 것과 같습니다. 도대체 언제부터 혁명을 노쇠와 죽음의 징조로 보게 되었습니까? 오늘날 에스파냐어권 라틴아메리카의 어느 국가에서도, 봉건시대 유럽을 지배한 정치적·사회적 불행은 없습니다. 하지만 봉건시대를 발전의 한 단계로 생각하듯이 에스파냐어권 라틴아메리카의 혁명시대[18]도 필요불가결한 상황으로 볼 수 있습니다. 아울러 우리는 낙천적인 르봉으로 비관적인 르봉을 반박할 수 있습니다. 마치 성직자 아우구스티누스가 개심하기 전의 아우구스티누스를 비판했듯이 말입니다. 르봉은 "라틴 민족들은 일련의 심각한 재앙과 미증유의 역사

17 [원주] 르봉이 22개 공화국이라고 말한 근거는 무엇일까? 이것은 오타가 아니다. 40페이지 각주에 이렇게 나와 있다. "산토도밍고와 아이티, 라틴아메리카 22개 공화국과 미국의 역사는 완전히 무시해야 한다."

18 이 단락에서 '혁명', '혁명시대', '심각한 재앙', '미증유의 역사적 혼란'은 모두 라틴아메리카의 독립전쟁을 가리킨다.

적 혼란의 경험에서 교훈을 얻었으며 […] 미래의 삶을 성공으로 이끄는 데 반드시 필요한 특질을 획득하려고 매진하고 있다. 선구자들은 여론을 바꿀 수 있기 때문에 많은 것을 성취하게 된다. 그리고 오늘날 여론은 매우 강력한 힘을 지니고 있다. […] 역사는 예측 불가능한 사건이 너무 많으며, 세계는 심오한 변화의 길로 접어들어서 오늘날에는 국가의 운명을 예측하기가 불가능하다"고 말했습니다. 국가의 운명을 예측할 수 없다면서 어떻게 에스파냐어권 아메리카 국가의 죽음을 운운할 수 있는 것입니까? 유럽의 라틴국가들이 실현한 것을 신세계의 라틴국가들은 시도할 수 없다는 것입니까? 아니면, 두 가지 사회학 법칙이 있어서 하나는 아메리카의 라틴국가에 해당하고, 다른 하나는 유럽의 라틴국가에 해당한다는 것입니까? 그럴 수도 있으나, 다행히도 르봉의 주장은 상충됩니다.[19]

이상에서 보았듯이, 오귀스트 콩트는 사회학으로 실증적인 과학을 만들려고 하였으나 몇몇 후계자들은 사회학을 과학적 근거가 없는 잡설로 변질시키고 있습니다.

II

굼플로비치[20]는 『인종 투쟁』에서 이렇게 말합니다. "중요하고 강력한 인종 요소는 자신의 목적을 위해서 주변에서 약한 인종 요소를 찾거나 그 속으로 침투해 들어간다."[21] 첫째, 신대륙 정복자들과 후손들이 아메리카 각국에

19 [원주] "선구자들은 여론을 바꿀 수 있기 때문에 많은 것을 성취하게 된다"고 말한 직후에 451페이지와 452페이지에서는 "우리의 생각"이라는 식으로 정반대의 말을 하고 있다.

20 루드비히 굼플로비치(Ludwig Gumplowicz, 1838~1909)는 폴란드의 법률학자, 사회학자, 정치이론가이다. 유럽 사회학의 창시자 중 한 명으로 꼽힌다. 사회 진화론적 관점에서 인종 투쟁으로 사회발전을 설명하였다. 주요한 저서로는 『인종과 국가 *Rasse und Staat*』(1875), 『인종투쟁 *Der Rassenkampf*』(1883) 등이 있다.

21 [원주] 잡지 『에스파냐 모데르나 *España moderna*』에 실린 번역본.

서 강력한 인종적 요소를 형성하여 원주민을 예속시키고 착취했습니다. 바르톨로메 데 라스 카사스Bartoloméde de las Casas 신부의 주장은 과장된 면이 없지 않으나, 착취자들의 무자비한 잔혹성 때문에 아메리카 몇몇 국가에서 약한 요소는 이내 전멸하게 되었다는 점을 부인할 수는 없습니다. 진딧물을 길러 꿀물을 빨아 먹는 개미도 백인처럼 앞뒤 없이 행동하지는 않습니다. 소위 '생산적인 동물을 죽이는 행위'는 하지 않습니다.

굼플로비치의 공식에다 우리들의 존재 방식에 큰 영향을 준 법칙을 덧붙여 보겠습니다. 계급이 상승한 사람이 최악의 적이 되는 경우가 많습니다. 흑인 노예 시기에 흑인 십장보다 더 잔혹하게 노예를 다룬 사람은 없었습니다. 이와 마찬가지로, 현재 에스파냐화 된 원주민, 즉 권력을 가진 원주민보다 원주민을 더 학대하는 압제자는 없었습니다.

원주민을 이용하여 원주민을 착취하고 억압하는 진짜 폭군은 혼혈인입니다.[22] 이 단어에는 페루 산악지대의 촐로, 즉 메스티소는 물론이고 해안지방의 물라토나 삼보가 포함됩니다.[23] 우리 페루는 인종 과잉의 상태입니다. 유럽인과 소수의 백인 그룹 즉 크리오요를 제외하면 인구는 양분됩니다. 한쪽은 혼혈인 즉 지배자들이고, 다른 한쪽은 원주민 즉 피지배자입니다. 10만에서 20만 정도밖에 안 되는 사람들이 3백만 위에 군림합니다.

수도와 지방의 지배자들 사이에는 상부상조, 즉 공격과 방어의 동맹이 존재합니다. 내륙지방의 토호는 리마 권력계층의 정치적 대리인 노릇을 하며, 리마 권력층은 지방유지가 원주민을 야만적으로 혹사해도 저들을 비호합니다. 어느 사회그룹도 페루의 에스파냐인이나 혼혈인만큼 불법행위를 저지른

---

22 혼혈인(encastado)은 원래 교배를 통해서 품종이 개량된 황소를 뜻한다. 이 글에서는 각종 혼혈을 총칭하는 뜻으로 사용되었다.

23 촐로(cholo)는 메스티소나 메스티소의 문화를 받아들인 원주민을 일컫는다. 메스티소(mestizo)는 백인과 원주민 사이에서 태어난 혼혈아를 치징하며, 물라토(mulato)는 백인과 흑인 사이에서 태어난 혼혈아, 삼보(zambo)는 원주민과 흑인 사이에서 태어난 혼혈아를 일컫는 말이다.

적이 없고, 그토록 부정적인 면을 드러낸 적이 없습니다. 냉혹한 혼혈인이 탐욕을 채우기 위해 인간을 쥐어짜는 것을 보면, 혁명은 아무것도 아닙니다. 그저 몇 푼이라도 더 챙길 수만 있다면 동족의 고통이나 죽음 따위에는 눈 하나 깜짝하지 않습니다. 분배제도나 미타[24]를 시행하여 원주민을 멸절시켰고, 흑인 노예를 수입하여 십장의 채찍 아래 신음하게 만들었습니다. 중국인을 집어삼킨 것도 그들입니다. 하루 10시간에서 15시간까지 일을 시키고 기껏해야 쌀 한 줌을 주었습니다. 동양인들을 데려와 대농장hacienda의 오두막에서 향수병에 시달리게 만든 것도 그들입니다. 이제는 일본인을 이주시키고 있습니다.[25] 흑인은 감소하는 추세이고 중국인은 사라지고 있으며, 동양인은 흔적도 없고, 일본인은 예속되려는 기미가 보이지 않습니다. 오로지 원주민만 남았습니다. 이들은 삼, 사백 년 동안 잔혹하게 부렸는데도 멸종되지 않았습니다. 비천한 종족이 아직도 살아남아 있습니다!

페루의 부왕들은 끊임없이 범법행위를 처벌하고 "원주민의 부담 경감, 처우 개선, 보호"를 위해 노력을 아끼지 않았습니다. 에스파냐 국왕들은 "고귀한 가톨릭적 영혼을 지닌 원주민을 동정"하여 인간애에 바탕을 둔 조치를 취했으며, 부왕들이 제시한 정책을 지원했습니다. 국왕의 칙허에는 훌륭한 제안이 넘쳐났습니다. 이러한 식민지 관련법을 쌓아놓으면 침보라소 화산만큼 높을지도 모르겠으나, 아무튼 악행은 여전했습니다. 물론 본보기로 처벌을 받은 경우도 더러 있었습니다. 그러나 공식적으로 피지배자의 수탈을 인정해주고, 수탈자들에게 인간애와 정의를 호소하는 수밖에 없었습니다. 이는 인간적으

24 분배제도(repartimiento)는 식민지 시대 원주민을 일정 기간 동안 광산이나 농장의 일꾼으로 강제 동원하는 제도로, 비록 임금을 받았으나 사실상 노예나 마찬가지였다. 이 제도는 1632년 공식적으로 폐지되었으나, 페루에서는 미타(mita)라는 이름으로 20세기까지 유지되었다.

25 [원주] 페루에서 이민을 이야기할 때는 자유인, 즉 자기가 판단해서 농사를 짓고 몇 년 후에는 소규모 땅을 가지게 되는 사람을 가리키지 않는다. 정반대로 자유를 빼앗기고 최저 임금으로 혹사당하는 천민을 의미한다.

로 사악한 행위를 저지르거나 공평하게 불의를 저지르는 것입니다. 학대를 근절하려면 분배제도와 미타를 철폐하고, 식민지배체제 전반을 쇄신해야만 했을 것입니다. 아메리카 원주민의 강제노동이 없었다면 에스파냐의 국고는 텅텅 비었을 것입니다. 식민지에서 본국으로 운송한 부는 원주민의 피와 눈물이 황금으로 변한 것입니다.

공화국에서도 부왕령 시대의 전통이 계속되고 있습니다. 역대 대통령은 피압박민의 구원을 약속하는 교서를 발표하고, 스스로 "원주민의 보호자"라고 부릅니다. 국회의원들은 '프랑스 인권 선언'을 능가하는 법률을 만듭니다. 정부 각료는 행정명령을 발동하고, 주지사에게 훈령을 전달하며, 감사관을 파견합니다. 이 모두가 "상속재산이 없는 계급을 보호하기 위한 고귀한 목적"에서 우러나온 것입니다. 그러나 교서, 법률, 명령, 훈령, 감사는 위선적인 헛소리, 빈말, 미봉책에 지나지 않습니다. 리마에서 협박성 명령을 시달하는 당국자들은 명령이 이행되지 않으리라는 사실을 알고 있습니다. 주지사 또한 그런 명령을 이행하지 않았다고 해서 불이익을 당하지 않으리라는 점을 알고 있습니다. 1648년 만세라[26] 부왕이 『회고록』에서 한 말 가운데 코레히도르[27]와 카시케[28]를 각각 지방관과 농장주로 바꾸면 오늘날에도 그대로 적용됩니다. 그는 "불쌍한 원주민들은 탐욕스러운 코레히도르, 신부, 카시케를 적으로 여긴다. 모두들 원주민의 땀으로 부유해졌기 때문이다. 이들은 부왕이나 되는 것처럼 권위를 내세우면서 열성을 바치도록 요구했다. 식민본국과 거리가 멀리 떨어져 있기 때문에 복종하는 시늉만 하며, 불만에 귀를 기울일 인내심도 힘

---

26 페드로 데 톨레도 이 레이바(Pedro de Toledo y Leiva, 1585~1654)는 초대 만세라(Mancera) 후작으로, 페루 부왕령의 부왕을 지냈다. 『페루 부왕의 회고록 *Memorias de los virreyes del Perú*』를 남겼다.

27 코레히도르(corregidor)는 식민지에서 에스파냐 왕실을 대표하던 관리로 행정권과 사법권을 행사했다.

28 카시케(cacique)는 본래 원주민 권력자를 일컫는 말이었다. 식민시대 에스파냐는 카시케를 통제함으로써 원주민을 통제했다.

도 없다"[29]고 말했습니다. 부왕의 입에서 복종하는 시늉만 한다는 말이 나온다는 것은 무척 의미가 있습니다. 만일 이 말이 추쿠이토 원주민 보호자들에게서 나왔다면 더 의미 있는 말이 되었을 것입니다.[30]

개인적이거나 집단적인 주도권을 갖고 공식적인 정부처럼 행동하는 친親원주민파가 간혹 있습니다. 원주민 해방을 추구하는 이러한 단체는 사실 박애라는 깃발을 내세운 정치적 밀수꾼에 지나지 않습니다. 이들은 원주민을 옹호한다는 명목으로 동정심을 불러일으킵니다. 오늘날 타크나와 아리카[31]를 들먹이면서 애국심에 편승하듯이 말입니다. 친親원주민파가 믿음을 주려면 환골탈태할 필요가 있습니다. 그동안 저지른 범법행위가 얼마나 무서운 것인지 뉘우치고, 정의에 따르겠다는 굳은 의지를 천명하고, 호랑이의 가죽을 벗고 사람이 되겠다고 결심해야 합니다. 과연 이러한 것이 가능하겠습니까?

일반적으로 말해서 지배자들은 원주민들에게 다가가서 속이고, 억압하고, 타락시킵니다. 그리고 혼혈인만 비인간적이고 배신적인 행위를 하는 것이 아니라는 사실을 명심할 필요가 있습니다. 유럽인들은 양모수집상, 광산주, 농장주가 되었을 때 예전의 위탁제도 농장주[32]나 현재의 농장주 못지않게 강탈을 자행했습니다. 하얀 피부의 동물은 어디서 태어났건 간에 황금이라는 사족을 못 쓰는 병 때문에 괴로워하다가 결국 탐욕이라는 본능에 굴복하고 맙니다.

---

29 [원주] 호세 토리비오 폴로(José Toribio Polo), 『페루 부왕들의 회고: 만세라 공작과 살바티에라 백작 *Memorias de los Virreyes del Perú, Marqués de Mancera y Conde de Salvatierra*』(Lima, 1899).

30 [원주] 『20세기 여명의 페루 원주민 *La Raza Indígena del Perú en los albores del siglo XX*』(Lima, 1903), 제2권 6페이지.

31 타크나(Tacna)와 아리카(Arica)는 태평양 전쟁(1879~1884)으로 칠레에게 빼앗긴 페루 영토이다. 이후 페루에서는 반칠레 민족주의가 대두했다.

32 식민지 시대 초기 에스파냐인은 국왕으로부터 토지를 위탁받아 그 안에 거주하는 원주민을 노동력으로 이용하였는데, 이를 위탁제도(encomienda)라고 한다. 위탁제도를 운영하는 에스파냐인을 가리켜 위탁제도 농장주(encomendero)라고 불렀다.

III

공화국에서 원주민의 고통은 에스파냐가 통치하던 시절보다 경감되었습니까? 코레히도르나 위탁제도 농장주가 없는데도 강제 노동이나 강제 징발은 여전히 남아 있습니다.[33] 우리가 원주민을 고통스럽게 만드는 것은 곧 우리의 인간성을 매도하는 것입니다. 우리는 아직도 원주민을 무시하고, 굴복시키고, 병영에 넣어 타락시키고, 알코올 중독자로 만들고, 내전의 희생자로 몰아넣고, 가끔은 아만타니, 일라베, 완타 같은 곳에서 학살을 자행하고 있습니다.

명문화되지는 않았으나, 원주민에게는 권리는 없고 의무만 있다는 철칙 같은 게 존재합니다. 그래서 원주민이 불평하면 반항으로 간주하고, 집단적인 요구를 하면 반란을 획책한다고 여깁니다. 에스파냐 왕당파는 정복자의 굴레에서 벗어나려는 원주민을 살해했습니다. 우리 공화파도 원주민이 터무니없는 세금에 항의하거나 관리의 범법행위를 참다못해 봉기하면 모조리 죽여 버리고 있습니다.

우리의 통치 형태는 커다란 거짓말에 지나지 않습니다. 이백만에서 삼백만에 달하는 사람들이 법의 보호를 받지 못하는 국가를 민주공화국이라고 할 수는 없습니다. 해안지방은 허울뿐인 공화국의 보호를 받는 듯하나 내륙지방은 진정한 봉건제 밑에서 신음하고 있습니다. 내륙지방에서는 법전도 재판도 영향을 미치지 못합니다. 농장주와 지방유지가 치안판사와 지방관 행세를 하

---

33 [원주] 믿을만하고 확실한 정보를 가진 사람이 '아만타니 대학살'을 다음과 같이 설명한다. "독재자 피에롤라(Piérola) 집권 초기에 티티카카 호수의 아만타니 섬에 사는 원주민들이 유지를 폭행했다. 세상 물정 모르는 유지가 원주민들에게 강제로 군사훈련을 시켰기 때문이다. 그 사건 직후 푸노시에서 파견된 군함 두 척이 아침 6시부터 저녁 6시까지 아만타니 섬에 폭탄을 퍼부었다. 남녀노소를 가리지 않는 끔찍한 학살이었는데, 아직까지도 얼마나 많은 원주민이 희생되었는지는 파악조차 되지 않고 있다. 지금도 그곳에 가면 바위틈에 피신했다가 죽은 사람의 해골을 볼 수 있다." 일라베(Ilave)와 완타(Huanta)의 학살 사건은 피에올라가 재집권한 시기에 발생했다.

며 모든 문제를 처리합니다. 정치인들은 약자와 가난한 자를 보호하기는커녕 부자와 강자의 편을 들기 일쑤입니다. 심지어는 치안판사와 지방관이 대농장을 위해 봉사하는 지역도 있습니다. 어떤 주지사가, 어떤 지방 관료가 대농장주와 감히 맞서겠습니까?

대농장은 합법적인 주인에게 강탈한 소규모 토지를 축적하여 형성됩니다. 농장주는 일꾼에게 귀족 같은 권위를 행사합니다. 농장주는 주지사, 시장, 치안판사의 임명에 영향력을 행사할 뿐만 아니라 결혼, 상속인 지명, 유산 분배에도 간여합니다. 아버지의 채무변제라는 명목으로 일생 동안 노역을 강요하기도 합니다. 또한 형틀, 태형, 고문, 사형과 같은 잔혹한 형벌을 가합니다. 머리를 삭발하거나 찬물로 관장을 하는 등 모욕을 주기도 합니다. 타인의 생명도 재산도 존중하지 않는 사람이 여성의 명예를 존중한다면 그것은 기적입니다. 원주민 여성은 기혼이건 미혼이건 모두 주인의 짐승 같은 욕망의 표적입니다. 농장주가 원주민 여자의 목숨을 거머쥐고 있다는 점을 고려하면 겁탈, 강제추행, 미성년자 추행은 그다지 큰일도 아닙니다. 이런 일에도 불구하고 원주민은 농장주와 얘기하기 전에 무릎을 꿇고 손에 입을 맞춰야 합니다. 농장주들이 무지하고 문화가 뭔지 모르기 때문에 이런 일을 자행한다고 말할 수는 없습니다. 농장주 자식들은 유럽으로 유학을 가기도 합니다. 이들은 프랑스와 영국에서 수학하고, 문명인 행세를 하며 페루로 돌아옵니다. 그러나 대농장에 정착하자마자 유럽의 분칠은 벗겨지고, 부모보다 훨씬 비인간적이고 폭력적으로 행동합니다. 모자를 쓰고 폰초를 걸치고 박차를 차면 다시 짐승이 됩니다. 한마디로 말해서 대농장은 공화국의 심장에 위치한 왕국이며, 농장주는 민주주의 한가운데서 독재자 노릇을 하고 있습니다.

IV

정부의 태만과 수탈자의 비인간성을 정당화하기 위해 르봉 같은 비관론자들은 원주민의 이마에 치욕스러운 낙인을 찍습니다. 원주민이 문명을 거부한다고 비난하는 것입니다. 이런 말을 들으면 누구나 다 이렇게 생각할 것입니다. 우리나라 전역에 번듯한 학교가 들어서고 아주 좋은 급여를 받는 뛰어난 선생들이 우글거리는데도 교실은 비어 있는 이유는, 아이들이 부모의 말에 순종하여 학교에 가지 않기 때문이라고 말입니다. 또 원주민들은 지배계급의 모범을 따르지 않으며, 고상하고 관대한 사상을 가르치는 사람들을 거들떠보지도 않는다고 말합니다. 그러나 원주민은 그들이 주는 것을 모두 받아들였습니다. 문제는, 그것이 광신狂信과 술이라는 것입니다.

그러면 문명을 어떻게 이해해야 하겠습니까? 문명이란 산업과 예술, 학문과 과학 위에서 윤리가 마치 거대한 피라미드의 정점에서 반짝이는 불빛처럼 빛나는 것입니다. 사후의 처벌에 기초한 신학적 윤리가 아니라 처벌이라든가 사후세계를 들먹이지 않는 인간적 윤리입니다. 개인에게나 사회에게나 윤리의 궁극은 인간의 투쟁을 상호부조[34]로 바꾸는 것입니다. 정의, 자애, 박애가 없는 곳에는 문명도 없습니다. 생존경쟁이 사회법칙이라고 주장하는 곳에는 야만이 지배합니다. 호랑이 같은 마음을 품고 있다면 아리스토텔레스만큼 많이 안다고 한들 무슨 의미가 있겠습니까? 돼지 같은 영혼을 지니고 있다면 미켈란젤로와 같은 예술적 재능이 있다고 한들 무슨 쓸모가 있겠습니까? 예술이나 과학의 빛을 세상에 뿌리는 것보다 선善이라는 꿀을 흘리며 사는 것이 더 가치가 있습니다. 고도 문명사회라 함은 선의 실천이 의무가 아니라 관습인 곳이며, 선행이 본능적으로 우러나오는 곳입니다. 지금 페루의 지배계급은 이 정도의 도덕성을 갖추고 있습니까? 그러면서도 원주민을 문명인이 될 수 없는 존재라고 치부할 수가 있는 것입니까?

고대 잉카제국의 사회정치 조직을 보고 오늘날 유럽의 개혁가와 혁명가들

34 상호부조(mutual aid)는 제정 러시아의 무정부주의자 크로포트킨(Pyotr Alekseevich Kropotkin, 1842~1921)의 용어이다.

은 감탄합니다. 사실 아타왈파 황제[35]는 주기도문도 몰랐으며, 칼쿠치마[36]는 삼위일체의 신비를 생각해본 적도 없습니다. 그러나 태양신 숭배는 가톨릭교만큼 부조리하지는 않았을 것이며, 파차카막 신전[37]의 사제는 발베르데 신부[38]만큼 잔혹하지 않았을 것입니다. 와이나카팍 황제의 신민이 문명을 받아들였다면 공화국의 원주민이 문명을 배척한다고 생각할 이유가 없습니다. 원주민 전체가 치유될 수 없는 생리적인 쇠락을 겪었다는 가정을 하지 않는다면 말입니다. 도덕적인 면으로 보면 공화국의 원주민은 정복자들이 만난 원주민보다 열등합니다. 그러나 정치적 노예 상태에 기인한 도덕적 쇠퇴가 체질적으로 문명화가 절대 불가능하다는 의미는 아닙니다. 그렇다면 누구에게 잘못이 있는 것입니까?

이러한 사실로 보아 비관론자들의 주장은 거짓입니다. 원주민은 학교 교육을 받거나 문명인과 접촉만 해도 도덕적으로나 문화적으로 에스파냐인 후손들 못지않은 수준에 도달했습니다. 우리는 매번 "리마의 상냥한 신사"처럼 입고 먹고 생각하는 원주민을 만납니다. 의사당, 시청, 사법기관, 대학교, 학술원에서 만나는 원주민은 다른 인종보다 무식하거나 부패한 인간이 아닙니다. 페루 정치의 '총체적인 변혁totum revolutis'에서 메스티소, 물라토, 백인이 어떤 해악을 끼쳤는지 책임 한계를 분명히 긋기란 불가능합니다. 혈통과 피부색이 뒤섞여버린 오늘날 페루인은 합법적이거나 비합법적인 혼혈의 산물입니다. 대부분의 페루인은 흑인종 피와 황인종 피가 어느 정도 섞였는지 알 수 없

---

35 아타왈파(Atahualpa, 1497~1533) 황제는 와이나카팍(Huayna-Cápac) 황제의 아들. 1532년 프란시스코 피사로는 카하마르카에서 계략으로 아타왈파 황제를 생포했다. 후일 이 황제는 형의 살해를 교사했다는 이유로 사형선고를 받았는데, 일설에 의하면 사형 직전에 세례를 받았다고 한다.

36 칼쿠치마(Calcuchima)는 아타왈파 황제 휘하의 맹장.

37 파차카막(Pachacamac)은 쿠스코 남동쪽 40km에 위치한 잉카의 신전.

38 발베르데(Vincente de Valverde, 1490?~1543?) 신부는 피사로와 함께 잉카제국 정복에 참여한 신부로 아타왈파가 처형되기 직전 세례를 준 것으로 기록되어 있다.

습니다. 눈동자가 파랗고 금발이라고 하더라도 순수한 백인으로 분류할 수 없습니다. 산타 크루스[39] 대통령은 대부분의 사람들 눈에 원주민으로 보일 뿐이라는 사실을 기억해야 합니다. 이런 예는 수없이 많습니다. 카위데[40] 같은 용감무쌍한 영웅도 있고, '순교자' 올라야[41] 같은 애국자도 있었습니다.

"황인종과 흑인종이 무능할 것이라는 추정은 병든 정신이 만들어낸 환영이다"라는 노비코프의 말이 옳습니다. 실제로 황인종이나 흑인종이 못하는 일은 없습니다. 또 백인종이 못하는 파렴치한 행동도 없습니다. 1900년 중국의 의화단義和團을 진압하러 출병한 일본인들은 백인종인 러시아와 독일인들에게 교훈을 남겼습니다.[42] 아프리카인들도 언젠가 트란스발의 보어인들이나 케이프타운의 영국인들에게 교훈을 남겼는지는 기억이 나지 않습니다. 영국인 키치너는 수단에서 다호메이의 브항쟁[43] 못지않은 잔혹성을 발휘했다고 알고 있습니다. 백인종과 흑인종을 비교하는 대신 개인과 개인을 비교하면 백인 문명 안에도 야만성이 있고, 홍인종이 있다는 것을 알 수 있습니다. 우리는 인종의 정화精華이자 대표적인 인간으로 영국 국왕과 독일 황제를 꼽습니다. 에드워드 7세와 빌헬름 2세를 어떻게 원주민 출신의 대통령 베니토 후아레스나

---

39 안드레스 데 산타 크루스(Andrés de Santa Cruz, 1792~1865)는 볼리비아 대통령(1829~1836)을 지낸 후 볼리비아-페루 연방 대통령(1836~1839)도 지냈다.

40 카위데(Cahuide)는 에스파냐 정복군에 맞서 삭사와망(Sacsahuamán)에서 끝까지 저항하다, 패전의 기색이 짙어지자 성벽 아래로 투신자살했다는 전설이 전해지는 잉카제국의 영웅.

41 호세 올라야(José Olaya, 1782~1823)는 독립전쟁이 한창이던 때 독립군에게 밀서를 전하기 위해 초리요스(Chorrillos) 앞바다를 헤엄쳐 건너다가 에스파냐군에게 체포되어 갖은 고문을 받았으나 결코 기밀을 누설하지 않았다. 그래서 '순교자'라는 별칭을 얻었다.

42 1900년 6월, 독일 공사와 일본 공관원이 북경에서 살해되고 의화단이 공관을 포위하자, 독일, 일본, 영국, 미국, 프랑스, 러시아, 오스트리아, 이탈리아의 8개국 연합군이 공동 출병하였다. 약 3만 6천의 연합군 가운데 주력은 2만 2천 명의 일본군이었다. 8월 북경을 점령한 연합군은 자금성에 난입하여 닥치는 대로 약탈과 만행을 저질렀다.

43 브항쟁(Béhanzin, 1844~1906)은 다호메이 왕국의 11대 국왕이다. 1889년부터 1906년까지 왕좌에 머물렀다.

흑인인 부커 워싱턴과 비교한단 말입니까? 왕위에 오르기 전에 술집이나 병영이나 작부집에서 살았으며, 왕이 된 후에는 어린아이와 노인과 여자들을 무자비하게 학살하라고 명령한 저들은 피부는 하얗지만 영혼은 시커먼 사람들입니다.

원주민의 무기력함은 단지 무지에서 비롯된 것입니까? 물론 페루 국민의 무지는 우화 같습니다. 페루 산악지방에 가면 읽고 쓸 줄 아는 이가 단 한 명도 없는 것이 일반적이며, 태평양 전쟁(1879~1884) 기간에 두 나라의 전쟁을 칠레 장군과 페루 장군이 벌이는 내전인 양 가만히 지켜보기도 했고, 얼마 전 추쿠이토 지방의 사절단이 페루 대통령을 만나겠다는 생각으로 타크나[44]로 향했을 정도입니다.

약장수나 다를 바 없는 몇몇 교육자들은 인간이 아마존강의 지류와 베를린의 온화한 기후를 안다면 인간사회의 문제는 이미 반쯤 해결된 것이라고 주장합니다. 그러나 초인간적인 현상에 의해 페루의 문맹이 하루아침에 읽고 쓸 줄 알고, 대학 졸업장을 받는다고 하더라도 원주민 문제는 여전히 미해결로 남습니다. 그저 무식한 프롤레타리아트가 학사나 박사 학위를 가진 프롤레타리아트가 되는 것입니다. 고도의 문명국가에도 환자 없는 의사, 고객 없는 변호사, 일거리 없는 기술자, 독자 없는 작가, 구매자 없는 예술가, 학생 없는 선생이 넘쳐납니다. 머리는 명석하나 허기진 배를 움켜쥔 수많은 사람이 집단을 이루고 있습니다. 해안지방의 대농장은 30,000~35,000제곱킬로미터에 달하는데, 산악지방의 농경지는 150~300제곱킬로미터에 불과한 국가라면 주인과 노예로 나뉘는 게 당연합니다.

짐승처럼 충동적인 인간이 교육을 통해 이성적이고 관대한 존재로 바뀔 수 있다면, 지식을 가르치고, 인생의 기로에서 빗나가지 않도록 길을 밝혀주어야 합니다. 그러나 길을 안다고 해서 길을 끝까지 갈 수 있는 것은 아닙니

44 태평양 전쟁의 결과로, 페루의 영토 타크나(Tacna)는 칠레의 소유가 되었다.

다. 튼튼한 다리와 굳은 의지가 필요합니다. 또 거만하거나 반항적이지 않은 정신, 즉 병사와 수도승처럼 굴복하고 복종하지 않는 용기가 필요합니다. 교육은 인간을 예속 상태에 머무르게 할 수 있습니다. 비잔틴의 문법학자나 환관도 교육받은 사람들이었습니다. 지상에서 지위를 차지하려면 주는 대로 받아서는 안 됩니다. 식량을 요구하고, 농사지을 땅과 집을 요구해야 합니다. 이것이 모든 이성적인 존재의 권리입니다. 재산만큼 인간의 심리를 급속도로, 근본적으로 바꾸는 것도 없습니다. 굶주림만 면하면 눈에 띄게 달라집니다. 재산을 조금만 모아도 사회적 계단의 몇 층계를 올라가는 것입니다. 계급이란 재산 정도에 따라 분류된 집단이기 때문입니다. 애드벌룬과 정반대로 무거울수록 더 높이 올라갑니다. '학교'라고 말하는 사람에게 '학교와 빵'이라고 응수하십시오.

원주민의 문제는 교육의 문제를 넘어서 경제적인 문제이며, 사회적인 문제입니다. 이 문제를 어떻게 해결할 수 있을까요? 얼마 전 어떤 독일인은 잉카 제국을 재건하려고 생각했습니다. 케추아어[45]를 배우고 쿠스코의 원주민 사회에서 살며 지지자들을 모으기 시작했습니다. 만약 유럽으로 돌아가는 길에 급사하지 않았더라면 반란을 일으켰을지도 모릅니다. 그런데 오늘날 그런 제국을 재건할 수 있겠습니까? 그런 제국을 실제로 재건한다면 과거 위대한 제국의 유치한 모방밖에 되지 않을 것입니다.

원주민의 삶을 개선할 수 있는 방안은 다음 두 가지입니다. 압제자들이 깊이 뉘우치고 피압제자들의 권리를 인정하는 것이 하나요, 피압제자들이 압제자들을 응징할 수 있을 정도로 힘을 기르는 것이 둘입니다. 만약 원주민들이 술과 축제에 낭비하는 돈으로 총과 탄환을 구입해서 오두막이나 동굴에 숨겨 놓는다면 상황은 달라질 것입니다. 모두들 원주민의 재산과 생명을 존중할 것입니다. 폭력에는 폭력으로 응징해야 할 것입니다. 바로 양을 탈취해가는 주

45 케추아어는 페루, 에콰도르, 볼리비아, 아르헨티나, 콜롬비아에서 사용하는 원주민어이다.

인, 정부라는 이름으로 징집을 해가는 군인, 짐승과 가축을 훔쳐가는 강도를 응징해야만 할 것입니다.

원주민에게 굴종과 체념을 가르치기보다는 긍지와 반란을 가르쳐야 합니다. 순응과 인내로 삼사백 년을 살아왔지만 얻은 게 무엇입니까? 당국이 덜 괴롭힐수록 민폐도 감소합니다. 다음 사실은 시사하는 바가 큽니다. 대농장에서 멀리 떨어진 마을일수록 풍족하게 살며, 당국자들의 출몰 빈도가 낮은 마을일수록 평화와 질서를 누리고 있습니다.

결론적으로, 원주민은 압제자가 인간화된 덕분이 아니라 스스로의 힘으로 권리를 되찾아야 합니다. 백인은 모두 다 피사로 같고, 발베르데 같고 아레체[46] 같은 사람들입니다.

1904년

46 호세 안토니오 데 아레체(José Antonio de Areche, 1731~1789)는 에스파냐 왕실의 감찰관으로 페루에 와서 반란을 일으킨 투팍 아마루(Túpac Amaru) 2세를 처형한 사람이다.

15. 정치와 종교

I

강베타[1]가 "인류는 특정한 사회 문제가 아닌, 다양한 사회 문제를 가지고 있다"고 지적했을 때, 사람들은 그의 발언에 대해, "그러나 모든 사회 문제는 한 가지로 요약될 수 있습니다. 집단에 맞선 개인의 투쟁입니다"라고 말했습니다. 즉, 노동자는 자본가 집단에 대항하고, 시민은 권력체제에 대항하며, 사상가는 종교적 보수 단체에 대항해 투쟁합니다. 그리고 모든 투쟁은 한 가지 해결책을 요구했습니다. 그것은 바로, 개인의 독립입니다.

국가와 종교의 분리가 확립된 국가나, 혹은 적어도 모든 종류의 종교는 법 앞에 평등하다는 윤리를 확고히 세운 국가는 종교적 갈등을 겪지 않습니다. 적어도 종교적 갈등의 강도를 약화시킬 수 있습니다. 그런 나라는 국민에게 먼 이국 종교의 의례행사를 강요하지 않습니다. 개인은 각자의 신념을 표현하고, 말과 글로 자신의 종교를 변호할 권리를 가지고 있습니다. 반면, 하나의 종교를 신봉하고 옹호하며, 다른 종교에 대해 부정적인 선입관을 주입하는 국가가 있습니다. 그런 나라는 국민에게 개인의 권리를 포기하고, 집단의 이득

1 레옹 강베타(León Gambetta, 1838~1882)는 프랑스의 정치가이다. 나폴레옹 3세의 전제왕권에 대항해 프랑스 제3공화정 설립에 앞장섰다.

을 따를 것을 요구합니다. 개인은 억압적인 권력의 힘에 대항해, 투쟁으로 맞서게 됩니다. 바로 페루에서 볼 수 있는 불가피한 반응입니다. 극단적으로 하나의 종교적 분파만 인정하는 나라이기 때문입니다. 언젠가 타종교가 합법적으로 인정된다면, 평화를 소망하는 사람들은 가톨릭 신자이기를 거부할 것입니다. 극단적인 반교권주의자가 될 것입니다.

몇몇 지식인들은 종교와 과학을 가르는, 둘 사이의 피할 수 없는 논쟁을 인정하지 않습니다. 그들의 주장에 따르면, 인본적 지식과 종교적 진리는 단지 서로 다른 행로를 통해 진화한 것이라고 합니다. 이런 지식인과 정치인들은 종교적 주제와 정치적 문제 사이에 존재하는 거대한 차이를 인정하지 않습니다. 그들의 논리에 의하면, 자유와 종교적 교리는 양립할 수 있으며, 심지어 혁명가조차 종교와 대립할 필요가 없다고 주장합니다. 바쉐로[2]는 어느 훌륭한 저서를 통해, 종교는 사회학적 현상일 뿐이며, 결국 과학의 발달과 함께 사라질 것이라는 의견을 밝혔습니다. 말년에 이르러 다음과 같은 뛰어난 금언을 남겼습니다. "신은 종교적 주권을 스스로 소유합니다. 그러나 신은 정치적 주권을 인간의 손에 넘겼습니다."

우리에게 이와 같은 정치와 종교의 분리가 필요하지 않습니까? 과연 가톨릭 세력이 정치와의 분리를 인정하겠습니까?

II

수많은 공리공론, 합리화, 의견의 차이, 혹은 회피의 반응이 있을지라도, 한 가지 사실은 변하지 않습니다. 모든 사회적, 정치적 문제는 종교적 문제와 연관이 있다는 것입니다. 가톨릭은 사람들의 의식을 장악했습니다. 시민사회가 형성되는 과정에 가톨릭은 깊이 개입했습니다. 일반적으로, 급진적인 사회

---

2 에티엔 바쉐로(Étienne Vacherot, 1809~1897)는 프랑스 철학가이자 작가이다.

개혁을 추진하고자 할 때, 종교 세력의 반대에 부딪히게 됩니다. 결국, 교리, 법, 관습이란 이름 앞에서 개혁을 위한 발걸음은 좌절되고 맙니다. 예를 들어 봅시다. 만일, 가족에 관한 낡은 악습을 수정하고자 하면, 교회는 변론을 늘어놓을 것입니다. 이혼은 신성한 법에 대한 위반이며, 비종교적인 결혼제도는 인정할 수 없는 혐오스러운 내연관계라고 일축할 것입니다. 또한, 이기적이며 불공정한 자본주의에 대항하여 정의와 단결의식을 주장한다면, 교회는 정의가 아닌 자비 의식을 강조할 것입니다. 항구적인 궁핍의 문제는 신도의 헌금이나 수도원에서 제공하는 배식으로 해결될 것이라고 설득하면서 말입니다. 만일 해결되지 않는다면, 천국에서의 보상을 소망하라는 말로 노동자를 좌절시킬 것입니다.

노예 자유운동에서 여성 해방운동까지, 국가의 독립운동에서 자주적 주권운동에 이르기까지, 모든 사회 개혁은 교회라는 적군과 직면해야 했습니다. 때론 보이는 교회세력과, 때론 보이지 않는 교권세력과 맞서야 했습니다. 초기의 기독교는 로마 절대 왕정과 유대 성직자에 대항해 건강한 사회 변혁을 꾀했습니다. 또한, 많은 민족 가운데에 혁명과 반란의 씨앗을 심어 주었습니다. 그러나 세기를 거듭해 발전한 기독교 문화는 오늘날과 같은 부패한 모습으로 변질되었습니다. 오늘날의 가톨릭은 억압자와 권력자와 결탁한 집단으로 알려져 있습니다. 군인의 칼과 성직자의 십자가라는 두 개의 강력한 무기를 소유한, 절대 독재자의 출현을 야기했습니다. 간혹 교회가 군중의 혁명 정신을 옹호하고 인정할 때가 있습니다. 그러나 개인의 전면적인 해방을 달성하기 위해서가 아닙니다. 혁명을 고발할 목적이거나, 아니면 혁명을 통해 가톨릭의 이득을 확장시킬 목적입니다.

결국 종교의 생존 논리는 한 가지 원칙으로 설명될 수 있습니다. 초기 단계의 종교는 도덕적, 정치적, 사회적으로 혁명적이고 진보적인 성향을 보입니다. 반면, 성공적으로 입지를 확보한 종교단체는 보수적이고 정체된 태도를 분명하게 드러냅니다. 억압받던 자가 억압자로 변모합니다. 대중적이고 자유롭던 이가 관료적이고 특권의식을 가진 권력자로 탈바꿈합니다. 종교가 멈추는 곳에, 개혁의 발걸음도 함께 멈추어야 한다고 생각합니다. 논리 역시 확고합니다. 교리가 모든 중대한 문제를 해결하는 열쇠가 되며, 종교를 제외한 다른 영역의 삶은 중요하지 않다는 논리를 표명합니다. 결과적으로, 종교는 인류의 중심에 확고하게 자리 잡은 거대한 바위입니다. 단단한 바위가 깨지기 전에, 인류는 한 발자국도 움직일 수 없다고 믿고 있습니다.

그러므로 자유를 외치는 자는 반종교를 외치는 자입니다. 중간지대를 둔 혁명은 존재하지 않습니다. 개인을 위해 싸우는 자는, 국가에 대항하여 투쟁하는 자입니다. 개인을 위해 싸우는 자는, 종교에 대항하여 투쟁하는 자를 의미합니다. 간혹 종교와 국가가 서로 대항하여 싸울 때가 있습니다. 이런 경우는, 오직 부차적인 문제에 직면했을 때나, 혹은 최고 주도권을 두고 싸울 때입니다. 반면, 진정한 사회 혁명이 일어나면, 종교권력과 국가권력은 서로 연합하여 도와줍니다. 시민의 자유를 권력체제에 복속시킨다는 한 가지 목표를 공유하기 때문입니다. 정치와 종교는 서로 싸우면서 공생하는 불행한 부부와 같지만, 시민을 공격할 때는 목표점을 공유하며 연합합니다. 18세기의 선구자들은 이와 같은 진리를 깨달았기 때문에 "프랑스에 혁명의 씨앗을 싹트게 하려면, 가톨릭을 없애버려라"고 주장했던 것입니다. 볼테르가 "저 불명예스러운 가톨릭 종교를 납작하게 말살시키라"고 했다면, 디드로는 "마지막 왕을 교수형에 처할 때, 마지막 사제와 측근도 함께 교수형에 처하라"는 교훈을 남겼습니다. 두 지식인은 공통된 사상을 주장했습니다. 공통적으로, 이중적 혹은 병행적인 혁명에 대해 말하고 있습니다. 즉, 이중적·병행적 혁명이란 종교 문제와 정치 문제를 하나로 간주하여 개혁하는 것을 뜻합니다.

오늘날, '가톨릭 사회주의'(가톨릭 사상과 사회주의를 이용해 발전시킨 이중적 위조품)를 제외한 모든 급진주의 정당은 한 가지 의견에 동의하고 있습니다. 즉, 인류 발전과 생활 전반의 세속화를 이루기 위해 국가와 교회를 동시에 변혁하는 혁명이 필요하다는 생각입니다. "신도 없고, 주인도 없는 사회"라는 블랑키[3]의 명언은 사회해방을 위한 공식이 되었고, 또한 진정한 혁명가의 깃발에 새겨진 표구가 되었습니다. 같은 맥락에서 바쿠닌[4]은 교회와 국가에 동시적인 공격을 가해야 한다고 주장했습니다. 그는 "신이 존재한다면, 그를 제거해야 합니다"라고 말하기도 했습니다. 또한 르클뤼[5]가 말하기를, "보수주의자는 놀랍게도 혁명가에게 '종교의 적, 가족의 적, 소유권의 적'이라는 올바른 평가를 했습니다. 나아가, 혁명가는 '정치와 국가의 적'이라고 정의되어야 합니다." 세바스티앙 포레[6]는 격분하여 "우리 모두 전투에 참가합시다. 교리, 신비, 남용, 종교에 대항한 진격을 시작합시다!"라고 외쳤습니다. 이제까지 언급한 무정부주의자와 사회주의자에 한정된 이야기가 아닙니다. 훌리오 시몬Julio Simón이 '온건한 공화국'을 주장하고, 공식적으로 유신론자가 되기 이전에, 프랑스 입법부 앞에서 다음과 같이 주장했습니다. "더 이상 세속적 권력과 영적 권력이 타협하는 것을 허용할 수 없습니다. 이제 둘이 결합은 종말을 맞이했습니다. 오늘부터 영적인 권력체제는 존속할 수 없습니다. 오직 자유의 이름을 갈망합니다."

III

민주주의자와 혁명가들은 스스로를 정치적 진보주의자이자 종교적 퇴보주의자로 간주합니다. 반면, 일부 철학가와 자유사상가가 반종교운동을 꾀할 때, 정치적, 사회적 문제는 전적으로 배타시킵니다. 공통적으로, 이들은 종교

---

3 루이 오귀스트 블랑키(Louis Auguste Blanqui, 1805~1881)는 프랑스 정치가이다. 군주제에 대항하여 급진적 혁명주의, 사회주의, 자유주의를 주장하였다. 그의 사상은 청년 마르크스에게도 영향을 주었다.

4 미하일 알렉산드로비치 바쿠닌(Mikhail Bakounine, 1814~1876)은 러시아 출신의 아나키스트 혁명가이자 철학자로, "아나키즘의 아버지"라 불리기도 한다.

5 장 자크 엘리제 르클뤼(Jean Jacques Élisée Reclus, 1830~1905)는 프랑스의 사회 지리학회를 창설한 지리학자이자 아나키스트이다.

6 세바스티앙 포레(Sébastien Faure, 1858~1942)는 프랑스 작가이자 철학자, 아나키스트 사상가이다.

적 문제와 정치적 문제가 함께 해결되어야 한다는 사실을 무시하고 있습니다.

그러가하면, 스스로를 전적으로 보수주의라고 자부하는 정통 교권주의자들은 어떻습니까? 이들은 정치적 체계와 종교적 체계의 극명한 차이를 부인합니다. 세속과 영원의 세계를 구분하지만, 국가는 종교에 복종해야 한다고 믿기 때문입니다. 다시 말해서, 보수주의자는 시민 권력을 종교권력에 복속시킬 것을 주장합니다. 신실한 가톨릭 신자는 정치적 통합은 종교적 통합으로 완성된다고 믿습니다. 더 나은 표현으로, 정치적 통합은 로마 교황청의 독점적인 지배에 예속될 때에만 실현될 수 있다고 믿습니다. 라코르데르[7]와 디동[8]은 교회와 민주주의 사이, 종교와 과학 사이에서 중재자 역할을 했습니다. 결국, 적군과 아군, 보수주의와 진보주의자, 양측 모두에게 불안과 의심의 정서를 확산시켰습니다. 몽탈랑베르[9]의 경우는 어떠했습니까? 파리의 불신자와 로마 예수회 신자에게 동시에 비난과 추격을 당했습니다. 마찬가지로, 하신토 신부도 자신이 속한 프랑스 가톨릭과 교황청의 동조를 얻는데 실패했습니다. 따라서, 우리는 "연결고리를 끊으라"는 라므네[10]의 결단을 본 닫아야 합니다.

다른 한편, 보쉬에는 『성서에 입각한 정치관Política sacada de la Escritura에서 "성직자와 국가는 서로 독립적인 두 개의 기관이다. 그러나 둘 기관은 연합되어있다"는 주장을 발표했습니다. 계속해서 다음과 같은 의견을 공표했습니다. "성직자는 영혼의 세계를, 국가는 세속의 질서를 주관합니다. 그러나 이 둘은 모두 신을 의지해야 합니다. 교회는 국가가 세속에 속했다는 사실을 인정해야

---

7 장 밥티스트 앙리 라코르데르(Jean Baptiste Henri Lacordaire, 1802~1861)는 프랑스 정치인이자 성직자이다.

8 앙리 디동(Henri Didon, 1840~1900)은 프랑스 도미니크 수도사이다. 설교자로 명성이 높았으며, '더 빨리, 더 높이, 더 힘차게(citius, altius, fortius)'라는 근대 올림픽 구호도 제안하였다.

9 샤를 드 몽탈랑베르(Charles de Montalembert, 1810~1870)는 프랑스 정치가, 기자, 역사가로, 자유주의 가톨릭을 표명한 사상가이다.

10 펠리시테 라므네(Félicité de Lamennais, 1782~1854)는 프랑스 철학자이자 가톨릭 신학자이며, 정치가이다.

합니다. 또한 국정을 다스리는 왕들은 영혼의 세계를 인정하며, 스스로를 교회의 온순한 자녀로 인식하며 살아가야 합니다."

보쉬에의 주장에는, 국민은 프랑스 국왕과 로마 교황청을 모독해서는 안 된다는 예수회적인 입장이 정중하게 표현되어 있습니다. 그러나 한 가지 악의가 내포되어 있다는 것을 알아챌 수 있습니다. 과연 "교회의 온순한 자녀로 인식하라"는 뜻이 무엇입니까? 의심할 여지 없이 교황의 명령과 로마 교황청의 정신에 복종하라는 압력적인 메시지입니다. 이어서 보쉬에는, "로마 교황청이 견디기 힘든 멍에를 부과할 때에도, 교단을 버리지 말고 끝까지 참고 인내하라"고 주장했습니다.

교황 비오 9세는 '모의 독수리'[11]와 다르지 않았습니다. 비오 9세는 자신이 세운 교리를 광적으로 사람들에게 주입시켰습니다. 마치 양의 탈을 쓴 늑대와 같았습니다. 결국, 성모 마리아의 무염시태와 교황 무류성[12]은 이성과 신앙의 간극을 더욱 깊게 만들었습니다. 그가 제창한 교령敎令 때문에 가톨릭 종교와 근대사회는 양립할 수 없는 불일치를 확립하게 되었습니다. 비오 9세와 함께 가톨릭은 생명을 잃은 비현실적인 종교로 전락했습니다. 마치 밭에 버려진 곡물 껍데기, 혹은 도시 중앙에 위치한 공동묘지가 되고 말았습니다.

교황 레오 13세[13]는 비오 9세의 행보를 따르지 않았습니다. 전 교황의 배려 없고 폭력적인 교리를 대신하여, 그가 추구하는 길은 온순한 개혁이었습니다. 다분히, 천사의 탈을 쓴 마키아벨리를 연상시켰습니다. 결과적으로 부정적인 결론으로 끝을 맺었습니다. 벨기에에서 레온 13세가 제창한 법이 벨기에 교회에 손해를 끼치는 치명적인 결과를 초래했습니다. 레오 13세는 주교들에

---

11 '모(Meaux)의 독수리'는 보쉬에 주교의 별칭이다.

12 교황 비오 9세(재위: 1846~1878)는 1869년에 제1차 바티칸 공의회를 소집하여 교황 무류성(無謬性)과 성모의 무염시태(無染受胎)를 공식 교리로 확정하였다.

13 교황 레오 13세는 제256대 교황(재위: 1878~1903)이다.

게 교회법 대신 벨기에 국법을 따르라고 공식적으로 설득했습니다. 그러나 비밀리에 추기경을 주교들에게 보냈으며, 교회법을 고수하고 국법과 끝까지 저항해 싸우라는 명령을 내립니다. 불행하게도, 당시 벨기에 총리이던 프레레 오르반[14]이 레온 13세의 음모를 발견했고, 그 덕에 바티칸의 마키아벨리는 불명예와 치욕을 당했습니다.

가톨릭 정신을 깊이 이해하기 위해 공식적인 자료에만 의존할 필요는 없습니다. 외교적 수완이나 타협적 의도가 없는 순수한 신자의 글을 읽어보면, 더욱 가치가 있는 정보를 찾을 수 있습니다. 몇 해 전, 프랑스 성직자 정기간행물『프랑스 성직자 *Revue du clergé français*』에 실린 글을 읽어 보았습니다. 사상과 표현의 솔직함을 고려해서, 소개의 가치가 있다고 생각합니다. 글의 일부를 소개합니다:

> 어느 기자가 말하기를, 교회는 개인, 가족, 그리고 민족 위에 군림할 권리를 소유한다고 합니다. 또한 교회는 영적인 질서를 주관합니다. 국가는 가톨릭교회에 독립해서 존재할 수 없습니다. 반대로, 국가는 교회를 인정하고, 신봉하고, 보호할 의무가 있습니다. 국가는 인간의 일시적인 행복을 위해 일하는 반면, 교회는 인간의 초월적 행복을 보장해 줍니다. 따라서 교회가 추구하는 목적과 국가가 추가하는 목적의 가치를 평가할 때, 전자의 목적이 훨씬 더 우월합니다. 후자의 목적은 전자의 목적에 종속되어 존재합니다. 목적에서의 우월성을 나타낸다는 것은, 수단과 방법에 있어서도 이미 우월하다는 뜻입니다. 그러므로, 국가 자체는 교회에 종속되어야 한다는 논리에 귀결합니다.
>
> 결론을 내립니다. 국가는 교회의 질서에 복종해야 합니다. 인간의 영적인 조건이 이러한 질서를 요구하고 있기 때문입니다. 국가와 종교의 분리 혹은 협

14 발테레 프레레 오르반(Walthère Frère Orban, 1812~1896)은 벨기에의 정치인으로, 세속교육의 확장, 교권의 축소 등 자유주의에 입각한 정책을 펼쳤다.

약을 논하는 체제는 이상적이지 않습니다. 국가는 법과 칼을 이용해, 궁극적으로 그리스도의 왕국을 이룩하는데 힘써야 하기 때문입니다. 그리스도의 왕국은 천상에서 완성되지만, 지상에서도 우리의 임무를 다해야 합니다.

교회의 권위에 대한 불평과 비판을 늘어놓는 일은 불필요합니다. 교회란 신성과 인간성을 동시에 소유한 공동체입니다. 따라서 교리적이고, 합법적이며, 강압적인 힘을 소유하도록 허락되었습니다. 강압적인 성향은 필연적으로 수반되어야 할 요소입니다. 교회는 스스로의 존속을 위해서 죄를 범한 신자와 이단자를 물리적으로 징계할 수 있는 권리가 있습니다. 게다가 교회는 국가에게 요구할 권리도 있습니다. 교회는 영적인 질서를 수호할 임무를 지니는 만큼, 국가는 영적인 이익을 위해 봉사해야 할 의무를 가지고 있습니다. 따라서 교회가 필요한 무력을 요구한다면, 국가는 군사력을 제공해야 합니다.

교황은 신성한 의무를 지닌 사람이며, 교회의 지도자입니다. 윤리의 최고 재판관으로서, 교황은 왕으로 하여금 국가가 나아가야 할 방향성을 제시할 권한을 가지고 있습니다.

이것이 원래 가톨릭의 전통적인 원리입니다. 프랑스 성직자의 우회적 표현이나 로마 대주교의 외교적 완화 기법이 배제된, 솔직하고 꾸밈없는 고백입니다. 비슷하게 교황 그레고리오 7세[15]가 다음과 같이 교회의 정신을 표명했습니다. "교황청은 신으로부터 영적인 세계를 주관할 수 있는 권력을 부여받았습니다. 그렇다면 마찬가지로, 세속의 세계 역시 주관할 수 있지 않을까요? 신이 베드로에게 '나의 양을 먹이라'고 했을 때, 왕을 제외하지는 않았을 것입니다. 금이 은보다 우월하듯, 주교의 권위는 왕권의 우위에 있습니다. 콘스탄티누스 대제[16]는 이 사실을 명확히 알고 있었기에, 왕권의 자리를 주교들의 끝,

15 교황 그레고리오 7세는 제157대 교황(재위: 1073~1085)이다.

16 콘스탄티누스 1세(Constantinus, 272~337)는 로마 제국의 혼란을 수습했으며, 313년 밀라노 칙

가장 마지막 서열에 위치시켰습니다."

사람들은 화합에 대한 이상을 가지고 있습니다. 적어도, 종교와 국가, 신앙과 이성 간에 평화를 꾀할 수 있다고 착각합니다. 종교적 교리에 반대하는 철학자와 자유사상가들도 사회적·정치적 개혁에 무관심한 태도를 보입니다. 공화주의자와 민주주의자 모두 종교적 중립을 유지하겠다는 순진한 태도를 보입니다. 나아가, 신실한 가톨릭 신자는 정치를 종교에 복속시키고, 국가를 교회의 지배 아래에 두어야 한다고 주장합니다. 언제나 가톨릭의 승리로 이어집니다. 교회는 지배권을 잃었을 때, 비로소 자유를 주장합니다. 자유를 획득하면, 주어진 자유를 적군을 쓰러뜨리는데 남용합니다. 권력을 쟁취하고 나면, 누구에게도 양보하지 않으며, 경쟁자를 압박하고 침묵시키는 데에 사용합니다. 루이스 뵈이요[17]는 자유주의자를 향해 다음과 같이 단호하게 말했습니다. "우리는 당신에게 자유를 요구할 수 있습니다. 왜냐하면 당신의 법이 자유를 승인하고 있기 때문입니다. 그러나 우리는 당신에게 자유를 줄 수 없습니다. 왜냐하면 우리의 교리가 그렇게 규정하고 있기 때문입니다."

가톨릭은 현대 문명을 향해 끊임없는 협박을 가합니다. 가톨릭은 문명이 역행하도록 유인하는 거대한 힘을 보유하고 있습니다. 이 과격한 힘은, 끊임없이 역사를 퇴보하도록 만들고 있습니다. 프랑스 혁명의 흔적을 없애려고 노력합니다. 종교 개혁과 르네상스의 의지를 소멸시키려고 합니다. 인류를 중세의 암흑 속에 넣으려고 합니다. 가톨릭은 인류의 적이요, 생명 없는 죽음의 나무요, 영혼을 독살하는 해악한 식물입니다. 가톨릭이 여러 민족에게 가한 악행의 결과를 확인하려면, 멀지 않은 곳에서 증거를 찾을 수 있습니다. 즉, 남아메리카국가들이 사람들의 지적, 도덕적 수준을 측정하는 방식을 보십시오.

령을 통해 기독교를 허용하였다.

17 루이스 뵈이요(Louis Veuillot, 1813~1883)는 프랑스 기자로, 교황권 지상주의와 비오 9세의 교황무류성 교리를 지지하였다.

한 개인의 윤리적, 지적 수준은 법적인 지식과 문화적 경험에 비례하여 진보한다고 생각하지 않습니다. 오직 가톨릭 교리를 얼마나 알고 있는가가 인간의 지성을 결정한다고 믿고 있습니다.

1900년